자유와 헌법의 원리 II

|민주의 원리|

김학은 지음

연세대학교 대학출판문화원

자유와 헌법의 원리 II - 민주의 원리

저 자 김학은

발 행 연세대학교 대학출판문화원

주 소 서울특별시 서대문구 연세로 50

전 화 02)2123-3380~2

팩 스 02)2123-8673

http://www.yonsei.ac.kr/press

e-mail ysup@yonsei.ac.kr

등 록 1955년 10월 13일 제9-60호

인 쇄 (주)동국문화

2020년 12월 25일 1판 1쇄

ISBN 978-89-6850-529-4 (94300)

ISBN 978-89-6850-424-2 (세트)

값 15,000원

이 도서의 국립중앙도서관 출판예정도서목록(CIP)은 서지정보유통지원시스템 홈페이지(http://seoji.nl.go.kr)와 국가자료종합목록 구축시스템(http://kolis-net.nl.go.kr)에서 이용하실 수 있습니다. (CIP제어번호 : CIP2020051430)

봉정 김영길 회장

머리글

1. 이 책은 『자유와 헌법의 원리』의 4부작 가운데 I권의 『자유의 원리』에 이은 II권으로 『민주의 원리』이다. I권이 논의한 자유의 법칙은 자유가 평등, 권리, 정의, 평화, 행복 등 모든 이념(이성의 개념)에 시초가 된다는 사실의 규명이다. 자유에 기초를 두지 않는 이념은 허상이다. 세계의 모든 존재와 사건은 자연의 인과율과 자유의 자생율의 중첩형식이다. 자유를 상실한 존재는 인과율에 의해서만 조정 당하는 로봇이나 꼭두각시에 불과하다.

2. 자유의 법칙이 보편입법의 전범典範이 되는 데에서 여러 법체계와 정치제도가 설명된다. 그 가운데 민주제도의 검토가 빠질 수 없다. 20세기는 민주주의와 전제주의의 다툼으로 문을 열고 닫았다. 그 역사 속에서 20세기 초에 탄생한 공산주의와 사회주의 국가들까지 포함하여 세계의 많은 국가가 다양한 민주주의를 표방하였다. 민주주의가 다양하다는

사실은 민주주의가 정제된 정의가 아니라는 점을 속삭인다. 곧 민주주의는 비결정의 개념이다.

3. 21세기 들어서 민주국가들 사이에 새로운 긴장이 조성된 것이 바로 민주주의 비결정성의 문제점이다. 그 문제점이 무엇인지 파악하는 것이 이 책의 목적이다. 곧 I권의 〈정의 4〉에서 〈정의 5〉가 유도되는 전제가 대의 민주주의 제도 (비)결정성의 검토였다. 이것이 I권의 〈기본질문 1〉이다. II권은 그에 관한 대답이다.

4. 민주주의 비결정성이 극명하게 노정 되는 문서가 헌법이다. 헌법은 대내적으로는 한 국가의 최고법이고, 대외적으로는 그 국가의 정체성을 나타낸다. 국민의 정의는 법률로 정하고, 법률의 근거는 헌법이다. 헌법의 근거는 무엇인가?

5. 헌법 전문Preamble은 헌법 제정의 목적을 선언한다. 1948년 대한민국이 제헌헌법을 제정하던 당시 참고할 수 있었던 헌법은 미국연방헌법(1787-9년), 바이마르헌법(1919년), 프랑스4공화국헌법(1946년), 일본헌법(1947년) 정도였을 것이다.

6. 이들 네 국가 헌법의 목적을 보면 개인의 자유 확보가 첫 번째 공통점이다. 네 국가의 헌법에 그 나라 내부투쟁의 역사가 보이지 않는다는 점이 두 번째 공통점이다. 헌법은 국민을 분열이 아니라 통합시키는 문서이다. 네 국가의 헌법의 세 번째 공통점은 민주라는 낱말을 찾을

수가 없다는 점이다.[1] 미국의 경우 이 특징은 더욱 뚜렷하여 연방헌법뿐만 아니라 독립선언문과 수많은 주헌법에서도 민주라는 낱말을 찾아볼 수 없다. 우리가 "국민에 의한, 국민을 위한, 국민의 정부"를 민주제democracy의 대명사로 생각하는 링컨의 게티즈버그 연설문에도 민주라는 낱말이 등장하지 않는다.

7. 이상의 모든 문서에는 자유라는 낱말만이 등장하는데 그 자유도 liberty와 freedom을 분명하게 구분하여 사용하고 있다. 그 차이가 큼에도 대한민국은 이 차이를 구분하지 않고 자유라는 단어 하나로만 쓸 뿐만 아니라 번역에서도 구분하지 않고 있다.

8. 시간대로 보면 1787년에서 1947년까지 160년에 걸치고, 공간적으로 보면 미국, 유럽, 그리고 아시아에 이르기까지 사실상 전 지구에 걸쳐 동일 현상이 나타난 것을 우연이라고 보기에는 그 사안이 너무 엄중하다. 그 이유는 앞서 언급했듯이 민주라는 이름으로 반목과 전쟁이 그치질 않기 때문이다. 과거 기독교 국가끼리 전쟁에서 하나같이 하나님의 영광을 내 걸은 공통점에 비할 수 있다.

9. 대한민국의 경우 헌법 전문에 민주라는 낱말이 여러 차례 등장하고 그 빈도수가 증가하는 추세이다. 아마 이것은 건국헌법을 만드는데 주도적이었던 초대법제처장 유진오의 회고 "이 헌법의 기본정신은 정치적 민주주의, 경제적 사회적 민주주의의 조화를 꾀하는 데 있다."와 무관하다고 보기에 편치 않다. 이것은 무슨 뜻인가? 초대대법원장 김병로의

회고 역시 이와 다르지 않다. “우리 헌법은 유구한 전통을 기본으로 하고 민주정치의 이념을 구현한 경국대전이다.” 이 역시 뜻이 모호하기는 마찬가지이다.

유진오와 김병로의 위 문장만 보더라도 민주주의라 함이 democratism을 가리키는지 democracy를 의미하는지 분명하지 않다. 보통 우리는 democracy를 민주주의라고 번역하는데 이것은 군주정autocracy, 귀족정aristocracy, 민주정democracy의 3대 정체 가운데 하나이다. ‘원래의 의미’로 민주주의democratism는 전체주의, 절대주의, 자본주의, 사회주의, 공산주의 등을 의미하는 주의ism 가운데 하나로서 민주정의 원리이다.

10. 헌법에 적시된 자유민주의 자유가 형용사인지 명사인지 논란이 되고 있다. 형용사이면 자유는 민주의 들러리이다. 명사라면 자유는 헌법에서 민주와 대등하다. 최근에는 그 자유라는 낱말을 제거하자는 주장도 대두되었다. 그 제거하자는 자유도 liberty를 의미하는 것인지 freedom을 가리키는 것인지 아니면 둘 모두를 말하는 것인지 아무도 대답을 하지 못하고 있다. 홀로 남기자는 민주의 개념도 수없이 많은데 어떤 민주를 의미하는지 설명조차 하지 않고 있다.

11. 대한민국은 자유보다 민주가 상대적으로 과용 과장되는 경향의 국가이다. 참고로 공산주의 폴란드에서 탄생한 바웬사의 노조조차 그 이름이 독립자치노동조합연대 줄여서 번역한 자유노조이었지 민주노조가 아니었다. 이러한 실정이므로 대한민국에서는 자유를 신장시켜야할 때 민주를 부르짖게 되었다. 대한민국은 자유에 설립된 국가인가 민주에 설

립된 국가인가? 민주주의 발상지라는 "영국의 역사는 자유의 역사이지 민주의 역사가 아니다."(각주 235)

12. 이상이 대한민국 헌법의 현주소이다. 이런 차이는 어째서 발생한 것일까. 이 책은 이 질문에 대한 나의 지적 탐구이다. 내가 이 질문을 여러 사람에게 문의했으나 이러한 차이조차 그들에게 금시초문이었으니 만족할만한 대답을 얻지 못함은 당연하다. 국내외 여러 문헌도 뒤져보았으나 실패하였다. 결국은 내가 질문을 던졌으니 내가 대답을 구하는 도리밖에 없게 되었다. 그 결과가 이 책이다.

13. 이 책을 쓰는 동안 국제적으로 대변화의 조짐이 보인다. 민주와 민주의 충돌, 민주와 자유의 충돌, 헌법과 헌법의 충돌이 예상된다. 국내적으로도 불안요소가 중첩되어 가고 있다. 이러한 시기에 국가의 가장 중요한 초석인 자유와 헌법의 원리를 점검할 필요가 있다고 생각하여 붓을 들었다.

14. I권은 이러한 점을 의식하면서 기초작업으로 자유의 원리를 전개하였다. 앞서 언급한 대로 모든 존재와 사건은 두 가지 법칙의 혼합이다. 자연의 인과법칙과 자유의 시초 법칙의 일체형이다. 곧 자연은 인과율에 지배를 받으나 자유는 인과율에 지배를 받지 않는다. 그것은 자발적 시초의 법칙인 자생율을 따른다. 개인의 자유는 원인이 없이 스스로 자기 시초이다. 스스로 출생신고서를 쓴다. 그것이 I권의 〈공리 1〉이다. 개인의 자유를 억제하려는 어떠한 인위적 명분일지라도 그것은 자유의 자기

시초 법칙을 무시하고 누군가를 최초의 원인으로 삼는 인과율의 지배하에 개인을 자연처럼 인과율에만 따르게 하는 로봇이나 꼭두각시로 만들려는 술책에 지나지 않는다. 그것이 독재이다.

15. 그것을 뒷받침하는 논리가 이제부터 전개되는 II권의 민주의 원리이다. II권의 주요 결론 가운데 하나는 민주가 결정불가능의 개념이라는 것이다. 다시 말하면 민주는 자기가 자기를 통치하는 모순 또는 자가당착 또는 역설paradox of being governed의 개념이다. 비유하자면 내가 착하다는 것은 내가 증명하지 못한다. I권의 〈입법의 제1법칙〉에서 결정불가능의 보편입법이 그것을 말해주고 있다. 민주의 결정불가능성 모순 개념을 악용하는 시도가 역사적으로 등장하는 독재이다. 그러므로 "헌법은 민주주의를 믿지 않는다."[2]

어떤 젊은이가 말했다. 제기랄!
나는 유감스럽게도 미리 정해진 좁은 궤도에서
움직이는 피조물임을 알았단 말이지.
말하자면 버스가 아니라 전차.[3]

이 글에서 말하는 궤도가 상징하는 것은 민주라는 이름으로 포장된 절차 민주주의의 절차이다. 절차는 정해진 궤도에 불과하다. 그러므로 이 글은 버스 또는 전차로 은유하는 자유 또는 민주를 대립시키고 있다. 이 글은 자유화이냐 민주화이냐의 선택을 묻고 있다. 그러나 버스는 궤도 안뿐만 아니라 궤도 밖에서도 달릴 수 있으나 전차는 궤도를 벗어나지 못한다. 곧 자유는 자유이면서 민주이지만 민주는 자유가 아닐 수 있다. 궤도에만 의존하는 민주주의는 위험하나 자유를 목적으로 삼는 자유민주주의가 모든 자유인이 지키고 발전시켜야 하는 최선의 제도임을 이 책이 논증한다.

16. I권은 자유의 원리에 관해 선행문헌에 의존하지 않고 〈공리 1〉과 〈공리 2〉의 기초 위에 전개된 기하학적 형식논리였다. II권은 이 형식논리에 비춘 역사적 선행문헌의 재검토와 재해석이다.

17. I권은 공리, 정의, 보조정리로 구성되어 있다. 여기서 정의는 수학적 정의가 아니고 논리학의 정의이다. 특히 밀(J. S. Mill)의 『논리학 체계』의 정의를 따랐다.

2020년 8월 28일

김 학 은

차례

제 1 장

민주의 원리

결정불가능성

1. 이 세계 안에서나 이 세계 밖에서나 자신의 출생신고를 스스로 쓰는 것은 자유freedom밖에 없다. 이것이 앞서 I권 자유의 원리에서 논거의 출발점으로 잡은 [자유는 자유의 시초]이었다. I권의 〈공리 1〉이다.

2. [자유는 자유의 시초]는 자폐적 자기완결 자기조회의 구조로 무한순환의 비결정이다. I권의 〈보조정리 2〉이다. 비유하자면 [나는 나의 증인]만으로 나의 정체가 결정되지 않는다. 외부meta 증빙 없이 자술 또는 자백만으로는 나의 신원이 법정에서 인정되지 않는다.

3. 자유와 자유의 충돌이 조정과 타협으로 낳은 자식이 권리이다. 자유로부터 평등하게 탄생하는 권리는 특권을 인정하지 않는 자유의 평등 또는 평등의 자유이다. [자유 = 평등의 자유 + 나머지 자유]의 중첩형식에서 평등의 자유는 법이 정의하는 법 안의 법부자유이고 나머지 자유는

법 밖의 천부적 사적자유이다. 이것을 프랑스 인권선언은 “모든 사람은 자유롭고 권리에서 평등하다.”라고 표현하였다. 곧 [자유 = 법부자유 + 사적자유]이다. I권의 〈정의 6〉이다.

4. 자유의 평등이 권리가 될 때 권리 가운데 가장 중요한 권리가 국가의 주인이 되는 국민의 권리이고 그 힘이 권력이다. 국민주권[4] 또는 주권재민이 민주이다. “모든 권력은 국민에게서 나온다.”라는 민주주의의 표어가 곧 국민주권이다. 여기서 민주주의라 함은 국민에게 입법권이 있는 정부형태의 원리를 말한다. 이때 국민주권 곧 민주가 자유의 평등이다. 자유 없이 민주는 성립하지 않는다. 민주의 출생신고는 자유가 쓴다. 민주는 자유의 자식이다. 자유 없는 민주는 사생아이다.

5. 그러나 자유의 평등을 인정하며 자유의 영역을 정의하는 [자유 = 법부자유 + 사적자유]에서 영역의 상대적 크기에 따라 민주의 모습은 천차만별이다. 법부자유 = 0이면 사직자유만의 무정부anarchy 상태가 되고 사적자유 = 0이면 법부자유만의 리바이어던leviathan 사회가 되는 만큼 그 사이에서 각 자유의 상대적 크기는 I권의 〈명제 4〉에 의하면 보편입법 = 헌법의 형태가 결정한다. 사회주의 헌법 하의 자유와 자유주의 하의 자유는 다르다. 동일 자연인이라도 사회주의 헌법 하의 개인의 법적 지위와 자유주의 헌법 하의 개인의 법적 지위는 다르다. 자연스럽게 이어지는 질문은 그렇다면 민주국가에서 헌법은 무엇에 의해 결정되는가? I권이 제기한 〈기본질문 1〉이다. 비유하자면 [나는 나의 증인]의 나의 신원은 무엇에 의해 결정되는가?

6. 국민 또는 시민은 법률이 정의하고 법률은 헌법 안에서 제정된다. 헌법은 무엇의 안에서 제정 결정되어야 하는가? 헌법이 헌법 밖meta에 존재하는 어떤 숨은 요인에 의해 결정되어야 한다는 것은 자연스러운 추론이다. 곧 [국민 → 법률 → 헌법 → 숨은 요인]의 체계이다. 그러나 숨은 요인은 다시 무엇에 의해 결정되는가의 질문은 끝도 없이 계속된다. [국민 → 법률 → 헌법 → 숨은 요인 → 숨은 요인 → …]. 최후의 숨은 요인, 그러한 것이 존재한다면 그것을 메타의 숨은 손이라고 I권의 〈보조정리 4〉에서 명명하였다. 그 메타의 숨은 손의 중요성은 아무리 강조해도 지나치지 않는다. 법정이 [나는 나의 증인]을 인정하는 데에도 메타의 숨은 손이 필요하다. 메타의 숨은 손이 없으면 국민 또는 시민이 헌법을 결정하는 민주국가에서 그 헌법이 다시 국민 또는 시민을 정의하는 [국민 → 법률 → 헌법 → 국민]의 자폐적 자기완결 자기조회 법체계는 무한순환 비결정의 함정에 빠지게 되기 때문이다. 이 추론에 의하면 메타의 숨은 손이 없는 대부분의 민주헌법과 민주가 사실상 정체불명 비결정의 임의ad hoc 민주헌법과 민주임을 증언한다. 메타의 숨은 손이 뒷받침하지 않는 [나는 나의 증인]의 나는 신원미상의 아무나 될 수 있다.

메타의 숨은 손의 중요성은 I권의 〈보조정리 3〉과 〈보조정리 4〉의 비교에 의하면 자폐적 자기완결 자기조회 구조의 비결정을 결정으로 전환시킨다는 데에 있다. 헌법 결정에 있어서 메타의 숨은 손이란 무엇인가?

7. 메타의 숨은 손의 부재로 인한 비결정의 임의 민주주의는 프랑케인슈타인 박사처럼 괴물을 만들어낼 수 있는데 그것이 바로 제어장치 없는 절차만의 민주주의가 브레이크 없는 자동차처럼 폭주하기 쉽기 때

문이다. 절차만으로 무슨 법이든 심지어 입법해서는 안 되는 또는 입법할 수 없는 법까지 입법할 수 있는 입법부가 그렇다. 국가를 양도하는 입법, 무한소수의 원주율을 3.14로 제한하는 입법 등이 역사에서 실제로 발생하였다. 정족수에 손대는 입법도 발생할 수 있다. 그 발생할 수 있는 토양이 아무런 제어장치 없이 입법부에 입법독점권을 부여하는 이른바 민주헌법이다. 삼권분립만으로 권력이 충분히 분산되지 않는 이유는 헌법이 [입법부는 행정부의 입법자]와 [입법부는 사법부의 입법자]에 이어 [입법부는 입법부의 입법자]로 정의하는 데에 있다. 이것은 자폐적 자기완결 자기조회의 구조로써 자치의 모순의 핵심이다. 입법부를 입법부에 연속대입하면 [입법부는 입법부의 입법자의 입법자의 … ∞]으로 무한확대되어 결정불가능이다. 입법자로서 입법부의 무한대 입법권은 그 범위가 결정되지 않는다. 이 결정불가능을 결정가능으로 전환하는 폭거가 입법부의 권력찬탈이다. 입법부의 입법권에 제한이 없으면 헌법의 범위 역시 정해지지 않으며 그 결과 [자유 = 법부자유 + 사적자유]의 영역 구분도 비결정이 된다. 입법에 자기제어장치가 없으면 입법부는 행정부와 사법부를 제압하고 자유를 죽일 수 있다. 입법의 자기제어장치가 메타의 숨은 손이다.

8. 자동차는 글자 그대로 자기가 자기를 움직이는 자폐적 자기완결 자기조회의 기계이다. 그것을 가능하게 하는 것이 엔진의 동력이다. [엔진은 자동차의 동력]인데 자동차에는 엔진도 포함되므로 [엔진은 엔진의 동력]의 자폐적 자기완결 자기조회 구조이다. 엔진을 엔진에 연속대입하면 [엔진은 엔진의 동력의 동력의 … ∞]의 무한순환이 가능하다. 엔진의

동력에 브레이크의 반대동력이 없으면 엔진이 폭주 끝에 사람을 죽인다.

자폐적 자기완결 자기조회의 좋은 예가 심혈관의 혈액순환이다. 심장은 동맥으로 온몸에 영양과 산소를 보내는 동력기관이다. 온몸에는 심장 자신도 포함된다. 심장은 심장 자신에게도 영양과 산소를 관상동맥을 통해 보내니 [심장은 심장의 동력]의 자폐적 자기완결 자기조회 구조이다. 심장을 심장에 연속대입하면 [심장은 심장의 동력의 동력의 … ∞]의 무한순환이 가능하다. 심장에 자기제어장치가 있으면 심장과 함께 생명이 사망한다. 심장에 제어장치는 불가하다. 생명이 개인이므로 I권 〈공리 2〉의 비결정성의 근거이다.

정부의 동력은 민의이다. 국민의 의지이다. "모든 권력은 국민에게서 나오기" 때문이다. 민의를 대신하여 그 동력을 공급하는 기관이 입법부이다. 그 전달통로가 입법이다. 동력의 수요기관은 국민과 행정부와 사법부에 이어 입법부 자신도 포함된다. [입법부는 입법부의 입법 공급자이며 수요자]이므로 자폐적 자기완결 자기조회 구조이다. 따라서 여기에도 제어장치가 필요하다. 그것이 금지입법이다.

	신체	자동차	정부
동력	영양 + 산소	에너지	민의
동력전달	혈액	휘발유	법률
동력공급	심장	엔진	입법부
동력수요	심장 + 신체	엔진 + 자동차	입법부 + 행정부 + 사법부 + 국민
제어장치	불가	브레이크	금지입법 + 금지계명

9. [심장은 심장의 동력의 동력의 … ∞]의 심장은 살아 있는 한 정지불가능 덕택에 계속되는 혈액순환으로 생명을 유지 시킨다. [심장은 심장의 동력]은 [심장은 심장의 동력 = 심장은 심장의 동력공급기관 + 심장은 심장의 동력 소비기관]의 중첩형식superposition이 된다. 등호 우변의 제2항은 [심장은 심장의 동력이 아님]이므로 [심장은 심장의 동력 = 심장은 심장의 동력 + 심장은 심장의 동력 아님]의 중첩형식이다. 이것이 I권의 〈보조정리 1〉이다.

10. 엔진의 [엔진은 엔진의 동력]은 I권의 〈보조정리 1〉에 의해 [엔진은 엔진의 동력 = 엔진은 엔진의 동력 + 엔진은 엔진의 동력 아님]의 중첩형식이 된다. 여기서 등호 우측의 제2항에서 엔진이 엔진의 동력이 아님은 엔진도 동력의 소비기관이라는 뜻이다. 곧 [엔진은 엔진의 동력 = 엔진은 엔진의 동력 공급기관 + 엔진은 엔진의 동력 소비기관]의 중첩형식이다. 자동차가 심장과 다른 점은 브레이크가 필요하다는 것이다. 브레이크의 반대동력이 없으면 I권의 〈보조정리 2〉에 의해 [엔진은 엔진의 동력의 동력의 … ∞]의 무한순환으로 정지불가능 곧 정지가 결정되지 못하는 결정불가능이다. 심장에 브레이크가 있으면 사람이 사망하나 자동차에 브레이크가 없으면 자동차가 사망한다. 브레이크의 제어 없는 자동차는 한 번 시동하면 멈추지 못하고 천지사방으로 구르는 독주(재)가 될 수 있다. 사고를 일으키는 자동차는 브레이크가 없거나 완전하지 않은 불량품이다.

11. 이 비유에 따르면 제어기능이 없는 비결정의 임의ad hoc 민주가

불량품이다. 그 민주주의 이름 하 제어장치 없는 입법부는 불량품 입법부이다. 입법부가 불량품이 되지 않게 헌법이 입법부에 부과하는 제어장치가 금지입법이다. I권의 〈정의 12〉가 그것이다. 곧 입법부의 입법은 국민이 위탁한 입법 권한을 행사하는 의무입법과 위탁하지 않은 권한은 행사하지 못하는 금지입법으로 대별 된다. 위탁하지 않은 국민의 자유는 불가침의 성역이다.(자유의 불가침성). 치외법권이다. 이것이 바로 삼권분립만으로는 입법부의 권력찬탈을 막기에 미흡한 "헌법이 민주주의를 믿지 않는다."의 의미이다.[5] 헌법의 목적인 자유의 사망신고를 쓸 수 있는 것이 다름 아닌 불량품의 민주주의일 수 있다.

12. 그러므로 II권의 질문은 자유인이여 그대는 아는가, 민주의 비결정성을? 이 의외의 부정적 질문의 대답은 녹록하지 않다. 계몽주의 등장 이후 약 4세기 동안 소수만이 인식한 문제였기 때문이다. II권의 목표는 민주의 비결정성과 함께 그의 틈새를 악용하는 정치권력이 독재라는 것을 논증한 뒤 민주헌법의 비결정의 임의성을 극복하는 자유헌법의 필요성을 암시한다. III권의 목표가 자유헌법의 결정성 원리의 제시이다.

13. 민주는 자기통치 줄여서 자치이다. 자기통치의 정의 [국민은 국민의 통치자]는 자폐적 자기완결 자기조회 구조이다. 이 정의의 내용은 링컨의 게티즈버그 연설에 살짝 손을 가하면 유도할 수 있다. 곧 민주주의에서 "정부는 국민에 의한, 국민을 위한, 국민의 복종자이다." 이 문장의 허리를 생략하여 줄이면 [정부는 국민의 복종자]이다. 이와 동시에 대의정치 하에서 국민은 정부의 지시에 복종해야 하므로 [국민은 정부의

복종자이기도 하다. 두 문장을 정부에 대하여 대입하여 한 문장으로 만들면 [국민은 국민의 복종자]가 된다. 복종자의 반대는 통치자이다. 따라서 주격 국민과 목적격 국민의 위치를 교환하면 [국민은 국민의 통치자]가 된다. 국민은 자신의 통치자이며 동시에 자신의 복종자이다.

14. 이 정의는 왕정의 [국왕은 그의 신민의 통치자] 및 신정의 [신은 그의 자녀의 통치자]와 확연히 대조된다. 그러므로 질문은 바뀌어 자유인이여 그대는 아는가. 자치의 모순(역설 paradox of being governed)을? 이 대답의 정체도 그 의외성에 있다. 역시 지난 4세기 동안 자치의 모순을 인식한 사상가가 소수인 것을 보면 그렇다. 그보다 대답 이전에 질문 자체가 더 의외일 것이다. 그러나 질문과 대답 모두 I권의 〈보조정리 2〉의 결정불가능성의 문제를 내포하고 있으므로 민주주의를 표방한 천차만별의 수많은 이른바 민주국가를 설명하기에 족하다. [국민은 국민의 통치자]의 민주주의는 자폐적 자기완결 자기조회의 결정불가능 구조이기 때문이다. 말을 바꾸면 국민주권의 영어표현 sovereignty of people's will에서 국민의지의 존재성에 부정적이다. 국민의지란 존재하는가? 결정되는가?

15. 자유는 의지의 아버지이다. 국민의 의지라는 것이 결정되지 않는다면 그의 비결정성은 곧바로 민주주의 비결정의 임의성ad hoc을 의미하는데 이 때문에 임의의 민주는 거꾸로 자신을 낳아준 자유를 살해하는 오이디푸스 왕이 될 수 있다. 민주주의가 때때로 오이디푸스 콤플렉스 망령에 시달리는 이유이다.

16. 왕정 시대에 국왕은 국민의 통치자이지만 역으로 국민이 국왕의 통치자가 될 수 없음은 물론이다. 민주시대 자폐적 자기완결 자기조회 [국민은 국민의 통치자] 구조의 주어와 목적어는 격만 다를 뿐 동일 국민이다. 격만의 문법으로 따지면 주격 국민은 목적격 국민의 통치자이지만 목적격 국민은 주격 국민의 통치자가 아니다. 따라서 주격 국민과 목적격 국민의 위치를 서로 바꾸면 [국민은 국민의 통치자가 아님]이 된다. 마치 나는 스승의 제자이지만 격의 위치를 바꾼 스승은 나의 제자가 아님과 같은 이치이다.

주격 국민과 목적격 국민을 종합하면 [국민은 국민의 통치자]에서 [국민은 국민의 통치자 = 국민은 국민의 통치자 + 국민은 국민의 통치자 아님]의 중첩형식이 유도된다. 이것이 I권의 〈보조정리 1〉에 의해 논증된 바 있다. 이것은 다시 [국민은 국민의 통치자 = 국민은 국민의 통치자 + 국민은 국민의 복종자]의 자치의 정의가 된다.

17. 다른 방식으로 표현하기 위하여 [국민은 국민의 통치자]에서 주격 국민을 목적격 국민에 대입하면 [국민은 [국민의 통치자]의 통치자]로 자기증식을 한다. 괄호 속의 괄호를 X로 정의하면 [국민은 [국민의 통치자]의 통치자]는 [국민은 X의 통치자]와 [X는 국민의 통치자]로 분할된다. 전자가 애초의 본원primal문장이다. 분할의 후자 문장에서 목적격 국민은 주격 X의 통치자가 아니므로 격의 위치를 바꾸면 [국민은 X의 통치자 아님]의 쌍대dual문장이 된다. 분할되었던 본원문장과 쌍대문장을 다시 하나로 합치면 [국민은 [국민의 통치자]의 통치자 = 국민은 X의 통치자 + X는 국민의 통치자 = 국민은 X의 통치자 + 국민은 X의 통치자 아님]이

된다. 등호 좌변이 원래 [국민은 국민의 통치자]이고 등호 우변의 X가 국민이므로 I권의 〈보조정리 1〉이 재확인된다. 곧 [국민은 국민의 통치자 = 국민은 국민의 통치자 + 국민은 국민의 통치자 아님]의 중첩형식이 확인된다.

18. 여기서 [국민은 국민의 통치자가 아님]은 [국민은 국민의 피통치자]이다. 따라서 [국민은 국민의 통치자 = 국민은 국민의 통치자 + 국민은 국민의 피통치자 = 국민은 국민의 피통치자]의 중첩형식이다. 줄이면 [국민은 통치자 = 국민은 통치자 + 국민은 피통치자 = 국민은 피통치자]가 성립한다. 곧 국민은 통치자이면서 동시에 피통치자이다. 피통치자가 복종자이다.

19. [국민은 국민의 통치자]의 구조를 더 본다. 주격 국민을 목적격 국민에 대입하여 얻은 [국민은 [국민의 통치자]의 통치자]의 자기증식에 연속 대입하면 [국민은 국민의 통치자의 통치자의 … ∞]의 무한대 비결정 = 결정불가능이 된다. 이것이 I권의 〈보조정리 2〉이다. 〈보조정리 1〉과 〈보조정리 2〉는 쌍둥이 정리이다.

20. 미시적 관점에서 보면 [개인은 개인의 통치자]이다. 이것 역시 자폐적 자기완결 자기조회 구조이므로 〈보조정리 1〉에 의해 [개인은 개인의 통치자 = 개인은 개인의 통치자 + 개인은 개인의 통치자 아님]의 중첩형식이고 I권의 〈보조정리 2〉에 의해 [개인은 개인의 통치자의 통치자의 … ∞]의 무한대 비결정이 된다. 다른 말로 하면 개인 하나하나는

앞서 심장의 예가 보여주었듯이 외부와 독립적인 자폐적 자기완결 자기조회의 존재이다. 독립적인 존재는 곧 자유로운 개인이다. 이것이 I권의 〈보조정리 5〉이다. 당연히 I권 〈공리 2〉의 내용대로 개인의 신원은 결정불가능이다. 법정에서 [나는 나다]의 증언만으로는 나의 정체가 결정되지 않는 이치이다. 내가 착한 사람이라는 것은 내가 증명하지 못한다. 내가 나라는 신원의 '결정'은 나 스스로는 불가능하다. 앞서 인용했듯이 자백은 원칙적으로 인정되지 않는다. 메타의 숨은 손이 필요하다.

또한 I권의 〈보조정리 1〉에 의하면 [개인은 개인의 통치자 = 개인은 개인의 주인]이고 [개인은 개인의 통치자 아님 = 개인은 개인의 복종자]의 자폐적 자기완결 자기조회가 될 수밖에 없다. 이것이 I권의 〈공리 2〉이다.

21. 자치에 의한 민주의 한 형태가 대의민주주의이다. 대의민주주의의 기초는 국민의사이다. 국민의사의 결정불가능성의 근거는 개인이 자기가 만든 자기입법에 복종하는 자폐적 자기완결 자기조회 [개인은 개인의 복종자]가 결정불가능이므로 그의 의사 역시 결정불가능이라는 데에 있다. 이 경우 결정불가능이란 의사의 우유부단성이다. I권 〈그림 I-1〉의 [개인 → 자기입법 → 개인]에서 자기입법의 잦은 수정이 반복되는 작심삼일의 우유부단이 대표적 예이다. 작심삼일의 수정은 결심이 부동으로 정지되지 못하는 결정(정지)불가능이다. 글자 그대로 결단(정)을 하지 못하는 상태이다. 이러한 개인의사가 모인 대의민주주의에서 입법자의 의사가 결정될까? 이것 역시 작심삼일, 아니 조령모개의 잦은 수정이 되는 것이 아닐까?

22. I권의 〈입법의 제1법칙〉에서 보편입법은 결정불가능이었다. 이것

은 I권 〈공리 2〉의 [개인은 개인의 복종자]를 거시적으로 확대한 [국민은 국민의 복종자]에서 탐구할 수 있다. 다만 그 역은 반드시 성립하지 않을 수 있다. 곧 [국민은 국민의 복종자]가 반드시 [개인은 개인의 복종자]가 아니라는 뜻이다. 전자의 속에서 개인이 다수의 복종자가 될 수 있기 때문이다. 여기서 A가 국민이고 S가 복종자이면 기호표현은 A = A(S)이다. A = A(S)의 1회 자기증식 A = A(S)(S)를 L로 자기분할하면 A = L(S)과 L = A(S)이다. 이것을 다시 A로 합성한 것을 정리하면 다음과 같다.

$$
\begin{array}{llll}
A = A(S) \rightarrow & A = A(S)(S) & A = L(S) & \\
 & L = A(S) & L = L(S)(S) & \leftarrow L = L(S)
\end{array}
$$

이 구조의 대각선 밖은 완전대칭의 역지사지이다. 대각선의 A = A(S)(S)는 I권 〈보조정리 1〉에 의해 A = A(S) + A(-S)의 중첩형식이다. 여기서 마이너스 부호-는 아님이라고 읽으니 [국민 = 국민은 국민의 복종자 + 국민은 국민의 복종자 아님 = 국민은 국민의 복종자 + 국민은 국민의 명령자]이다. 말을 바꾸면 국민은 스스로에게 명령하며 스스로에게 복종한다.

대각선의 A = A(S)(S)는 I권의 〈보조정리 2〉에 의해 A = A(S)(S) … ∞가 되어 비결정이다. 수학에 비유하면 하나의 방정식 A = A(S)에 미지수는 A와 S의 두 개이므로 풀이가 무한개이다. 결정되지 않는다.

대각선의 L = L(S)(S)도 L = L(S) + L(-S)의 중첩형식이고 L = L(S)(S) … ∞이므로 비결정이다. A가 국민이고 L이 입법자라면 당연히 입법자가 비결정이다. "국민이 자신들에 관해서 결정하지 못하는 문제를 입법자들도 그들에 대해서 결정하지 못한다."[6] 이 문장을 뒤집어 읽으면 입법자들이 결정하지 못하는 문제를 국민이 결정할 수 없다. 대의민주가 무한순환의 비결정임을 암시한다. 경험세계의 입법뿐만이 아니다. 칸트도 자신의 도덕법칙이 순환일 수 있음을 인식하고 있었다.

> 피할 수 없는 일종의 순환이 여기에 있음을 인정해야만 한다. 결과에서 보아 우리 자신을 도덕법칙[자기입법]의 복종자로 인식하기 위하여 효율적 원인에서 우리 자신을 자유롭다고 가정한다. …우리 자신이 의지의 자유이기 때문이다. 자유와 자기입법은 모두 자율이다.[7]

풀이하자면, 인과율의 제약에서 풀려난 우리의 자유가 낳은 "우리의 자유의지"가 자기입법[도덕법칙]의 원인이 되고 동시에 "우리의 자유의지"가 자기입법의 결과[복종자]가 되는 "피할 수 없는 일종의 순환"이다. 곧 자폐적 자기완결 자기조회의 [우리의지 → 도덕법칙 → 우리의지]는 무한순환이다. 이것이 경험세계에서 [개인 → 자기입법 → 개인]의 비결정구조이고 이것을 거시적으로 끌어올린 [국민 → 헌법 → 국민] = [국민 → 자기입법 → 국민]의 무한순환 비결정문제이다. 국민주권 곧 민주는 결정불가능이다.

23. 같은 내용을 지루하게 반복하는 이유는 이처럼 민주주의가 자폐적 자기완결 자기조회의 비결정이라는 사실을 강조하기 위함이다. A = A(S) + A(-S)에서 A는 긍정이며 동시에 부정이다. 이성은 긍정과 부정의 모순을 동시에 받아드리지 못한다. 이성의 혼란으로 이성의 법칙은 붕괴한다. 마치 블랙홀에서 모든 물리법칙이 붕괴하는 것에 비유된다. 비결

정의 민주를 결정으로 변환하는 과제가 헌법 제정에 달려 있다. III권(헌법의 원리)의 주제이다.

중첩형식의 일체형

1. 그러나 긍정과 부정의 동시 현상을 분리형의 모순이 아니라 일체형의 무모순으로 받아드리면 이성의 법칙은 구제된다. 모순矛盾의 한자 유래를 보면 알 수 있다. "이 창矛은 이 방패盾을 뚫을 수 있다"와 "이 방패는 이 창을 막아낼 수 있다."라는 고사를 분리형으로 보면 각각은 글자 그대로 모와 순이다. 그러나 일체형으로 함께 보면 창과 방패 사이에 승패는 결정불가능이다. 창이 방패를 이기는 [창 → 방패]에서 방패가 다시 창을 이기는 [방패 → 창]의 무한순환 [창 → 방패 → 창]의 구조이다.

구문론에서 보면 [창은 방패의 격파무기]이며 동시에 [방패는 창의 격파무기]이다. 전자의 [창은 방패의 격파무기]를 후자의 [방패는 창의 격파무기]에 방패로 대입하면 [창은 창의 격파무기]의 자폐적 자기완결 자기 조회가 된다. [창은 창의 격파무기]의 1회 자기중식인 [창은 [창의 격파무기]의 격파무기]이고 연속 자기중식 시킨 [창은 창의 격파무기의 격파무기의 … ∞]는 무한대 결정불가능이다. 〈보조정리 2〉이다.

이번에는 전자의 주격과 목적격의 위치를 바꾸면 [방패는 창의 격파무기 아님]이고 후자의 주격과 목적격의 위치를 바꾸면 [창은 방패의 격파무기 아님]이다. 방패에 대하여 서로 대입하면 [창은 창의 격파무기가 아님]이다. 이것은 앞서 [창은 창의 격파무기]와 모순이다. 그러나 모순을 피하기 위하여 전자와 후자를 종합한 일체형 [창 = 창은 창의 격파무기 + 창은 창의 격파무기 아님]은 무모순이다. I권의 〈보조정리 1〉이다. 무모순의 대가가 일체형의 불완전성이다. 불완전성의 원천은 두 가지이다.

첫째, 무모순의 일체형에서 긍정과 부정의 경계가 불완전하기 때문이다. 둘째, 긍정이나 부정 사이에 숨은 손이 존재하기 때문이다. 곧 긍정이냐 부정이냐 이외에 모름ignoramus이 불완전성의 원천이 된다.

무모순은 일관성이다. 이성이 사고의 불완전성 여부를 추론할 수 있는 유일한 전제가 일관성이다. 이것은 확률적 사고이다. 케인스(J.M. Kenes)는 확률을 논리적 관계라고 정의하였다.[8] 말을 바꾸면 일관성의 불완전한 관계 또는 불완전성의 일관된 관계이다. "일관성이 사회적 행동의 미덕이 될 수 있는가라는 질문이 자주 제기된다. 일관성의 요구는 왕왕 합리적 편견으로, 개인의 덕에 대한 각 경우의 판단은 실험과 경험으로 표현된다. 사실은 그 반대이다. 일관성의 요구는 개인의 행위를 이해하는데 있어서 이성 인식 능력의 불완전성에 기인한다."[9]

2. 인과율을 따르지 않는 자유는 스스로가 시초이다. 곧 [자유는 자유의 시초]는 자폐적 자기완결 자기조회의 자율 구조이다. 이것이 I권의 〈공리 1〉이다. 칸트가 자유를 변증법의 이율배반의 배중률 가운데 정립으로 설명한다.

자연법칙에 따르는 인과성은 세계의 모든 현상을 도출시킬 수 있는 유일

> 의 인과성이 아니다. 현상을 설명하기 위해서는 이것 외에 자유에 의한 인과성을 상정할 필요가 있다. … 자연법칙에 따라 진행하는 현상은 계열을 스스로 시작하는 원인의 자발성[자기시초]를 상정해야 한다. 곧 선험적 자유를 [공리로] 상정해야 한다.[10]

칸트의 정립 발언은 [모든 현상 = 자연의 인과성 아니면 자유의 자발성]의 이율배반 분리형식의 배중률을 가리키는 것인지 아니면 [모든 현상 = 자연의 인과성 + 자유의 자발성]의 일체형 중첩형식으로 인정하라는 뜻인지 당장은 불분명하다. 칸트는 "현상을 설명하기 위해서는" 인과율의 자연과 자생율의 자유의 중첩형식을 부분적으로 인식한 것처럼 볼 수 있다. 그리고 그것을 공리로 인정할 것을 요구한다.

3. 곧이어 칸트는 자유를 이율배반 분리형식의 배중률 가운데 반정립으로 설명한다. "자유란 것은 없으며 세계 내의 모든 것은 단지 자연법칙에 따라 생긴다."[11] 칸트는 본원표현(정립)과 쌍대표현(반정립)의 분리형식을 이율배반 배중률의 상호모순으로 분명히 파악하였다.

칸트 시대의 분리형식으로 보면 정립과 반정립은 체계의 완전성에 대한 모순의 대립이지만 현대의 일체의 중첩형식으로 보면 체계의 불완전성에 대한 모순이 아니다. 곧 긍정(정립결정)과 부정(반정립결정)이 중첩되어 일체형으로 동시에 발생하기 때문이다. 그리고 이율배반 배중률 사이에 중간(결정불가능)이 있다. 마치 양수와 음수 사이에 0이 있음에 비유할 수 있다. 자동차의 엔진 동력과 브레이크 동력 사이에 멈춤도 마찬가지이다. 빛과 그림자 사이에는 반그림자가 있다.

분리형 = 모순 + 완전성

일체형 = 무모순 + 불완전성

I권에서 무모순과 완전성은 상존할 수 없음을 논증하였다. 칸트는 체계의 완전성을 위해 모순 곧 이율배반의 배중률로 선험자유의 존재를 추론하였지만 I권의 〈공리 1〉은 체계의 무모순성을 위해 불완전성으로 자유를 추론하였다. 곧 긍정이냐 부정이냐 상호모순 사이에서 하나의 선택은 완전한 결정이 되겠지만, 긍정이냐 부정이냐 사이에서 하나의 선택이 불완전한 결정이 될 수 있는 것은 긍정으로도 부정으로도 결정할 수 없는 결정불가능이 남아 있기 때문이다. 결정적인 차이점은 이율배반에서 일체형으로, 배중률에서 혼합형으로, 분리형식에서 중첩형식으로의 인식전환이다.

4. 예를 들면 시장경제에서 [경제인 = 소비자 + 소비자 아님]의 중첩형식이 있다. 배중률에 따른다면 소비자 아님 = 생산자이므로 소비자와 생산자는 대립적이다. 그러나 [경제인 = 소비자 + 생산자]는 대립이 아닌 중첩형식이다. 정치적으로는 국민주권체제에서 [국민 = 법의 복종자 + 법의 복종자 아님]이다. 양자역학에서는 [전자 = 파동 + 입자 = 파입]의 일체형 현상이 발견되었다. 파동wave과 입자particle의 합성체로써 파입wavicle은 일체형에 부쳐진 이름이다.[12] 전자는 파동이면서 입자이고 파동도 아니면서 입자도 아니다. 그 자체가 하나의 새로운 일체형 존재인 파입이다. 곧 [전자 = 파동 + 입자]이면서 [전자 = 파동아님 + 입자아님 = 입자 + 파동]이다.[13] 전자는 본원표현이고 후자는 쌍대표현인데 두 표현

이 일치한다.

5. 중첩형식은 괴델(Gödel 1931)이 〈불완전성정리〉의 증명으로 무모순의 참임이 드러났다. I권에서 인용한 대로 "수론에 적합한 어떤 형식체계에나 결정불능의 식 곧 그 자체[긍정]은 물론이고 그 부정도 증명할 수 없는 [불완전한] 식이 존재한다."[14] 그 식이 긍정 또는 부정의 이율배반 배중률이 아니라 긍정과 부정의 중첩형식의 일체형이다. 긍정과 부정 사이에 결정불가능이 존재한다. 곧 "ignoramus et ignorabimus"의 알 수 없는 세계이다. 힐베르트가 "우리는 알아야만 하고 알게 된다."[15]라고 말하며 논문「배중률에 대해」를 썼을 때 괴델은 "나의 [불완전성정리] 증명이 나온 마당에 어찌 이런 [이율배반 배중률에 관한] 논문을 쓸 수 있단 말인가?"라고 혹평하였다.[16] 경험세계에서 어떠한 질문이라도 그에 대한 대답은 긍정, 부정의 모순 가운데 하나가 아니라 긍정yes, 부정no, 모름ignoramus의 무모순 가운데 하나이다. 긍정과 부정으로 "증명될 수 없는 진리가 존재한다는 사실이 증명되었다."[17]

6. 칸트의 정립이냐 반정립이냐의 변증법이 아니라 괴델의 본원표현과 동시에 쌍대표현의 일체형 무모순 불완전성이다. 대표적인 일체형의 예가 앞서 시장경제에서 배중률을 따르지 않는다면 생산자 아님 = 소비자 + 실업자이므로 [경제인 = 생산자 + 생산자 아님 = 생산자 + 소비자 + 실업자]의 형식이다. [표현의 자유 = 표현의 자유 + 표현의 자유 아님 = 긍정 표현의 자유 + 부정 표현의 자유 + 침묵의 자유]의 삼위일체 형식이다. 침묵의 자유는 묵비권에 해당하는 중요한 자유로써 미국연방헌법의

제5수정조문the fifth amendment이다. [투표의 자유 = 찬성의 자유 + 찬성의 자유 아님 = 찬성의 자유 + 반대의 자유 + 기권의 자유]도 마찬가지이다. 이밖에도 구문구조, 양자역학, 신화, 소설 등의 예를 들어 [자유는 자유의 시초 = 자유는 자유의 시초 + 자유는 자유의 시초 아님]의 중첩형식이 무모순의 일체형임을 I권이 논증하였다.

7. I권 〈공리 1〉의 [자유는 자유의 시초]는 〈보조정리 1〉에 의해 본원표현과 쌍대표현의 중첩형식이고 〈보조정리 2〉에 의해 결정불가능이다. 따라서 [자유 = 결정불가능 자유 + 결정불가능 자유 아님 = 결정불가능 자유 + 결정가능 자유]의 중첩형식의 혼합 일체형이다. 결정불가능 자유는 입법부가 결정할 수 없는 자유이므로 이 자유에 대해서는 어떠한 입법도 불가한 성역이다. 곧 금지입법의 명분 가운데 하나이다.

8. 결정가능 자유는 법부자유이고 결정불가능 자유는 사적 자유이다. 따라서 [원형자유 = 평등자유 + 사적자유]. 이것이 I권의 〈정의 8〉이다. 평등자유가 민주주의 영역이고 사적자유가 자유주의 영역이다. 민주주의와 자유주의 각각의 분리형식은 서로 모순으로 민주주의이냐 자유주의이냐 가운데 하나의 선택의 문제이다. "자유주의와 민주주의는 처음에는 서로 상관없는 두 이념이었지만 결국에는 경향으로 보아서 서로 반대[모순]가 되었다."[18]의 의미이다. 이에 대하여 혼합의 일체형인 [자유민주주의 = 자유주의 + 민주주의]의 중첩형식은 모순이 아니다.

숨은 손

1. 일체형은 [X + X아님]의 중첩형식인데 X아님은 단수가 아니라 복수이다. [무죄 = 유죄아님 + 결정불가능]이 그 예이다. 법정의 판결은 유죄 또는 유죄아님 가운데 하나이다. 그러나 유죄아님은 무죄가 아니다. 무죄가 되려면 완벽한 증거가 필요하다. 이것이 I권의 결론 가운데 하나인 자폐적 자기완결 자기조회 구조의 결정불가능이 결정이 되려면 추가증거가 필요하다는 것이다. 그 추가증거가 숨은 손이다. 〈보조정리 4〉이다.

2. 앞서 [엔진 = 엔진은 엔진의 동력 + 엔진은 엔진의 동력 아님 = 엔진은 엔진의 동력 + 연료 + 브레이크 = 엔진은 엔진의 동력 + 연료 + 숨은 손]이 가리키는 대로 숨은 손이 필요하다. 자동차에게 숨은 손이란 자기제어 브레이크였다.

결정불가능의 민주헌법을 결정하는데 필요한 숨은 손이란 무엇인가? [헌법은 법체계의 시초]이다. 법체계 속에 헌법이 정점이다. 따라서 [헌법은 헌법의 시초]이다. 〈보조정리 1〉에 의해 [헌법 = 헌법은 헌법의 시초 + 헌법은 헌법의 시초 아님]의 무모순 중첩형식이다. 이것은 다시 [헌법 = 헌법은 헌법의 시초 + 금지입법 = 헌법은 헌법의 시초 + 숨은 손]의 일체형이다. 여기서 입법부에 숨은 손이란 입법부 스스로 자기제어입법 곧 금지입법이었다. "단순히 여러 부로 [삼권]분립하여 제한하는 양피지 헌법은 정부의 모든 권한이 동일 수중에 떨어지는 전제적 집중의 잠식을 막기에 안전장치로 미흡하다."[19] 삼권분립을 지키는 자동장치가 금지입법이다.

3. 이것은 정 또는or 반의 이분법 배중률의 분리형이 아니라, 정 과and 반의 중첩형식의 일체형이다. 이것이냐 저것이냐 또는 이다 또는 아니다가 아니라 이것과 이것아님 또는 이다와 이다아님이다. 이다아님은 아니다와 다르다. 유죄아님이 무죄와 다른 것과 같은 이치이다. 무죄 = 유죄아님 + 결정적 증거이다. 맥코시(J. McCosh)는 “우리의 사고와 사물이 일치하는 것이 진리이다.”라고 말하며 그것은 자연의 인과율에서 찾을 수 있다고 주장하였다.[20] 그러나 우리에게 알려지지 않은 사물에 대한 사고 곧 추론은 확률이다.

4. “인과율과 상관없는 현상이 있다.”[21] 긍정과 부정도 아닌 독립적 견해를 가리킨다. “칸트는 흄, 위대한 회의론자 요즈음 말로 표현하면 불가지론자agnostic의 반대론자이다.”[22] 흄(D. Hume)은 이것을 자연적이냐 인위적이냐가 아니라 자연적인natural 것과 인위적인artificial 것을 함께 포함하는 제3의 요인a third category라고 명명한 존재를 인식하였다.[23] 이 책에서 말하는 숨은 손이다. 맥코시와 흄은 스코틀랜드 계몽주의 철학자들이다.

5. 경험적으로 보면 밤과 낮은 교차한다. 무한 번의 관찰을 해도 주야의 교차는 만고불변이다. 그러나 밤을 낮이 따라오는지 낮이 밤을 따라오는지는 모른다. 주야의 교차는 낮이 설명하지 못하고 밤이 설명하지 못한다. 배중률로는 안 된다. 지구의 회전이라는 제3의 숨은 요인이 설명해준다. 곧 남과 낮의 교차는 지구 밖meta에서 보는 지구의 회전으로 설명할 수 있다.

6. 칸트가 정립과 반정립의 이율배반을 들고 나왔고 그것을 계승한 헤겔이 정반합으로 발전시켰을 때 그들은 중첩형식을 이해하지 못했음을 알 수 있다. 반은 정아님이 아니다. 정아님 = 반 + 제3의 요인 = 반 + 결정불가능 = 반 + 숨은 손이다. 따라서 정 + 반 + 결정불가능 = 정 + 반 + 제3의 요인 = 정 + 반 + 숨은 손이다. 정반합의 변증법은 정과 정아님의 합의 중첩현상을 설명하기에 미흡하다. 이 발견이 중요한 것은 칸트에서 시작한 정반합의 변증법의 배중률이 헤겔을 거쳐 마르크스의 공산주의 이론에 핵심이 되었기 때문이다. 마르크스는 출발점을 잘못 설정한 셈이다.

7. 비유를 들어 정을 찬성, 반을 반대라 하면, 찬성과 반대 사이에 기권이 있고 합은 의결, 부결, 결정불가능 가운데 하나이다. 정을 수요라 하면, 반은 공급이고, 합이 균형인가? 또는 정을 공급이라 하면, 반이 수요이고, 합이 균형일까? 정을 수요라 하면, 반은 수요아님이고, 정을 공급이라 하면, 반은 공급아님이다. 수요아님 = 공급 + 숨은 손이 될 수 있다. 여기서 숨은 손은 생산자의 기술변화이다. 공급아님 = 수요 + 숨은 손일 수 있다. 여기서 숨은 손은 소비자의 선호변화이다. 따라서 [동태균형(합) = 수요(정) + 공급(반) + 기술변화 + 선호변화]의 중첩형식이 된다. 여기서 단순한 정반합의 합은 정태균형임을 알 수 있다.

8. 하이에크의 칸트 비판의 출발점이 여기에 있다. 감성 또는 이성의 이분법이 아니라 그 사이의 동태적인 진화에 주목하였다. 이성의 반대는 감성이 아니다. 이성 또는 감성의 이분법에서는 동태적 진화가 일어나지 않는다.

우리가 이러한 이분법 [배중률]을 뛰어넘는다면 감성의 반대가 이성이 아니라 전통적인 도덕임을 알 수 있다.[24]

조직들organisms 사이에서 상호관계가 등장하는 현상을 생각할 때… 자기유지구조에서 일어나는 과정을 지칭하는 단어가 내가 말하는 성장이다.[25]

하이에크가 말하는 자기유지구조self-maintaining structure가 바로 자폐적 자기완결 자기조회의 구조이다. 따라서 I권에서 본대로 이성이냐 감성이냐의 이분법은 모순의 비결정이고 이성과 감성의 일체형은 무모순의 비결정이다. [감성 + 이성]이 아니라 [감성 + 감성아님] 또는 [이성 + 이성아님]의 관점이 결정의 출발점이다. [감성 + 감성아님 = 감성 + 도덕 = 감성 + 이성 + 제3의 요인 = 감성 + 이성 + 숨은 손 = 감성 + 이성 + 메타]의 삼위일체 구조이다. 이 구분을 일찍이 인식한 흄은 "도덕성은 이성의 결과가 아님"을 강조하였다.[26] 이것은 칸트와 대립된다. 괴델Gödel의 불완전성을 비결정성으로 확대하여 컴퓨터 논리의 비결정성을 논증한 튜링Turing의 발언이 이 사실을 확인시킨다.

그것[튜링자신의 논문]은 일상 말로 하면 맞음yes과 틀림no에 관한 것이다. 그것은 수리논리학의 전문적 논문이다. 그러나 역시 맞음과 틀림을 말하기가 어렵다. 사람들은, 대부분의 사람들은 수학에서만은 언제나 맞음yes과 틀림no을 말할 수 있다고 생각한다. 그렇지 않다. [수학에서도] 더 이상 그렇지 않게 되었다.[27]

맞음 또는 틀림의 이분법 배중률이 아니라 맞음true과 틀림false 사이에 결정불가능indeterminacy이 있다는 뜻이다. 맞음true의 반대는 틀림false이 아니라 맞음아님untrue이다. 맞음아님untrue = 틀림false + 결정불가능indeterminacy이다. 곧 맞음과 틀림 사이에 정답 없음이다. 앞서 민주주의 구조가 자폐적 자기완결 자기조회의 비결정임을 보았다. 민주주의 결정성을 위해서는 [흄의 제3의 요인 = 숨은 손 = 괴델의 불완전성 = 튜링의 비결정성 = 메타]가 필요하다. 이것이 I권의 〈보조정리 4〉이다.

9. 아담의 실낙원은 [금단과일 = 선 + 악]의 분할에서 비롯한다. 이분법에 의하면 두 가지 경우뿐이다. 첫째, 선을 선택한다. 둘째, 악을 선택한다. 그러나 세 번째가 있다. 둘 다 일체형으로 선택한다. 세 번째의 관점에서 기독교는 구원의 숨은 손을 예비하였다. 따라서 [금단과일 = 선 + 악 + 구원 = 선 + 악 + 숨은 손]이다. 곧 [금단과일 = 선 + 선아님 = 악 + 악아님 = 선 + 악 + 구원]의 중첩형식의 일체형이다.

10. 흄보다 맨더빌(Mandeville 1715)의 통찰력이 앞선다. 앞서 [금단과일 = 선 + 악]에서 유래하는 "만일 악을 금지한다면 선이 행하는 많은 일이 불가능하게 된다."[28] 중첩형식의 일체형에서 악을 금지한다면 숨은 손의 많은 일까지 금지할 수 있다. 맨더빌의 풍자에 의하면 "만일 부패를 금하면 풍요가 불가능하다." 맨더빌의 통찰력은 예레미야의 기자를 연상시킨다. "여호와여… 내가 주께 질문하옵나니 악한 자의 길이 형통하며 반역한 자가 다 평안함은 무슨 까닭이니이까. … 그들의 입은 주께 가까우나 그들의 마음은 머나이다."[29] 예레미야 기자의 외침은 형통과 부패에

위선까지 더한 [형통 + 형통아님 = 형통 + 부패 + 위선]이다. 맨더빌은 세 가지 경우를 생각했다. 첫째, 부패를 금한다. 둘째, 풍요를 포기한다. 셋째, 모순이다.[30] 세 번째의 모순은 분리형에 기인한다.

11. 그러나 풍요와 부패는 모순이 아니고 일체형의 시각에서 보면 [풍요 = 풍요 + 풍요아님]의 중첩형식이다. 맨더빌은 풍요와 부패를 대칭적으로 보았다. 따라서 이 중첩형식에서 풍요아님 = 부패이라면 [풍요 = 풍요 + 부패]에서 부패는 곧 법의 필요성을 낳는다. 풍요가 자유의 무한성을 포함하므로 [풍요 = 풍요 + 풍요아님] → [자유 = 사적자유 + 법부자유]에 속한다. 이것이 I권의 〈정의 6〉이다. 그러나 이 정의는 결정불가능이었다. 이 문제는 [풍요아님 = 부패 + 숨겨진 손]이고 따라서 맨더빌의 [풍요 = 풍요 + 부패]는 [풍요 = 풍요 + 풍요아님 = 풍요 + 부패 + 도덕 = 풍요 + 법 + 도덕 = 풍요 + 법 + 도덕 + 숨겨진 손]의 일체형 구조로 복원될 수 있다. 법의 결정가능에 숨은 손이 필요한 이유이다. 숨은 손은 보이는 것의 너머에 있다. 너머는 메타meta이다. III권(헌법의 원리)이 제시한다.

자유주의 대 민주주의

1. 이상으로 민주주의가 비결정이며 임의적이라는 사실이 밝혀졌다. 여러 민주국가에서 독재자의 등장과 그에 따른 잦은 헌법 수정이 민주주의의 비결정성과 임의성의 증거임도 드러났다. 개인이 1인왕국의 독재자이며 자기입법 수정의 비결정과 임의적 작심삼일 행동의 주인공이 되는

것과 같은 이치이다.

2. 민주의 비결정을 결정으로 전환하는 방법 가운데 하나가 폭력이다. 그러나 "폭력 없이 교체되는 정부의 형태야말로 [자유]민주주의이고 그렇지 않은 정부 형태가 전제주의이다."[31] 동일한 맥락에서 "국내평화를 생각하면 자유주의는 민주정부를 목표로 한다. 민주주의는 그러므로 혁명의 수단이 아니다. 그 반대이다. 민주주의는 혁명이나 내전을 막는 수단이다. 민주주의는 다수의지에 따라 평화적으로 정부를 교체하는 방법이다."[32] 그러나 숨은 손의 부재는 I권 〈보조정리 3〉의 [비결정성 = 일관성 + 불완전성]이 가리키는 대로 하나의 임의의 비결정 민주가 다른 형태의 임의의 비결정 민주로 교체하게 할 뿐이다.

3. 그럼에도 대부분 국가에서 임의 민주주의가 채택되는 이유가 무엇인가? 본래의 민주주의 최대의 장점이 평등과 그것을 낳아준 자유에 있기 때문이다. 그러나 그 장점도 비결정성과 임의성에 불과하다. 여기에 민주주의의 비결정성을 결정성으로 바꿀 수 있는 제어장치의 탐색이 절실히 요구된다. 그렇지 않으면 평등이 자신을 낳아준 자유를 위협한다. 그 자기제어장치가 숨은 손이다. 독재를 막고 헌법의 결정성을 유지하는 것이 숨은 손의 역할이다. 이것이 I권의 〈보조정리 4〉가 말하는 [결정성 = 일관성 + 불완전성 + 숨은 손]의 내용이다.

4. "국내평화를 생각하면 자유주의는 민주정부를 목표로 한다."[33] 이 인용문처럼 정치권력에 대한 불신이 자유주의의 시작이다. 그러나 어떤

형태의 민주정부인가? I권의 논증대로 자기발생 자유의 능력은 무제약 무한대이다.(보조정리 2). 이것은 무제약 무한대를 원하는 정치권력에게 가장 큰 걸림돌이 된다. 정치권력이 압제의 괴물로 변하는 것을 방지하고 자유의 영역을 지키려는 첫 번째 장치가 숨은 손이 결정하는 자유헌법 아래에서 자유민주주의와 그의 자유주의 정부이다. 그러므로 자유주의와 민주주의의 차이는 다음과 같이 요약될 수 있다.

민주주의가 무엇을 법으로 만들까 질문할 때
자유주의는 무엇을 법으로 만들어야만 하는가 질문한다.

5. 전자에는 제어가 없는 적극적 입법 아래 소극적 자유가 정의된다. 후자는 제어가 있는 제한된 입법 아래 적극적 자유를 목표로 삼는 의무입법을 의미한다. 후자를 뒤집어 표현하면 무엇을 법으로 만들어서는 안 되는가를 질문하는 것이다. 그 대답이 금지입법이다. 자유에 대한 침해를 막는 장치이다. 그러므로 [입법 = 의무입법 + 금지입법]의 중첩형식이 자유주의 입법형식이다.

법체계의 결정조건

1. 민주주의가 비결정이며 임의적이라는 사실은 이제부터 전개되는 민주주의의 여러 역설, 자가당착, 모순 등이 증언한다. 이들을 싸잡아 모순으로 표현하겠다. 곧 다수의 모순, 농도의 모순, 입법의 모순, 불완전

성의 모순, 자치의 모순, 구성의 모순, 투표의 모순, 불가능성의 모순 등이다. 이들을 합친 '민주의 모순'의 결정불가능성을 무모순의 결정성으로 전환 시킬 수 있는 능력이 숨은 손이다.

2. '민주의 모순'으로 논의가 넘어가기 전에 여기서 최후의 의문이 제기된다. 숨은 손의 정체이다. 개인을 국민으로 정의하는 숨은 손이 법률이고, 법률이 합헌이 되게 하는 숨은 손은 헌법인데, 헌법의 숨은 손은 무엇인가? 그것이 무엇이든 그 결정을 위해서 그 나름대로 숨은 손이 또 필요하다. [국민 → 법률 → 헌법 → 숨은 손 → 숨은 손 → … ∞]의 이 계열은 끝이 없다. 마지막에는 숨은 손이 더이상 필요 없는 최후의 숨은 손이 존재해야 이 계열이 끝나는데 그것은 숨은 손의 시초가 되는 숨은 손이어야 한다. 곧 스스로 시초가 되는 숨은 손은 숨은 손의 시초, 곧 경험세계 밖에서 인과율에 지배 받지 않는 메타의 숨은 손이어야 한다.

그러나 서두에서 밝힌 바대로 이 세계 안에서나 이 세계 밖에서나 스스로가 시초가 되는 것은 신 이외에 자유밖에 없다. 결국 최후의 숨은 손은 자유뿐이다. [국민 → 법률 → 헌법 → 국민]의 무한회전에서 탈출하여 [국민 → 법률 → 헌법 → 숨은 손]에서 [국민 → 법률 → 헌법 → 자유]의 족보가 형성된다. 자유를 목적으로 삼는 이 족보는 자폐적 자기완결 자기조회의 구조가 아니다. 바로 자유민주주의를 결정할 수 있는 법체계이다. 자유의 불가침성을 지키는 법체계의 결정성을 위해서라도 자유가 법체계의 목적이 되지 않을 수 없다.

3. I권 〈보조정리 3〉의 [비결정성 = 일관성 + 불완전성]으로 대표되는

민주주의 법체계의 비결정성을 탈피하여 자유민주주의 법체계의 결정성을 위해서, 또 메타의 숨은 손인 자유를 지키기 위해서, 그 자유를 침입할 수 없도록 입법부에게 스스로 자기제어장치를 입법하도록 하지 않을 수 없다. I권의 〈보조정리 4〉는 다음과 같이 〈보조정리 4*〉로 구체화된다.

보조정리 4* : 법체계의 결정성 = 법체계의 일관성 + 법체계의 불완전성 + 자유의 불가침성

입법부가 개인의 기본자유를 침입하는 어떠한 입법도 할 수 없도록 하는 금지입법이 메타의 숨은 손이 된다. [개인 → 법률 → 자유헌법 → 자유에 관한 금지입법 → 자유의 불가침성]이 자유헌법 체계의 결정성, 일관성, 불완전성, 자유의 불가침성을 보장한다. 곧 I권의 〈보조정리 3〉의 [비결정성 = 일관성 + 불완전성]에서 〈보조정리 4〉의 [결정성 = 일관성 + 불완전성 + 숨은 손]을 거쳐 〈보조정리 4*〉의 [결정성 = 일관성 + 불완전성 + 금지입법 = 일관성 + 불완전성 + 자유의 불가침성]이 완성된다. 자유민주주의에 숨은 손은 입법부의 자기제어장치이다.

4. 그러나 이것만으로는 아직 부족하다. 여기서 결정성은 법체계의 측면에서 결정성이다. 곧 법의 공급 측면의 면모이다. 법은 수요측면에서도 보아야 한다. 법체계가 아무리 잘 정비되어도 국민의 법수요 상태가 법공급과 일치하지 않으면 불균형이 된다. 가령 국민의 의식상태가 저열하면 아무리 훌륭한 법체계라도 법수요자인 국민이 스스로 자유를 방치하는 결과를 낳게 된다. "[정치에 대한] 선량한 사람들의 수수방관이

악마에게 승리를 안겨준다."[34]

5. 입법부의 입법행위에 브레이크 금지입법이 요구되듯이, 개인의 자기입법행위에 브레이크 금지계명이 요구된다. 이것의 한 노력이 도덕철학자들이 탐구해온 윤리형이상학이다. 곧 입법부는 [입법부는 입법부의 입법자]의 결정성을 위해 입법부의 금지입법을 스스로 부과하여야 하고, 개인은 [개인은 개인의 자기입법자]의 결정성을 위해 개인의 금지계명을 스스로 부과하여야 한다. 앞서 심장, 자동차, 정부의 비교표에서 브레이크 = 금지입법 + 금지계명의 그 금지계명이다. III권이 논의한다.

제 2 장
민주의 모순

다수의 모순

1. 역사적으로 민주주의가 출현하고 발전한 것은 민주주의가 나에게 좋고 이웃에게도 좋다고 기대하였기 때문이다. 말하자면 시장을 움직이는 보이지 않는 손이 민주주의에도 작용한다고 믿었다. 이 기대는 사적 자유와 어울려 인간의 모든 정신적인 위대함의 근원이 되어 왔다. 그것이 자유민주주의이다.

2. 아담 스미스가 보이지 않는 손을 발견한 이래 바스티아(F. Bastiat 1850)도 『보이는 것과 보이지 않는 것』이라는 글에서 각자는 자기 범위 안만 보고 그 '너머'의 것은 못 보지만 보이지 않는 손에 의해 모두에게 좋아진다고 기록하였다. 너머가 메타meta이다. 이런 측면에서 자유민주주의는 공적재화 이전에 사적재화이다. [자유민주주의 = 사적재화 + 공적재화 = 사적재화 + 사적재화 아님]의 이유는 국민주권을 입법하고 행사하고 심사하는 참정권자가 되려면 최소한 읽고 쓰고 셈하는 능력을

갖추어야 하기 때문이다. 여기에 더하여 표현의 능력이 요구된다. 내 생각을 말하고 다른 사람의 생각을 듣는 것이 자유민주주의의 첫 단계이다. 이것이 제도적으로 평등화된 것이 의무교육이다. "다수가 만능"이라는 속설에서 그 무리에 속하기 위해서 혹은 그 무리를 이끌기 위해서 요구되는 필요조건이다. 또는 그 무리의 반대편에 속하기 위해서라도 필요하다.

3. 여기서 다수만을 강조하는 것이 민주주의이다. 그러나 다수란 무엇인가? 이것이 제대로 정의되지 않으면 민주주의 곧 다수의 횡포의 단초가 될 수 있다. "현재 민주주의는 존재하나 그 폐해를 완화하는 자연의 이점을 발휘케 하는 힘이 결여되어 있다."[35] 토크빌(A. de Tocqueville 1835)의 이 글에서 '자연의 이점을 발휘케 하는 힘'이란 사적자유의 힘을 가리킨다. "그 이유는 단순히 그들이 자유를 지고의 덕의 근원으로 볼 뿐만 아니라 나아가서 자유를 최대의 복리의 원천으로 생각하고 그 때문에 진지하게 [사적]자유의 영역을 확보하여 사람들이 [자유의] 축복을 누리는 것을 바라기 때문이다."[36] 미국연방헌법의 전문Preamble에 명시된 "자유의 축복"과 "모든 사람의 복리"를 가리킨다. 다른 사람의 자유가 복리와 함께 나에게도 좋은 이유는 보이지 않는 손이 복리뿐만 아니라 자유에도 작용한다는 증언이다. 민주주의의 폐해를 완화하는 자연의 힘이 바로 사적자유의 힘 곧 표현의 자유와 그것이 형성하는 여론public opinion의 힘이고 자유민주주의의 요체이다.

4. 12세기의 마이모니데스(M. Maimonides)에 의하면 아담 원죄의

대가가 여호와가 그를 그의 이성 너머로 몰아세운 불확실성이다. 아담의 실족 이전에는 인간 이성의 범위에 불확실성은 없었다. 실족 후에 그에게 남은 것은 불확실성에 대한 의견opinion뿐이었다.[37] 의견의 표현이 불확실성에 대한 그의 안내자가 되었다. 불확실성에 대한 대처방안인 의견교환이 표현의 자유와 교환의 시작이 되었고 의견교환의 기능이 여론public opinion이며 그 근간이 교육이다. 그 기능이 진화하여 의무교육이 되었다. 그를 통하여 국민이 형성되었다. 로크도 그의 마지막 저서 『교육론 1693』에서 교육의 중요성을 역설하였다. 민주주의 자치의 기초가 국민의 의무교육이다. 불확실성을 헤쳐 나아가는 유일의 수단이 각자의 의견과 교육이다.

5. 의무교육은 곧 비용이다. I권에서 자유의 가격에 대해 설명하였다. I권 〈정의 8〉의 [원형자유 = 평등자유 + 사적자유]를 [총비용 = 고정비용 + 가변비용]에 비유할 수 있다. 사회를 유지하는데 드는 고정비용이 평등이다. 비용에는 보이지 않는 비용이 포함된다. 임대사무실에서 글을 쓸 때 임대료는 회계장부에 기록한다. 그러나 자신의 집에서 글을 쓰면 그 임대료는 장부에 기록되지 않으므로 회계학적 비용에 속하지 않게 된다. 그러나 자금의 기회비용으로 경제학적 비용에 포함된다. 이 경제학적 비용이 보이지 않는 기회비용이다. 민주주의는 자유의 보이지 않는 기회비용이다.

6. 민주주의가 자유의 기회비용이라 함은 민주주의의 결정은 다수의 결정이고 그 결정은 때에 따라 고정으로 결정되는 고정비용의 속성을

지니게 된다. 의무교육이 그 대표적인 예이다. 선거비용도 고정비용에 속한다.

7. 민주주의는 다수의 원리이다. 그러나 다수가 민주주의를 만드는 것인지 민주주의가 다수를 만드는 것인지 인과가 분명하지 않다. 그것을 알려면 [국민은 국민의 복종자]를 권력으로 분할하면 된다. [국민은 권력의 복종자]이고 [권력은 국민의 복종자]이다. 전자는 국민이 권력에서 나오고 후자는 권력이 국민으로부터 나온다라는 뜻이다.

권력은 국민으로부터 나온다.
국민은 권력으로부터 나온다.

현재 헌법이 강조하는 것은 전자뿐이다. 권력은 권리의 강제력이다. 그러므로 국민이 권력으로부터 나온다는 후자가 의미하는 바는 국민이 권리로 정의된다는 의미이다. 후자를 생략한 헌법은 국민을 정의하고 국민을 위한다는 그 모든 권력을 침묵 속에서 포기한 셈이다. 그와 병행하여 무엇보다 국민으로부터 나온다는 그 모든 권력의 존재성은 증명되었는가?

후자의 중요성은 후자가 전자와 합쳐져 [권력은 권력의 복종자]의 자폐적 자기완결 자기조회를 정의하는 데 있다. 권력은 비결정이다. 인과관계에서 과를 제약하는 것이 인이다. 인과는 제약의 법칙이다. 인과의 제약이 없는 시초의 법칙은 무제약의 법칙이다. "처음은 미약했으나 나중은 창대"해지는 것은 처음이 비결정인 덕택이다. I권에서 자유에 인과성이 없는 것도 원초적이기 때문이었다. 자유의 무인 무과 무제약은 민주의 무인 무과 무제약과 충돌할 수밖에 없다. 무제약 임의적 민주주의의 비결정성으로 희생되는 자유가 그 증거이다. 자유는 본질상 비결정이어야 하므로 민주와 충돌하지 않으려면 민주가 인위적으로 결정되어야 한다. 앞서 본 것처럼 민주는 자유의 자식이다. 그것이 자유민주주의의 정의이다. III권(헌법의 원리)의 주제이다.

8. 같은 방식으로 국민은 국민의 복종자를 다수로 분할할 수 있다. [국민은 다수의 복종자]이고 [다수는 국민의 복종자]이다. 전자가 국민을 민주주의 복종자로 만들고 후자가 민주주의를 국민의 복종자로 만든다. 국민으로 서로 대입하면 [다수는 다수의 복종자]의 자폐적 자기완결 자기조회 구조이다. 모순의 원천이다.

9. 후자부터 생각하자. 국민이 목적이고 민주주의가 수단이다. 소수도 국민이다. 따라서 다수도 소수에게 복종해야 하는데 그 이유가 I권의 〈입법의 6법칙〉이 가르치는 대로 소수가 다수결의 필요조건이기 때문이다.

10. 전자를 생각하자. 민주주의에서 다수의 도덕적인 권위가 바로 [국민은 다수의 복종자 = 민주주의의 복종자]에 있다. 다수가 극대화된 것이 최대다수이고 그의 최대행복이 무엇보다 우선한다는 원리에서 나온다는 믿음에 있다. 다수 만능주의의 근거이지만 최대다수최대행복의 기준은 다수가 소수를 지배해야 할 당위성은 되지 못한다.

첫째, 최대다수의 범위가 사전적으로 정해지지 않는다.

둘째, 다수의 권력이 소수에게서 유래된다는 I권의 〈입법의 제6법칙〉을 잊으면 안 된다.

셋째, 역사적인 경험에 비추어보면 소수가 옳았던 적도 많다.

넷째, 다수의 정의가 불분명하다. 다수란 무엇인가? 단순한 숫자인가? 그 이상인가?

다섯째, 다수가 만능이라면 권력행사의 범위가 정해지지 않는다.

이것이 [권력은 권력의 복종자]가 초래하는 비결정의 권력이다. 하나씩 순서대로 점검한다.

11. 첫째, 최대다수에 포함되는 것이 국민뿐일 수 있다. 그러나 그들의 행복을 위해서라면 단순히 사람 수만으로 최대다수가 되는 것은 의미가 없다. 그들의 행복에 포함되는 것은 그들 자신만의 행복이 아니다. 아직 태어나지 않은 자손도 포함하는가? 그들이 소유하고 있는 동물의 행복도 다수에 포함되어야 하는가? 외국인도 포함되어야 하는가? 나아가서 그들을 둘러싸고 있는 모든 생태계까지 포함해야 하는가? 다수의 범위는 비결정이다.[38]

12. 둘째, 다수의 권력이 소수에게서 유래된다는 I권의 〈입법의 제6법칙〉은 〈입법의 5법칙〉의 완전대칭 역지사지를 수정한 것이다. 곧 비대칭 역지사지가 그것이다. 여기서도 대각선의 자기증식이 무한대가 되는 이유가 바로 완전대칭 역지사지에 있다. 무한대 자기증식은 곧 권력이다. 그러므로 정부권력을 제한하는 방안은 완전대칭 역지사지를 깨는

것이다. 그것이 I권의 〈입법의 제6법칙〉이다.

13. 셋째, 특히 진리에 관해서 소수가 박해를 받았다. 진리는 머릿수로 결정되지 않는다. 이에 관해서 추가할 사항은 다수가 결정한다는 것이 무엇인지 사전에 알려져 있지 않다는 점이다. 고대 그리스에서 시행하였던 도편제도에 의한 시민의 추방도 다수로 의결해야 하는가? 특정한 시민의 참된 표현의 자유를 막아야 하는가?

14. 넷째, 다수의 의미는 생각보다 단순하지 않다. 그 하나의 차원이 민주주의에서 가장 기본이 되는 법에 의해 잘 정의된well-defined 개인 곧 국민이다. 그 정의는 헌법의 몫이다. 다수 국민의 의사, 그런 것이 존재한다면, 그것이 헌법을 만든다. 이것은 [국민 → 헌법]과 [헌법 → 국민]의 무한순환이다. 대의제에서는 [국민 → 대표 → 헌법 → 국민]의 무한순환이다. 이 경우 대표도 국민에 속하므로 [국민 → 헌법 → 국민]의 무한순환이다. 다수에는 만장일치도 포함되는데 이것도 무한순환의 함정에 빠진다. 어떻든 무한순환의 고리의 어떤 임의의 점에서 다수의사로 어떻든 정의된 국민이 다수로 어떻든 결정된 헌법은 잘 정의된 헌법이 아니고 어떻든 임의ad hoc로 결정된 헌법이다.

> 역사적으로 결정된 법질서 기관은 최선일 필요가 없었다. 그러한 기관은 개선될 수 있고 더 효율적일 수 있다. 그러한 가능성 있는 개선은 자발성 질서 원리의 이해에 의한 정보가 뒷받침해야만 한다. 그러나 [헌]법기관에 불필요하고 시기에 맞지 않는 간섭은 피해야 한다. 이에 대한 경

고는 개선하고자 하는 우리의 노력을 저해하는 경지까지 몰고 가선 안 된다.[39]

임의성은 거의 대부분 국가의 헌법의 현실이다. 그 "어떻든 임의ad hoc 헌법"에 의거하여 만든 법체계가 현실이다. 크게는 입법부에서 작게는 각종 위원회에 이르기까지 그것이 만장일치든 다수결이든 모두 "어떻든 임의 법체계"이다. 절차만 갖춘 임의적 임시변통의 형식이다. 임의성을 벗어나려면 헌법을 헌법 밖meta에서 보아야 한다. III권(헌법의 원리)의 주제이다.

15. 다섯째, 가장 심각한 다수 만능주의의 권력행사가 법의 이름으로 합법을 가장하여 소수를 핍박하거나 심지어 말살하는 권력행사이다. 벤담의 최대다수최대행복의 원리에 의하면 어느 한 개체를 희생하고 전체의 행복을 최대로 할 수 있다면 그 정책을 인정할 수 있다는 역설도 성립한다. 그러나 하나를 희생하여 전체가 좋아지는지는 따져 보기가 매우 어려운 문제이다. 최대다수최대행복을 정의하는 방법 가운데 하나가 국민의 정의를 임의로 규정하는 것이다. 아리안만으로 구성된 최대다수로 규정한 역사가 있다.

이밖에 이 주장은 만능의 사전적 의미와 맞물려 모순을 부른다. 다수 만능을 문법적으로만 보면 다수는 할 수 없는 또는 해서는 안 되는 권력행사 그것이 무엇이든 그것까지 할 수 있는 능력이다. 이것이 만능의 사전적 의미이다.

이 문장에서 할 수 없다와 할 수 있다는 서로 모순이다. 이 모순을 피하려면 [만능 = 만능 + 만능 아님 = 할 수 있음 + 할 수 없음]의 중첩형식이 되어야 한다. 입법의 측면에서 보면 만능 = 의무입법이고 만능 아님 = 금지입법이다. 이것이 [입법 = 의무입법 + 금지입법]의 중첩형식 존재성의 증명이며 금지입법의 논리이다. I권의 〈정의 12〉이다. 법의 이름으로 절차적 합법을 가장하여 할 수 없는 또 해서는 안 되는 금지의 성역이 존재한다는 보편적이며 강력한 증거이다. 인권은 대표적인 금지입법의 성역이다.

16. 민주주의가 스스로 다스리는 자치인 이상 민주주의는 앞서 언급한 스스로 움직이는 자동차이다. 다수가 엔진이고 입법이 연료이다. 연료와 엔진을 장악하는 것이 다수이다. 입법이 연료인 이상 다수가 무엇이든지 입법으로 연료를 공급할 수 있는 장난감이다. 그것은 금지입법이라는 브레이크 없이 다수라는 엔진과 입법만으로 가동되는 자폐적 자기완결 자기조회의 자동기계에 불과하게 될 수 있다.

17. 법의 주관이 권리이고 권리의 객관이 법이다. 법과 권리는 뿌리가 같지만 본질적으로 권리는 자유이고 법은 의무이다. 권리는 남에게 피해를 주지 않는 집행의 자유이면서 다른 한편 하지 말아야 하는 집행이 제어된 자유이다. 법은 해야 하는 의무와 하지 말아야 하는 금지의 구분이다.

18. 법이 사람을 위해 존재하지 사람이 법을 위해 존재하는 것이 아님을 입법의 중첩형식이 논증한다. 아무리 다수라 할지라도 자유는 할

수 없는 자유까지 포함하지 못한다는 것은 I권 〈정의 1〉의 [자유 = 제약의 자유 + 무제약 자유]가 보이고 있다. 여기서 제약의 자유가 할 수 없는 또는 해서는 안 되는 자유이다. 금지입법의 성서적 근거는 다수의 아흔아홉 마리 양도 중요하지만 잃어버린 소수의 한 마리 양도 소홀히 하지 말라는 금지계명에 있다.

19. 다수의 의미는 또 다른 차원을 갖는다. 어떻든ad hoc [다수의사는 모든 의사의 우위]이다. 모든 의사의 집합에 다수의사 자신도 포함되므로 [다수의사는 다수의사의 우위]는 자폐적 자기완결 자기조회의 비결정이다. I권의 〈보조정리 1〉에 의하여 [다수의사 = 다수의사 + 다수의사 아님]에 "배중률이 옳다면"의 조건을 적용하면 마지막 항은 소수의사가 될 수 있다. 따라서 [다수의사 = 다수의사 + 소수의사]의 중첩형식이 된다. 제퍼슨은 [다수의사 = 다수의사 + 소수의사]의 중첩형식을 알고 있었다.

> 다음의 성스러운 원칙을 잊지 말자. 다수의 의사가 결정력을 갖지만, 다수의 의사는 옳고 합리성을 가져야 하고, 소수자도 다수자와 평등한 권리를 가지며 그 소수자의 평등한 권리는 평등한 법에 의하여 보장되어야 한다. … 모든 의견의 차이는 다른 원칙이 아니다. 같은 이름 아래 다르게 부르는 것뿐이다. 우리는 모두 공화주의자이며 모두 연방주의자이다.[40]

[다수의사 = 다수의사 + 소수의사]의 쌍대표현은 [소수의사 = 소수의사 + 소수의사 아님 = 소수의사 + 다수의사]이다. 여기서 다수의사가 무

한순환이라면 소수 = 다수이고 비결정이다. 무한순환이 아니라면 다수의사 아님≠소수의사이고 소수의사 아님≠다수의사이다. 후자의 경우 다수의사가 결정되려면 배중률의 적용으로는 불가능하다.

20. 여기에 더하여 [다수의사 = 다수의사 + 다수의사 아님]에 배중률을 적용하여 다수의사 아님을 소수의사로 해석하면 소수가 다수를 지배할 수 있는 이유를 알 길이 없게 된다. 이것이 다수의 모순이다.

농도의 모순

1. 다수의 모순의 해결은 단순히 머리수(자연수)를 넘어서는 숨은 변수에 달려 있다. 그것이 일차적으로 농도일 수 있다. 그러나 농도의 결정에도 숨은 손이 필요하다.

2. 배중률 적용을 포기하고 중첩형식을 적용하면 그것은 자연수와 자연수 사이에 숨어있는 의견의 농도와 강도 또는 열의이다. 다수의사의 농도가 약하고 반대로 소수의사의 농도가 강할 수 있다. 따라서 [다수의사 = 다수의사 + 다수의사 아님 = 다수의사 + 숨은 손 = 다수의사 + 다수의사 농도]이고 그의 쌍대표현은 [소수의사 = 소수의사 + 소수의사 아님 = 소수의사 + 숨은 손 = 소수의사 + 소수의사 농도]이다. 제퍼슨의 기대와 달리 소수가 다수를 지배하는 일이 역사에 등장하는 이유가 바로 소수의사의 농도에 있다.

> 선호의 농도intensity가 동일하다고 하지 않는 한, 선택하는데 51퍼센트 지배를 특별하게 여길 필요는 없다.[41]

그러므로 지배하는 다수란 양뿐만 아니라 질로, 머릿수뿐만 아니라 요직수로, 요직의 수뿐만 아니라 요직의 농도로, 권력의 범위뿐만 아니라 권력의 농도로 나타난다. 칸토어 무한대수학 이후 무한개 실수와 무한개 자연수 사이에 크기의 비교가 가능해진 것은 바로 실수농도가 발견된 덕택이다. 하나의 의사와 또 하나의 의사 사이의 차이가 생기게 하는 것이 의사의 농도이다. 그것이 의견의 영향력일 수 있다. 이런 의미에서 다수라는 말보다 모든 면을 감안한 다수농도라는 말이 적합할 것이다. 여기서 우리는 다수의 원리 또는 다수의 지배 또는 다수의 만능이 무슨 뜻인지 문의할 수밖에 없다.

3. 앞서 권력은 비결정이라 하였다. 그것이 정치권력이 무제약 무한대의 비결정을 선망하게 만드는 근거이다. 그것이 어떻게 가능한지 농도의 개념으로 설명할 수 있다. 농도power, mächtigkeit는 무한대 수학에서 차용한 개념으로 권력농도가 권력의 원천이 된다. 그러므로 다수는 단순한 머릿수만이 아니다. 자연수(머릿수)의 집합 1, 2, … 은 무한이다. 0과 1 사이의 선분에 들어있는 실수(점)의 개수도 무한이다. 그러나 후자의 실수의 무한이 전자의 자연수의 무한보다 많다는 사실이 밝혀졌다. 농도가 크기 때문이다.

4. 다수 또는 다수농도의 예를 비유법으로 설명할 수 있다. 돈은 두

가지 차원을 갖는다. 돈의 소유차원과 지출차원이다. 소유와 지출의 경우를 분류하면 다음 표처럼 네 가지가 있다. 나의 돈을 나를 위해 지출하는 경우A = A(S), 나의 돈으로 다른 사람을 위해 지출하는 경우A = B(S), 남의 돈을 나를 위해 지출하는 경우B = A(S), 남의 돈으로 남을 위해 지출하는 경우B = B(S). 여기서 S는 지출을 의미한다.

		지출대상	
		나A	남B
돈의 소유	나A	A = A(S)	A = B(S)
	남B	B = A(S)	B = B(S)

A = A(S)의 1회 자기증식은 A = A(S)(S)이고 그 분할이 A = B(S)와 B = A(S)이다. I권이 지적하였듯이 분할은 비용이다. 따라서 분할되지 않은 A = A(S)가 가장 효율적이다. 시장경제이다. A = B(S)도 시장경제이지만 자식에게 크리스마스선물을 사주었는데 마음에 들지 않는다고 사용하지 않는 이른바 크리스마스 낭비를 일으킨다. 1993년 미국에서 발생한 크리스마스 낭비는 선물가치의 1할-3할이었다.[42] B = A(S)는 A = B(S)의 완전대칭 역지사지 낭비가 발생한다. 이 두 경우는 완전한 시장경제가 아니다. 가령 A = B(S)경우 내가 낸 돈으로 알지도 못하는 다른 사람의 사회보장기금으로 지출할 수 있다. 내 돈의 지출 결정자가 내가 아니라 금융기관이다. 역도 성립한다. 금융시장과 정치적 결정의 혼합이다.

분할된 A = B(S)와 B = A(S)를 다시 융합하면 B = B(S)이다. 융합도 비용이다. 따라서 B = B(S)는 두 번의 비용이 치러지는 셈이다. A = A(S)

와 비교하면 두 번의 낭비가 발생하는 것이다. B = B(S)에는 제3자가 남의 돈으로 남을 위해 지출하므로 절약할 동기가 없어 낭비가 발생한다. 이른바 주인 없는 눈먼 돈이다. 먼저 쓰는 자가 임자이다. 마크 트웨인이 희화하였다. "오늘 나는 희한한 광경을 보았지. 글쎄, 국회의원이 두 손을 모두 자기 호주머니에 집어넣고 있단 말이지." 항상 남의 호주머니에 손을 넣고 있는 것은 정부이다. A = A(S)와 B = B(S)는 같은 크기의 자원임에도 무게가 다르게 나타난다. 바로 낭비라는 무게이다. 이것이 제3자 개입의 무게가 일으키는 자중손실deadweight loss이다. 여기서 제3자가 정부 곧 국민의 대의라면 대의가 일으키는 낭비 곧 대의정치의 자중손실이다. 경제적 손실뿐만 아니라 정치적 손실도 발생한다. 민주주의의 기회비용에 속한다.

5. 돈의 소유와 지출대상 대신 의견의 발상과 의견의 대상으로 분류할 수 있다. 여기서 S는 의견대상을 의미한다. 민주주의는 의견의 교환이 필수이다. 그것이 여론의 기초가 된다. 이른바 여론지도자와 여론추종자의 분류이다.

		의견의 대상	
		나A	남B
의견의 발상	나A	A = A(S)	A = B(S)
	남B	B = A(S)	B = B(S)

A = A(S) 경우는 나를 위한 나의 발상, A = B(S) 경우는 남을 위한 나의 발상, B = A(S) 경우는 나를 위한 남의 발상, B = B(S) 경우는 남을

위한 남의 발상 등이다. A = A(S)의 예가 발명이다. A = B(S)의 예가 지역의 대의를 위한 나의 청원이다. B = A(S)의 예는 나를 위한 대의의 청원. B = B(S)가 민주주의 대의정치이다. 제3자가 남의 의사를 모아 남을 위하는 정책이 대의정치이다. 이때 제3자가 자기 경우A = A(S)만큼 대의 경우 B = B(S)를 충실하게 성실함으로 임할 수 있겠는가? 여기서 대의정치의 자중손실이 발생한다. 기회비용이 너무 과중한 것이다. 루소는 알고 있었다. "정치체제가 너무 클 때 … 자체의 중량[자중손실]에 눌려 멸망하게 된다."[43]

6. 대의정치의 자중손실은 곧 권력의 농도와 관련된다. 강제력power을 갖는 권리는 권력이 된다. 권리 역시 네 가지 형태로 분류된다. A = A(S)는 내가 나를 위해 행사하는 권리, A = B(S)는 내가 남에게 행사하는 권리, B = A(S)는 남이 나에게 행사하는 권리, B = B(S)는 남이 남에게 행사하는 권리. A = A(S) 경우를 제외하고 나머지 세 경우의 권리 행사에는 제3자가 필요하다. 제3자도 권리행사의 당사자가 되면 A = A(S)나 A = B(S) 경우가 된다. 그러나 자신의 경우가 아니면 제3자가 자신의 권리처럼 행사하지 않는다. 앞서 돈의 경우에는 낭비였다. 여기서는 권력이 된다. 그러므로 권력은 권리의 낭비이다. 대의민주주의에서 제3자의 권력은 권리의 단순한 자기합산의 덧셈이 아니라 자기증식의 곱셈이 된다. 그 이유는 [남은 남의 권리행사 대상]에서 B = 남이고 S = 권리행사대상이라 하면 B = B(S)가 B = B(S)(S)… ∞ 이 되어 자중이 되기 때문이다. 자중의 농도가 중첩되어 무한대에 이른다. 그 과정이 무제약이다. 그 자중의 농도의 출처가 남들, 곧 개인들 집합의 다수농도이다. I권의 〈입법의 제5법칙〉에서 대각선의 농도이다. 말을 바꾸면 대각선의 권력의 무한대

농도가 가능한 것은 개인들의 농도를 집계할 수 있기 때문이다. 농도 mächtigkeit, power가 곧 권력이다.

7. 또 다른 예를 들어 본다. 하나의 지역에서 6만 명이 사망한다고 알려진 치명적인 전염병의 예이다. 대처하는 방역이 두 가지가 있다. A방역을 택하면 3만 명은 살린다. B방역을 택하면 기회는 반반이다. 모두 살리는 확률이 1/2이고 모두 죽는 확률이 1/2이다. A를 택하면 3만 명을 확실히 살린다. B를 택하면 확률적으로 3만 명을 살린다. 사람들이 위험회피형이라면 3만 명을 확실히 살리는 A방역을 택할 것이다. 확실성의 선택이다.

이제 동일한 내용의 질문을 반대로 해 본다. A를 택하면 3만 명이 확실히 죽는다. B를 택하면 확률적으로 3만 명이 죽는다. 사람들은 B를 택한다고 알려졌다. 이것이 모순적인 태도가 아닌 것은 사람들은 확률적으로 3만 명이 죽는 것 보다 3만 명이 확실히 죽는 것을 견디지 못한다. 위험회피가 아니라 상실회피의 태도를 보인다. 상실감의 농도가 더 크다는 사실을 알 수 있다.[44] 불확실성의 선택이다.

확실성의 선택과 불확실성의 선택이 모순이 아닌 것은 본원문제와 쌍대문제의 관계이기 때문이다. 이것을 약간 다르게 설명할 수 있다. 본원표현은 [생존자는 불확실성의 생존자]를 선택하지 않고 확실한 생존을 선택한다. 이것은 [생존자 = 생존자 + 생존자 아님]의 비결정이다. 쌍대표현은 [생존자 아님은 불확실성의 생존자 아님]을 선택한다. 이것은 [생존자 아님 = 생존자 아님 + 생존자]의 비결정이다. 둘을 합치면 [생존자 = 생존자 + 생존자 + … ∞]과 [생존자 아님 = 생존자 아님 + 생존자 아님 +

… ∞]이다. 전자가 확실성의 선택이고 후자가 불확실성의 선택의 이유이다.

8. 농도의 발견은 머리수로만 따지는 정치적 결정에 중요한 암시를 주고 있다. 이 예를 선거에 도입할 수 있다. 선거에서 승리했을 때 1표의 농도와 패하였을 때 1표의 농도는 다르다. A전략을 택할 때 20명은 확실히 당선된다. B를 택하면 확률적으로 20명이 당선된다. A전략을 택한다. 그러나 A전략을 택하면 40명이 확실히 낙선하고 B전략을 택하면 확률적으로 40명이 낙선한다. B전략을 택하게 되는 것은 패할 때 상실감의 농도가 크기 때문이다. 같은 1표라도 승패에 따라 무게가 다른 것은 자신의 표가 사표가 되는 상실감의 농도가 더 크다는 것을 알 수 있다. 그 증거가 기권이다.

9. 농도는 권력분산에서도 나타난다. [국민은 국민의 복종자]의 기호표현 A = A(S)를 1회 자기증식으로 분할하면 A = B(S)와 B = A(S)가 된다. A로 재합성하면 B = B(S)이다. 같은 방식으로 계속 확장하여 행렬로 정리하면 다음의 왼쪽 행렬 표를 만들 수 있다.

y \ x	A	B	C	… ∞
A	A=A(S)	A=B(S)	A=C(S)	… ∞
B	B=A(S)	B=B(S)	B=C(S)	… ∞
C	C=A(S)	C=B(S)	C=C(S)	… ∞
:	:	:	:	
∞	∞	∞	∞	

y \ x	1	2	3	… ∞
1	1=1(S)	1=2(S)	1=3(S)	… ∞
2	2=1(S)	2=2(S)	2=3(S)	… ∞
3	3=1(S)	3=2(S)	3=3(S)	… ∞
:	:	:	:	
∞	∞	∞	∞	

왼쪽 표는 I권 〈표 1-9〉의 원리와 동일하다. 왼쪽 행렬 표에서 대각선의 표현은 모두 자폐적 자기완결 자기조회 형식으로 비결정이다. 행과 열이 1대1이다. 대각선의 좌우는 완전대칭의 역지사지이다. 대각선은 자기조회이다. 자기조회는 특성상 농도가 다르다. 가령 B = B(S)의 농도무게는 자기증식으로 B = B(S)(S)··· ∞ 의 무한대가 된다. 대각선의 자기조회의 무한대의 원인이 대각선 밖의 완전대칭 역지사지에 있다. 완전 역지사지는 완전 공정성과 관계한다. 그러므로 완전 공정성은 권력 집중의 원천이다. 그 근본 원인은 완전 공정성 = 완전 역지사지는 나와 너의 구분이 없어지기 때문이다.

오른쪽 행렬 표는 왼쪽 행렬 표의 문자를 A = 1, B = 2, C = 3 등 숫자로 표기한 것이다. 알파벳으로 표기하건 숫자로 대체하건 본질은 변함이 없다. 은행에 가면 순서대로 A는 1번, B는 2번, C는 3번의 대기번호표를 받는다. 1대1의 행렬관계는 여전히 유지된다. 괴델은 의미가 모호한 의미어를 의미가 배제된 형식어인 숫자로 표기하여 오른쪽 표처럼 문장의 의미의 정확도를 극대화하였다. 은행은 고객의 특성을 알 필요가 없다. 번호표에 따라 업무를 처리하는 것이 효율성을 높인다.

10. 문자를 숫자로 표시한 오른쪽 행렬에서 칸토어가 명명한 농도 mächtigkeit, power의 유래를 추적할 수 있다. 무한개의 자연수와 무한개의 실수를 1대1의 짝으로 다음 행렬 표처럼 대응시킬 수 있다.

왼쪽 표에서 행의 무한개 자연수는 열의 무한개 실수와 1대1 짝의 대응이며 1대1의 행렬관계이다. 가령 자연수 y = 5는 실수 x = 0.9876461 ··· ∞ 와 1대1의 짝을 이룬다. 실수의 수도 무한개이고 자연수의 수도 무한개이다. 그러나 대각선의 숫자로 만든 실수 0.0106···의 짝이 되는 자연수는 없다. 이 표에서 자연수의 실수 짝은 (x, y) = (실수, 자연수)에서 이미 정해졌기 때문이다. 표현을 달리하면 대각선에서는 x = y이므로 (x, x)가 만드는 실수의 짝이 되는 자연수 y가 없다.

		x 실수의 자리수
		123456789··· ∞
y 자연수	1	0.2165457··· ∞
	2	0.0019762··· ∞
	3	0.2117667··· ∞
	4	0.0104025··· ∞
	5	0.9876461··· ∞
		: :
		∞ ∞

		x 실수의 자리수
		1 2 3 4 5
y 자연수	1	0. a a' a" a''' ···
	2	0. b b' b" b''' ···
	3	0. c c' c" c''' ···
	4	0. d d' d" d''' ···
	5	0. e e' e" e''' ···
		: :
		∞ ∞

대각선의 x = y는 자기조회의 구조이다. 자기조회가 비결정이라는 것은 0.0106···의 소수점 이하 각 자리에 1을 더한 0.1217···도 대응할 자연수가 없고 2를 더한 0.2328···에 대응하는 자연수도 없다는 사실에서 알 수 있다. 나아가서 3 이상을 더한 실수들도 대응할 자연수가 없다. 자연수와 짝이 되지 못하는 실수가 대각선에서 무한히 생산된다. 무한개의 자연수보다 더 큰 무한개의 실수가 대각선에 존재한다. 후자의 무한이 전자의 무한보다 농도가 크다. 실수의 무한이 자연수의 무한보다 무한히 많다. 대각선에서 일어난 이러한 현상은 자기조회와 관련이 있다. 자기조회의 농도는 무한할 수 있다. 자연수와 대응할 수 없는 대각선은

비결정이다.

오른쪽 표는 일반화한 것이다. 여기서 a, b, c, d, e, 등은 0, 1, 2, 3, …, 9의 10진법의 숫자 가운데 어느 하나를 의미한다. 대각선이 형성하는 숫자는 0.b'c"d'''e''''… 이다. 이 실수에 짝이 되는 자연수는 없다. 소수점 이하에 임의의 자연수를 더해주면 대각선에서 자연수와 짝이 되지 않는 무한개 실수가 역시 자연수와 짝을 이루지 못하는 무한개 실수를 만들어낸다.

앞서 A = A(S)의 표에서 A가 국민이고 B가 입법부, C가 집행부, D가 사법부라면 국민이 가지고 있는 농도의 권력을 정부에 위임하는 경우 1대1의 관계는 깨지고 대각선에서 무한 농도의 독재 권력이 창출될 수 있다. 자연수의 표에서는 국민을 자연수로 보고 정부권력을 실수로 보면 대각선에서 국민의 무한권력을 능가하는 정부의 무한 권력이 예상된다. 곧 B = B(S)(S)… ∞ 이다.

11. 자연수와 실수의 농도를 비교하는 행렬 표에서 대각선에서 자연수가 대응하지 못하는 실수의 농도를 발견하였다. 대각선은 y = x가 되는 곳이다. 곧 y = f(x)에서 x가 자기에게 대응하는 x = f(x)가 되는 곳이다. 이것을 〈그림 II-1A〉처럼 가로와 세로 길이가 각각 1인 정사각형으로 설명하는 편이 정상이다. 가로는 x이고 세로는 y이다. 대각선은 y = x의 직선이다. 여기에 곡선 y = f(x)이 전 구간에 걸쳐 있다는 조건이 부동점 존재의 조건이다. 이때 x의 변화에 대해서 y는 항상 x와 다른 값을 갖는다. 다만 예외가 하나가 있으니 대각선과 만나는 점에서는 x = f(x)이다. x가 아무리 변해도 대각선에서 이에 대응하는 x는 항상 동일하다. x가

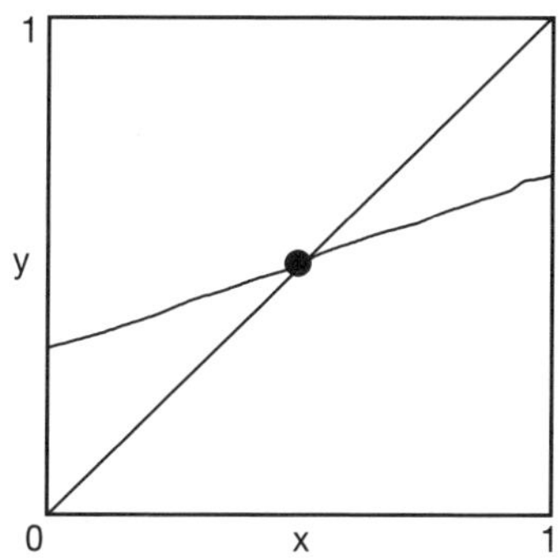

〈그림 II-1A〉 부동점

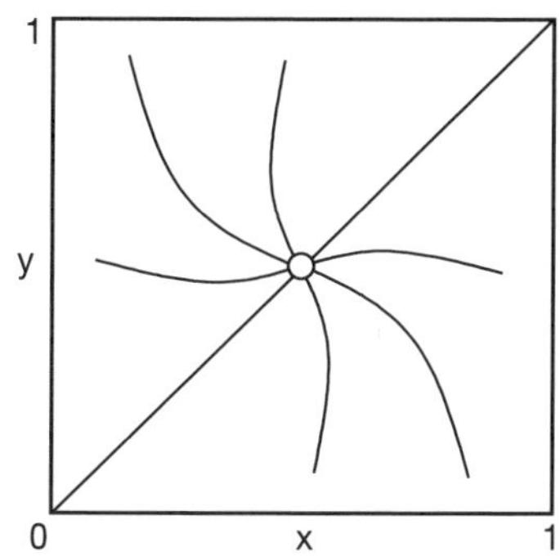

〈그림 II-1B〉 태풍의 눈

x 자신을 자기조회 한다. 이것이 부동점이다. 부동점은 자폐적 자기완결 자기조회이다. 대각선에서만 존재한다. 대각선 밖에서는 x≠y이다.

〈그림 II-1B〉에는 전 구간에 여러 곡선이 놓여 있는데 모두 부동점을 지나간다. 태풍의 구름은 태풍의 눈을 중심으로 삼아 주변에 분포되어 있다. 그 분포는 구름의 크기에 따라 수많은 방향으로 다양하게 퍼져있다. 주변 구름은 눈을 중심으로 맹렬히 돌지만 눈은 눈을 중심으로 돈다. 태풍이 이동을 해도 태풍의 눈은 눈을 돌린다. 중심은 중심을 자기완결로 자기조회 한다. 말을 바꾸면 태풍의 중심 = 부동점은 자기가 자기를 정의하므로 자폐적 자기완결 자기조회 구조의 결정불가능이 되어 자기증식으로 인해 기압이 거의 무한대가 된다. 그 무한대 기압이 주변 구름을 회전시키는 힘이 된다. 중심 권력의 힘이란 이런 것이다. 구름이 모아준 힘을 거꾸로 주변 구름을 회전시키는 거대 힘이 되는 것은 개개인이 모아준 권리를 개개인을 휘두르는 거대 정치권력이 되는 것에 비유할 수 있다.

경험세계에서 부동점이 없는 변화란 없다. 위치를 바꾸는 모든 운동 물체의 측정에는 기준이 있어야 하는 이치이다. 기하학의 좌표에도 원점이 있다. 지구의 위치추적에도 원점이 있다. 상대성원리만이 기준이 없는 기하학을 필요로 한다.

12. 표면이 거울인 공을 생각해 보자. 여기에 비친 얼굴의 한 점을 중심에 두고 공을 돌리면 거울에 비친 얼굴 주변 배경은 변하나 얼굴의 그 한 점은 변하지 않는다. 에셔Escher의 작품 『유리구슬을 든 손 1935』는 부동점 정리를 그림으로 표현한 것이다. 이 그림에서 부동점은 에셔의 미간이다.

13. 숨은 손의 존재성의 가능성은 바로 자치의 모순 속에 숨어있다. 곧 자폐적 자기완결 자기조회의 자유의 원의 성질에 있다. I권 〈그림 I-1〉에서 자유의 원의 크기를 줄이면 마침내 한 개의 점이 된다. 표현을 달리 하면 원의 크기를 넓혀도 무한개의 동심원의 원점은 하나이다. 가장 작은 원의 면적은 나머지 무한개 원들의 부동의 면적이다. 더욱 줄이면 부동점 = 원점이다. 평면에 투영한 원뿔의 모습에서 원뿔의 꼭짓점이 부동점이다. 모든 변화에는 변치 않는 부동점fixed point가 있다.

14. 크기가 동일한 두 개의 종이를 겹쳐놓으면 두 종이의 모든 점은 1대1로 겹친다. 자폐적 자기완결 자기조회의 관계이다. 위의 종이를 원뿔로 만들면 정점만 제외하고 아래의 종이와 1대1의 관계는 깨진다. 부동점이다. 위의 종이를 원뿔 대신 아무렇게 모양을 바꾸어도 아래의 종

이와 1대1의 변치 않는 부동점이 하나 존재한다는 사실은 증명된 수학적 진리이다. 위의 종이x는 아래 종이y와 함수관계y = f(x)이고 부동점은 풀이의 존재y = x를 증명한다. 1900년 세계 수학자 대회에서 제시된 미해결의 문제 가운데 하나가 선형미분방정식의 풀이의 존재성이었다.(21번 문제).

15. 헌법도 마찬가지이다. 헌법은 인간사회를 반영한다. 변하는 세상은 위의 종이x이고 헌법은 아래의 종이y이다. I권에서 헌법을 확률함수y = f(x) + e에 비교하였다. 곧 헌법함수y = 상수항 + 설명항x + 오차항 e이다.(I권 178쪽). 여기서 상수항이 숨은 손이고 설명항이 x이고 오차항 e가 가변적이다. 헌법의 고정가능부분은 변하는 세상에서 변치 않는 부동점y = x이다. [헌법 = 부동점 + 유동점]이다. 토크빌이 적절하게 지적하였다.

> 종교가 쇠퇴하고 신성하다는 권리의 개념도 사라지는 것을 모르는가. 관습이 변하고 그와 함께 윤리도 희미해져 가는 것을 인정하지 않는가. 모든 면에서 신앙이 논리에 감정이 타산에 자리를 물려주고 있는 것을 알아차릴 수 없는가. 이 모든 움직임 속에서 한 개인이 그 마음에 유일하고도 부동의 거점으로 삼는 그 어떤 것을 권리의 개념과 연결하지 않으면 세상을 다스리는데 공포 이외에 대체 무엇이 있는가.[45]

"권리의 개념이 사라지는" 세계에서 "권리의 개념과 연결되는 부동의 거점." 이것이 헌법의 고정가능부분이다.(I권 177쪽). 수학에서 증명된 부동점 정리는 경제학에서 탐구하는 시장균형의 존재성, 유일성, 안정성의 증명에 대단히 중요한 초석이다. 시장의 법칙이 이러한데 입법의 법칙 그 가운데 헌법의 원리는 말할 것도 없다. 그것은 국가의 존재성, 유일성, 안정성이 헌법으로 유지되기 때문이다. 이 부동점 정리를 헌법으로 옮겨온 이치가 I권에서 언급한 헌법의 존재성, 유일성, 안정성이다. 곧 헌법의 결정성, 일관성, 불완전성의 문제이다. 불완전성이 헌법의 안정적인 변동가능부분이다. III권의 주제이다.

입법의 모순

1. 앞서 다수 만능주의의 다섯 번째 문제에서 금지입법 존재의 정당성을 논증하였다. 이 금지입법의 문제가 농도와 관계된다. 농도가 약한 다수가 있고 농도가 진한 소수가 있다. 농도가 약한 다수는 다수농도가 되는데 실패할 수 있고 농도가 진한 소수가 다수농도가 될 수 있다. 분리형이 아니라 일체형의 지배자가 다수농도이다. 권력을 위탁 측면에서 보는 것이 아니라 수탁 측면에서 보는 시야이다. 권력의 위탁자인 국민이 1인1표의 양적으로 위임한 권력에는 상한이 있다. 상한이 있는 위임장 power of attorney이다. 그러나 이 위임장에는 권력의 농도가 반영되어 있지 않다. 수탁자인 다수는 권력의 농도까지 추가하여 질적으로 [1인1표 + 농도]에 해당하는 상한이 없는 위임장을 행사하려고 한다. 범위가 없는 위임장은 위험하다. 수요와 공급이 일치하기 어렵다. 권력시장은 항상 균형을 유지하지 못할 수 있다. 그러므로 권력의 범위와 농도를 제한하

려는 균형입법이 금지입법이다. 보편적 금지입법이 인신매매 금지와 특정종교의 강요를 금지하는 정교분리입법이다. 십계명에서 내 앞에 다른 신을 두지 말라는 금지계명이다. 도적질하지 말라, 간음하지 말라, 살인하지 말라, 거짓으로 증언하지 말라 등이 금지계명이다. "네가 하기 싫은 일을 남에게 시키지 말라."는 고대 로마의 금지격언이다.

2. 1인1표 투표제도 아래 최다득표로 결정된 대상에게 위임된 권력의 크기가 득표수와 일치하지 않는다. 1인1표 더하기 농도 때문이다. 곧 [1인1표 수요 + 농도 ≠ 1인1표 공급]이다. 이에 대항하기 위하여 1인1표 투표제도에 농도를 나타내는 로비제도를 공급측이 법제화할 것을 요구할 수 있다. 곧 [1인1표 공급 + 로비 = 1인1표 수요 + 농도]이다. 그러나 로비관련법도 입법부가 제정하므로 입법부가 거부하면 궁극적 해법이 되기 어렵다. 로비권과 입법권 사이의 균형이 필요하다. 로비제도는 또 하나의 정당제도이다.

3. 일체형 다수의사의 존재성과 연결되는 I권의 〈입법의 제1법칙〉에서 보편입법의 존재성이 중요한 이유가 여기에 있다. 일체형 다수농도보다 우위의 권력이 존재하지 않는다. 만능의 권력이 왕에게 주어지든 국민의 이름으로 일체형 다수농도에게 주어지든 거기에 압제의 그림자가 드리우게 된다. 그것은 하나의 국민이 다른 국민을 압제하는 식민지가 국내에서 발생하는 것이다. 국내에서 정치적 차별이다.

4. 사람 중심의 사람이란 누구를 지목하는 것인가? 아리안이 아닌

사람은 국민의 지위를 박탈당하고 아리안만으로 나치스 독일민족을 정의하여 그들만의 만장일치를 이끌어 내는 방식은 자폐적 자기완결 자기조회 구조이므로 비결정이다. 이 비결정을 결정으로 만드는 방법이 독재자의 존재이다. 독재자를 요구하는 만장일치를 독재자가 요구하는 독재자의 결정은 자폐적 자기완결 자기조회로 임의적이다. 오스트리아가 1938년 4월 국민투표의 99.7 퍼센트의 찬성(사실상 만장일치 찬성)으로 나치스 독일과 합병한 역사적 사건이 있다. 나치스 정권은 소수가 소수 농도가 되어 다수를 지배하는 자폐적 자기완결 자기조회 체제였으므로 그 합병은 논리적으로 결정불가능을 결정한 것으로 무효이다. I권의 〈입법의 제5법칙〉에 의하면 만장일치는 결정불가능이다. 그것이 결정불가능으로 마침내 임의적인 것으로 증명된 것은 1945년이다. 오스트리아 의회는 국가의 양도에 관한 어떠한 입법도 스스로 금지하고 있다.

5. 민주주의에서 다수의사가 비결정이므로 제거하여야 하는 권력의 임의성을 대신하여 새 임의성이 다수라는 이름으로 등장할 수 있다. 임의성이 임의성을 대체하는 것이다. 메타가 없기 때문이다. 그러하기에 민주주의에서 권리라는 것이 다수가 그렇게 정의한 것뿐이라면 민주주의는 집단적 행동에 의한 대중선동주의로 전락한다. 자폐적 자기완결 자기조회가 되기 때문이다. 하이에크는 메타의 부재에서 다수의 원칙이 환상이라고 보았다.

> 다수의 결정은 공통의 원칙[메타]이 없다면 아무도 원하지 않는 포괄적 결과를 초래하기 쉽다. 다수는 그 스스로의 결정에 의해 생각하지 않거

나 바라지 않는 행동을 강요당한다. 집단의 행동이 원칙이 된다는 믿음은 대체로 환상이다.[46]

이 문장에서 "다수는 그 스스로의 결정"이 자기완결 자폐적 자기조회의 비결정의 임의적 결정이 되고 그 임의성이 "생각하지 않거나 바라지 않는 행동"이 된다. 다수에 의한 바라지 않는 강요의 가능성은 상존한다. 사법권이 다수의 강요에 의해 훼손될 수 있는 것은 [입법부가 사법부의 입법자]이기 때문이다. 판사의 봉급과 임기를 입법할 수 있는 위협이 이에 속한다. 사법부는 입법부에 예속될 수 있어 정의는 위협받는다. 권력분산의 민주주의가 개인자유의 안전판이라는 주장은 자유를 방심하게 만든다. 입법부의 만능입법권에 [제어장치 = 금지입법]이 없는 탓이다. 금지입법은 자동차의 브레이크에 해당한다.

다수가 하나의 사안에서 역량을 발휘했다고 다른 사안에서도 그러리라고 믿을 이유는 없다. 이것이 의미하는 바는 민주주의 법이 국민에게서 유래하므로 그 권위의 위력은 크지만 그럴수록 입법의 장점을 해칠 수 있다는 것이다.

6. 민주주의의 또 하나 어려움은 다수결에 의해 정해지는 대상의 선정기준이 사전적으로 결정된 바 없다는 점이다. 어떤 제안을 표결로 결정하자는 제안은 무슨 기준으로 결정하자는 것인가. 이것이 이른바 제안의 모순이다. X제안을 결정하자는 결정을 해야 하고 그 결정을 하자는 결정이 선행해야 하는 비결정의 문제이다. 1897년 미국 인디아나 주 하원에서 만장일치로 통과시킨 법안 246번은 원주율의 크기에

관한 것이었다. 상원에서 만장일치로 연기할 수 있었던 배경에는 수학자의 조언이 있었다.[47] 이 예야말로 입법할 수 없는 법안에 해당한다. 프랑스 혁명 직후 10달의 달력이나 10시의 시계도 입법할 수 없는 법안에 속한다.

결정에 필요한 다수결의 정족수도 사전에 알려져 있지 않다. 정족수의 크기를 결정하는 결정을 결정하는 비결정의 논리는 어떻게 결정하는가? 이것이 바로 절차 민주주의가 안고 있는 심각성이다. 금지입법의 필요성이 요구되는 작은 예들에 불과하다.

7. 금지입법의 실마리는 고대에서 찾을 수 있다. 서기 3세기 로마의 울피아누스가 "황제가 선포한 것은 무엇이든 법의 효력이 있다."고 말했다.[48] 문법적으로 보면 이 문장에서 '무엇이든'의 범위에는 제한이 없다. 무제한의 황제권이다. 따라서 "황제는 선포할 수 없는 또는 선포해서는 안 되는 법도 선포할 수 있다."라는 문장도 가능하다. 이 문장은 문법구조로만 보면 중세에 수도사들을 괴롭혔던 "전능하신 하나님은 자신이 들 수 없는 돌도 만들 수 있다."라는 질문과 다를 바 없는 동일 모순구조이다. 한 문장 속에 동일 주어가 만들 수 있다와 들 수 없다는 서로 모순이다.

8. 금지입법은 입법부가 자신의 입법 권한을 스스로 제한하는 입법행위이다. 그 논거는 바로 헌법에서 유래된다. 헌법은 입법부에게 입법의 독점권을 부여한다. 앞서 [입법부는 사법부의 입법자]이듯이 [입법부는 행정부의 입법자]이기도 하다. 그 연장선에 있는 [입법부는 입법부의 입

법자]는 자폐적 자기완결 자기조회의 구조이다. 입법에 관해서 제한이 없다. 이 논리대로라면 입법부는 심지어 국가의 일부 또는 전부를 다른 국가에 양도하는 입법도 할 수 있다. 앞서 1938년 국민투표의 99.7 퍼센트가 합병을 찬성하기 전 그해 3월 오스트리아 의회가 나치스 독일과 합병Anschluss을 입법하였다. 따라서 절차만 따른다면 입법부는 입법부가 입법할 수 없는, 해서는 안 되는 입법도 할 수 있다. 이 문장에서 할 수 없다와 할 수 있다는 서로 모순이다. 이 모순을 피하려면 "입법부는 이러한 것에 관해서는 어떠한 입법도 할 수 없다."라는 금지입법이 필요하다. 그러므로 입법부의 입법은 반드시 해야 하는 의무입법과 반드시 해서는 안 되는 금지입법의 합이다. 곧 [입법 = 의무입법 + 금지입법]의 중첩형식이 되어야 한다.

입법을 자동차 운행에 비유하면 의무입법은 자동차의 엔진동력이고 금지입법은 브레이크에 해당한다.

이 금지입법 조문은 수정이 불가하다. 입법할 수 없는 것을 입법하는 입법부는 이 금지조문의 주어임을 스스로 인정하는 모순을 일으키는 수정이 되기 때문이다. [금지조문은 입법할 수 없다]를 입법하면 모순이고 입법하지 못하면 무모순이다. 따라서 [금지조문은 입법할 수 없다]는 참이다. 금지입법의 핵심은 헌법이 어떤 기본사항에 대해서는 입법부에 입법권을 주지 않을 뿐만 아니라 그에 관해 수정도 불가능하게 만드는 것이다. 금지입법은 자유민주주의의 핵심이다. 그러나 여기에도 문제가 없는 것은 아니다. [입법 = 의무입법 + 금지입법]은 무모순의 불완전 구조이다.

곧 의무입법과 금지입법은 분리형으로는 서로 모순이다. 그러나 일체형으로는 무모순이다. 의무입법과 금지입법의 영역 결정이 불완전하다. III권의 주제이다.

불완전성의 모순

1. I권의 〈기본질문 1〉은 보편입법 존재의 결정성 여부였다. 보편입법 = 헌법이라면 그 질문은 국민주권주의 곧 민주주의의 첫 번째 질문이다. 두 번째 질문은 보편입법 중첩형식의 일관성을 묻는 〈기본질문 2〉이었다. 이 책에서 〈기본질문 1〉의 결정성 여부를 검토한다. 〈기본질문 2〉의 일관성과 〈기본질문 3〉의 불완전성의 제어가능성은 III권의 주제이지만 여기서 예비적으로 다루어 본다.

2. 1900년 세계 수학자 대회에서 제시된 미해결의 23개 문제 가운데 하나가 산수의 공리에 대한 무모순성이었다.(2번 문제). I권에서 제시한 자유의 법칙 가운데 하나는 일관성의 무모순의 논리체계가 불완전이라는 사실이었다.

민주주의의 문제 가운데 하나가 바로 불완전성이다. [X = X + X아님]의 중첩형식에서 긍정과 부정 가운데 어느 것으로도 증명이 되지 않는 결정의 불완전성이다. 숨은 손 = 메타의 부재 상태에서 권력은 스스로에게 유리한 쪽을 택하는 임의성을 보일 수 있다. 그것이 곧 불안정성이다. "안정을 물리적인 힘과 혼동해서는 …안 된다. 민주공화정에 있어서 사회를 이끌어 가는 권력은 안정치 않다."[49] 권력은 하나의 합의체로 집중된다. 집중될수록 그 권력은 강해지지만 비결정의 임의성으로 안정성을 잃게 된다. 그런 의미에서 불완전성이 민주주의 장점이 되는 모순(역설)은 제어능력이 없는 권력은 비결정성으로 그 끝을 스스로 불러오기 때문이다. 이것이 불완전성의 모순(역설)이다.

3. 소설 지킬 박사와 하이드 씨가 좋은 예를 제공한다. [지킬 = 지킬 + 지킬아님 = 지킬 + 하이드]는 중첩형식이다. 하이드로 변한 지킬도 제어능력을 상실하여 점점 강해지고 횡폭하게 되는 것은 불완전하기 때문이다. 마지막에 붕괴되어 하이드가 사라지자 비로소 지킬만 남게 되지만 죽은 지킬이다. 하이드Hyde의 이름은 숨음Hide에서 유래한다. 이중인격의 숨은 지킬이다. 그러나 진짜 숨은 손은 따로 있었다. 지킬이 붕괴된 것은 하이드에서 지킬로 환원시키는 약품의 화학적 변질을 끝내 찾지 못했기 때문이다. 지킬은 [지킬 = 지킬 + 지킬 아님 = 지킬 + 하이드 + 숨은 손]의 3항식으로 회귀하지 못했다. 곧 지킬아님 = 하이드가 아니라 [지킬아님 = 하이드 + 숨은 손]이었다.

소설에서 지킬의 불완전성을 제어 통제하는 화학약품이 숨은 손이었다. 소설과 논리를 일치시키려면 처음부터 지킬아님을 하이드로 설정하면 안 된다. 만일 지킬아님 = 하이드로 설정할 경우, 지킬의 쌍대표현은 [하이드 = 하이드 + 하이드아님]인데 하이드아님을 지킬로 설정할 수밖에 없고 [하이드 = 하이드 + 지킬]이 되어 본원표현과 비교하면 지킬 = 하이드가 되어 무한순환이 된다. 곧 원래의 지킬로 돌아간다. 소설에서 하이드는 지킬로 돌아가지 못한다. 그것은 논리적으로 숨은 손이 존재한다는 뜻이다. 따라서 [지킬아님 = 하이드 + 숨은 손]과 [하이드아님 = 지킬 + 숨은 손]으로 정의해야 한다. 그러면 [지킬 = 지킬 + 하이드 + 숨은 손]이 되어 소설과 일치하게 된다. 더욱이 소설에서 다루지 않은 [하이드 = 하이드 + 지킬 + 숨은 손]의 성립도 가능하다. I권 〈보조정리 4〉의 예가 된다. 소설에서 하이드의 불완전성은 변질된 화학약품에 기인했던 만큼 숨은 손의 역할을 이해할 수 있다.

4. 숨은 손 존재의 좋은 예가 [표현의 자유 = 표현의 자유 + 표현하지 않을 자유]이다. 여기서 표현의 자유는 긍정, 부정, 침묵 어느 쪽으로든 가능하다. 다시 침묵은 알면서 침묵과 몰라서 침묵으로 나뉜다. 모르는 침묵이 숨은 손이다. 따라서 [표현의 자유 = 긍정의 자유 + 부정의 자유 + 침묵의 자유 + 숨은 손]으로 정의된다. 부정의 자유 또는 숨은 손은 무언가 금지할 수 있는 자유이고 여기서 금지입법이 유래된다.

5. 민주주의 불완전성은 하나의 체계의 일관성과 완전성 사이의 모순관계에서 기인한다. 첫째, I권의 〈입법의 제6법칙〉이 말하는 대로 의사결정이 불완전할 수밖에 없는 탓이다. 둘째, 왕정과 달리 민주정부의 임기 탓이다. 권력을 갖는 기간이 길지 않기 때문에 임기 내에 할 수 없는 장기 국책사업은 수행되기 쉽지 않다. 이러한 구실을 들어 불완전성을 해소하기 위해 장기집권하려는 시도는 일관성을 해쳐 모순의 함정에 빠져 버린다. 이것이 독재의 길이다. 독재는 변질된 화학약품이다. 권력범죄의 법정시효보다 긴 장기집권은 권력의 횡포와 범죄를 막지 못한다. 셋째, 헌법의 논리체계가 완전히 구축되면 세상의 변화에 알맞게 대처할

수 없으므로 일관성을 지킬 수 없다. 반대로 세상의 변화를 헌법에 반영하려면 완전성을 포기하고 대신 일관성을 지킬 수밖에 없다. 체계의 일관성을 유지하며 불완전성을 제어 관리하는 것이 정부의 역할이다. 넷째, 민주주의에서 다수의 만능주의는 법률제정에서 나타난다. 법률제정은 그 자체가 하나의 논리체계이므로 완전할 수 없다. 불완전성이 오히려 안정성을 보장한다[!]

> 민주주의 법률에는 가끔 결함이 있으며 또 불완전하다. …법률 중에는 그것이 추구하는 목적과 그 목적을 이루는 방법, 절대적 가치가 있는 것과 상대적 가치가 있는 것과는 신중하게 구별되어야 한다. 입법자의 목적이 다수자의 이익을 소수자의 이익의 희생 위에 실현하는데 있으며, 그 수단은 최단시간에 최소의 노력에 의하여 그가 노리는 결과를 얻도록 짜여져 있다고 하자. 그렇다면 법률은 [완전성으로] 잘 되어 있지만 입법의 목적이 나쁘다는 [일관성]의 것이 되며 효력이 있으면 있을수록 위험할 것이다.[50]

악법은 불완전한 법이 아니라 일관성을 잃은 임의의 법이다. 일관성과 완전성 사이 또는 무모순과 임의성 사이에 선택할 수밖에 없는 논리체계에서 일관성은 포기할 수 없는 법체계의 속성이다. 문제는 불완전성 또는 임의성을 효과적으로 제어하는 숨은 손을 찾는 일이다. 비유하자면 양질의 정제된 화학약품이다. 지킬박사의 일화가 주는 교훈은 정제되지 않은 민의는 광폭하고 불안정한 민의가 된다는 데 있다. 정제되지 않은 민의를 정제하는 기관이 대의기관이고 최소 두 단계 이상의 정제단계가 요구된다. 그것이 양원제이다. III권에서 입법의 중첩형식으로 그 논리가 제시된다.

6. 앞서 일관성의 추구가 이성의 불완전성을 극복하려는 요구라고 정의한 바 있다. 다른 각도에서 본다. 세상은 어째서 무가 아니라 유일까? 이 질문은 오랫동안 철학자들을 괴롭힌 질문이었다. 유는 무에서 나왔다. 집합론에서 무는 공집합에 해당하는 만큼 무는 하나의 존재이다. 따라서 질문은 무라는 존재는 무엇에서 나왔을까? 무에서 나왔다. 이 대답은 무한대의 무로 이어진다. 무가 계속되지 않고 유로 전환된다면 그 이유는 무가 불안정한 상태이기 때문이라고 유추할 수 있다. 불안정이 사라지면서 안정적인 유가 탄생한 것이다. 그런데 안정적인 유는 안정적인 유의 세상에서 모든 안정적인 유의 시초가 되므로 줄여서 [유는 유의 시초]이다. 이것은 〈보조정리 1〉에 의해 [유는 유의 시초 = 유는 유의 시초 + 유는 유의 시초 아님]의 중첩형식이 된다. 이것은 다시 〈보조정리 2〉에 의해서 비결정의 불완전성이다. 곧 유의 불완전성 = 유의 안전성의 등호가 성립한다. 종합하면 법의 [일관성 = 불완전성 = 안전성]이다. 불완전한 법이 안정적이라는 특성은 완전한 법체계가 세상의 변화에 적응할 수 없어 불안정해짐을 보면 이해할 수 있다. 불완전성은 열린 체계이다. 법의 존재성, 유일성, 안정성은 곧 그 구조의 결정성, 일관성, 불완전성이다.

자치의 모순

1. 이상의 설명은 민주주의 자치의 모순의 서론이다. 본격적으로 자치의 모순을 파헤칠 강론이 기다리고 있다. I권은 자유의 법칙에 대한 고찰에서 자유의 중첩형식을 발견하였다.(보조정리 1). 이 과정에서 자유가 곱셈법칙, 나눗셈법칙, 덧셈법칙을 따른다는 사실을 발견하였고, 이 발견이 의미하는 바는 개인의 자기입법, 자기집행, 자기심사의 결정에는 체제밖의 메타=숨은 손이 필요하다는 사실이었다. 숨은 손이 없는 [개인→자기입법→개인]은 자폐적 자기완결의 자기조회의 비결정의 무한순환구조(그림1-1)인데 이 1인왕국이 확대된 [국민→자기입법→국민]=[국민→보편입법→국민]=[국민→헌법→국민]도 숨은 손이 부재하는 자폐적 자기완결 자기조회 결정불가능 형식이다.

2. 개인이 모인 사회는 공과 사를 가르는 개념이다. 사회와 국가의 차이는 권리이다. 사회라는 용어는 정의하기 어려운 모호한 말이다. 모든 단체는 결사의 목적이 있다. 그러나 국가는 국가가 목적인 법과 규칙의 사회이다. [국가는 국가의 목적]은 자폐적 자기완결 자기조회 구조이다.

3. 개인에게 메타=숨은 손은 법체계 곧 국가이다. 그러나 국가 역시 거시적으로 보면 입법부, 행정부, 사법부가 각각 자기입법자, 자기집행자, 자기심사자로 조직된 단일체이다. 국가도 개인처럼 메타=숨은 손이 없으면 하나의 자폐적 자기완결의 자기조회 구조에 불과하므로 I권의 〈보조정리 1〉과 〈보조정리 2〉의 결정불가능성이 일으키는 임의

성 문제를 안게 된다. I권의 〈보조정리 4〉의 숨은 손이 드러나지 않았기 때문이다.

> 정도의 차이가 있지만 임의성의 정부[국가]가 없었던 역사는 없었다. 인간 사회가 법의 보편적이고 엄격한 준칙 이외에 다른 수단[숨은 손] 없이 그 자신을 유지하도록 [스스로] 완전한 상태에 도달할 수 있을지 의심스럽다.[51]

숨은 손을 발견해도 괴델의 〈불완전성정리〉에 의하면 완전한 상태에 도달하지 못한다. 다만 일관성과 결정성으로 임의성에서 탈피할 수 있다. 이러한 현상의 근본은 A = A(S)→A = A(S) + A(-S)→A = A(S)(S)··· ∞의 중첩형식의 결정불가능성 때문이다. 개인의 비결정성은 임의적 작심삼일로 그치면 그만이다. 그러나 국가의 작심삼일 또는 조령모개 비결정성은 임시변통의 임의적 헌법이 된다.

> 개인이 미리 선포한 자신의 입법[자기입법]에 의해 자신의 행동을 자발적으로 조절한다면 그는 자신의 임의적 자유의지 사려있는 행동을 [스스로] 박탈한다고 생각할 것이다. [그러나] 정부[국가]가 미리 정해진 법과 행동규칙을 따르지 않고 이 개인과 달리 행동한다면 이것이 임의성 arbitrary이다.[52]

이 내용의 첫 문장이 [개인 → 자기입법 → 개인]이고 두 번째 문장이 [국민 → 자기입법 → 국민] = [국민 → 보편입법 → 국민] = [국민 → 헌법

→국민]이다. 첫 번째 문장이 국가로 확대된 것이 두 번째 문장이며 모두 자폐적 자기완결 자기조회 형식의 비결정이 초래하는 임의성이다. [개인 →자기입법 →개인]의 구조에서 자기입법을 중심으로 개인과 개인을 연결하면 I권 〈그림 I-1〉의 가운데 [자유의 원]이 된다. 곧 [개인 →자기입법 →개인 →자기입법 →개인 →… ∞]의 무한순환 구조이다.

4. I권 〈그림 I-1〉의 원에는 시작도 끝도 없다. 그것을 복원한 〈그림 II-2〉의 [개인 →자기입법 →개인]의 원에서 임의의 두 점 A와 B를 생각한다. [A →B →A]의 형태이다. 이것의 쌍대표현은 [B →A →B]이다. 합치면 [A →B →A →B-… ∞]이다. 원에는 인과가 없기 때문이다. 하나의 원에서 점 B는 점 A의 앞에 있으며 동시에 점A의 뒤에 있다. [B = A의 앞]이고 [B = A의 뒤]이며 [B = A의 뒤 + A의 앞]의 중첩형식이다. 이것은 쌍대표현으로 [A의 앞 = A의 앞 아님 + A의 앞] 또는 [A의 뒤 = A의 뒤 + A의 뒤 아님]이다. 동일한 중첩형식이다. 쌍대표현을 본원

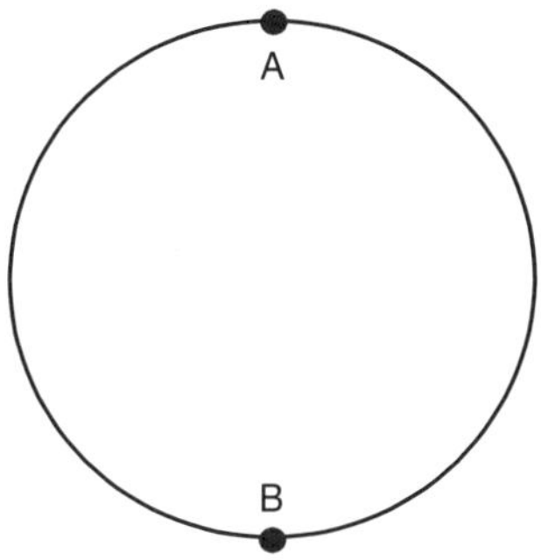

〈그림 II-2〉 자기입법의 원

표현에 대입하면 [A는 A의 앞 = A는 A의 뒤 = A는 A의 앞]의 무한순환이 된다. 곧 [A = A(S)] → [A = A(S) + A(-S)] → [A = A(S) + B(S)] → [A-B-A] → [B-A-B] → [B = B(S) + A(S)] → [B = B(S) + B(-S)] → [B = B(S)]의 변수 변환이다.

5. 서쪽으로 지구를 한 바퀴 돌고 세비야로 귀항한 마젤란의 선원들은 하루의 오차를 이해하지 못했다. 동쪽으로 80일간 세계일주한 포그가 내기에서 이긴 것도 하루의 오차 덕택이다. 만일 그가 쉬지 않고 연속해서 80번 세계일주한다면 80일을 벌 것이다. 80일째에는 달력상으로는 하루에 세계일주할 수 있다는 논리가 성립한다. 81번 세계일주한다면 달력상으로는 어제 도착할 수 있다.

이 오차를 해소하려면 지구 어느 한 곳에 날짜변경선을 정해주어야 한다. [지구 = 하루 전 지구 + 하루 후 지구]로 지역을 나누는 날짜변경선의 위치는 사전적으로 정해지지 않는다. 낮이 밤을 몰고 오는지 역으로 밤이 오고 낮이 오는지 그 원인관계는 알려지지 않는다. 그것은 먼저 그리니치 자오선과 함께 임의로 정해야 하는 문제이다. 이것이 경도와 날짜변경선의 임의성이다.

하루를 24시간으로 쪼개어 시간을 정한 것도 마찬가지이다. 시간은 단독으로 정의되지 않고 사건으로 정의된다. 어떤 사건을 기준으로 두 사람 이상 사이에 한 점을 정한 것이 시간이다. 임의성이다. 시간뿐만 아니라 섭씨온도, 화씨온도, 절대온도도 임의성이고 거리, 부피, 중량, 소리 등 모든 측정은 임의성이다.

6. 북쪽으로 여행하여 북극에 도달하면 더 이상 북쪽이 없다. 북극에서 북은 정의되지 않는다. 북위 90도의 북극은 북위선의 끝이다. 북극은 북위선에 속한다. 따라서 [북극은 북극의 끝]이다. 북극은 자폐적 자기완결 자기조회의 정의로 비결정이다. 북극의 정의는 임의적이다. 자전축을 중심으로 북극으로 정의한 것뿐이다. 자전축에서 기울어진 각도를 북극으로 정의할 수 있다. [북극 = 북극 + 북극 아님]의 중첩형식 탓이다. 진북과 자북이 그 증거이다. 자북은 북극이면서 북극이 아니다. 진북도 마찬가지이다.

7. 자연고유의 측정과 달리 인간에 의한 인간세계의 측정은 인간에 미치는 영향이 크다. 자폐적 자기완결 자기조회이기 때문이다. 법체계의 위계를 따라 올라 헌법에 도달하면 더이상 상위법은 없다. 헌법에서 상위법은 정의되지 않는다. 헌법은 모든 법의 시작이며 모든 법에 속한다. 따라서 [헌법은 헌법의 시작]이다. 헌법은 자폐적 자기완결 자기조회의 정의이다. 헌법의 정의는 임의적이다. 헌법은 다른 각도에서 정의할 수 있다. [헌법 = 헌법 + 헌법 아님]의 중첩형식 탓이다. 자유국가의 눈에 독재국가의 헌법은 헌법이면서 헌법이 아니다.

8. [개인 → 자기입법 → 개인]의 원에서 성립하는 [개인 = 공적영역의 개인 + 사적영역의 개인]을 구분하는 법이 임의적이지 않으면 나누어지지 않는다. 그 법의 정점이 헌법이다. [개인 → 자기입법 → 개인] ⇒ [국민 → 헌법 → 국민]에서도 국민과 국민을 연결하면 원이 된다. 헌법의 원도 구조상 임의적이다. 이것이 헌법에 의한 [국민은 국민의 통치자]가

일으키는 자치의 모순(역설)paradox of being governed의 비결정성이다.[53]

9. 자치의 모순 [국민은 국민의 통치자]의 쌍대표현이 I권의 〈공리 2〉의 [국민은 국민의 복종자]이다. 자폐적 자기완결 자기조회의 비결정 형식이다. I권의 〈보조정리 1〉에 의해 [국민은 국민의 통치자 = 국민의 통치자 + 국민은 국민의 통치자 아님]이고 [국민은 국민의 복종자 = 국민은 국민의 복종자 + 국민은 국민의 복종자 아님]이다. 통치자 아님 = 복종자이고 복종자 아님 = 통치자라면 두 개를 간단히 정리하여 다음과 같이 중첩형식의 야누스가 된다.

국민 = 복종자 + 통치자

[국민 = 주권자 + 통치자]도 중첩형식이다. I권의 〈보조정리 2〉에 의하면 중첩형식의 구분은 비결정성이다. 복종자에서 선거권이, 통치자에서 피선거권이, 피선거권에서 공무담임권이 유래한다.

주권자 = 선거권자 + 피선거권자

통치자의 형식이 대표자에 의한 대의민주정치의 형식이다. [국민 = 복종자 + 통치자] → [국민은 국민의 통치자] → [국민은 국민의 복종자]는 자기증식, 자기분할, 자기합산의 능력이 있다. 그 결과 I권의 〈정의 1-정의 10〉에 〈보조정리 5〉의 자유 → 개인을 거쳐 개인 → 국민을 적용하면 다음과 같이 중첩형식으로 집계된다. 중첩형식의 일체형이 대의민주정치 비결정성의 모습이다.

정의식 1' : 국민 = 제약의 국민 + 자율의 국민 = 법적 국민 + 윤리의 국민

정의식 2' : 국민 = 이성증명가능 국민 + 이성증명불가능 국민

정의식 3' : 국민 = 단일의 국민 + 다양의 국민

정의식 4' : 국민 = 이성입법 안 국민 + 이성입법 밖 국민

정의식 5' : 국민 = 보편입법 안 국민 + 보편입법 밖 국민

정의식 6' : 국민 = 법적 국민 + 사적 국민

정의식 7' : 국민 = 법 안 국민 + 법 밖 국민

정의식 8' : 국민 = 평등의 국민 + 자유의 국민

정의식 9' : 국민의 권리 = 법적권리 + 사적권리

정의식 10' : 국민의 정의 = 법적정의 + 사적정의

이 가운데 〈정의 4'〉의 이성입법 밖 국민, 〈정의 5'〉의 보편입법 밖 국민, 〈정의 7'〉의 국민은 이중적이다. 미국, 카나다, 호주, 뉴질랜드, 러시아, 일본 등에는 원주민이 살고 있다. 국가에 따라 시대에 따라 이들은 국민이 아니었다. 미국 인디언은 닉슨 시대까지 시민이 아니었다. 나치스 독일 아래 아리안이 아니면 공민권을 박탈당하였다. 미래에도 발생할 수 있는 이 같은 정의는 자폐적 자기완결 자기조회 국민의 정의가 중첩형식이기 때문이다. 인민의 모호한 정의가 그렇다.

원래 사회계약설에 따르면 이들은 사회계약에 찬성하지 않은 주민을 가리킨다. 로크와 루소는 그러한 사람들을 분명하게 지적하고 있다. 로크는 자연 상태에 놓아두는 사람으로 취급한다. 그 가운데 하나가 전통

관습을 따르는 무리이다. “일단의 어떤 무리들은 [사회계약에] 소속하지 않는다. 그들은 나머지 사람들에게 해가 되지 않기 때문에 자연 상태의 자유에 있도록 하라.”[54] 루소는 그들을 외국인처럼 취급한다. “사회계약이 만들어질 때 반대의 목소리가 있다. 그러한 반대는 사회계약을 무효로 하지 않는다. 그렇게 반대하는 목소리는 제외하라. 그들은 일반 무리 사이에 외국인이 된다.”[55] 국민의 중첩형식은 국가 내에 기존 질서를 거부하고 그들의 질서 속에 살기를 원하는 무리가 반드시 존재한다는 증거이다.

10. 국민의 중첩형식을 독재자가 독재를 위하여 백성을 가르는 데 악용해 온 것도 사실이다. 여기에도 백성을 가르는 문장을 분리형으로 보면 모순이나 일체형으로 보면 무모순이다. 헌법은 모든 국민의 문서이다. 미국헌법은 우리 국민We the People이 제정한다고 명시되어 있다. 국민 사이에서 투쟁의 역사는 역사책 기술로 족하다.

11. 이것이 소설에 묘사된 것이 카프카의 『성 1926』이다. 주인공 K는 성의 주민이 아니나 성에서 일하고 살도록 허락받는다. 측량사 K는 『성』과 계약을 맺은 상태이지만 성의 측면에서는 밝혀지지 않는 이유로 상관하지 않는다. 그는 성이라는 울타리의 주민이면서 주민이 아닌 이방인이었던 것이다.

12. 국민의 정의야 어떠하든 그리니치 자오선 및 날짜변경선의 임의성이나 북극의 임의성과 달리 헌법의 임의성은 교정될 수 있다. 헌법이 임의성이라는 원에서 탈출하여 선에서 일관되게 결정될 수 있으려면 숨

은 손을 찾아야 한다.

13. 이상의 다양한 국민의 정의는 [국민 → 헌법 → 국민]으로 요약된다. 이에 대하여 [헌법 → 국민 → 헌법]은 헌법의 정의이다. 이 구조는 국민과 헌법이 만드는 원이다. 〈그림 II-1〉원에서 A가 국민이고 뒤의 B가 헌법이라면 B는 A의 메타이다. 그러나 원에서 A는 B의 메타도 된다. 합성하면 [국민은 국민의 메타]는 자폐적 자기완결 자기조회의 비결정구조이다. 헌법으로 자기분할 하면 [국민은 헌법의 메타]와 [국민은 헌법의 메타 아님]이 된다. 〈보조정리 1〉에 의하여 이것은 [국민은 헌법의 메타 = 국민은 헌법의 메타 + 국민은 헌법의 메타 아님]이 된다. 곧 [국민 = 헌법 밖 국민 + 헌법 안 국민 = 공적영역의 국민 + 사적영역의 국민]의 중첩형식이 성립한다. 사적영역의 국민이 공적영역의 메타가 될 수 있다. 헌법으로 분할한 것을 국민으로 합성하면 [헌법은 헌법의 메타]가 되는데 〈보조정리 1〉에 의해 [헌법 = 헌법의 메타 + 헌법의 메타 아님]에서 헌법은 자체 내에 메타 = 숨은 손을 감추고 있다. 이로부터 [헌법 = 헌법의 메타 + X + 숨은 손]의 삼위일체를 얻는다. III권의 과제가 X와 메타를 찾는 일이다. 이것은 〈보조정리 4〉의 [결정성 = 일관성 + 불완전성 + 숨은 손]의 삼위일체형식과 일치한다.

구성의 모순

1. 자기입법의 입법법칙은 자유의 법칙이다.(명제 1). 자기집행은 다

수결 법칙인데 그 반대의견이 대의 결정의 필요조건이다.(명제 2). 자기심사는 자유의 법칙에서 가치의 자유가 최고의 덕목이 되는 판단이다.(명제 3). 메타는 자유의 영역 결정에 헌법이 의존하는 존재이다.(명제 4). 이상 4가지 명제의 성립은 보편입법 = 헌법의 결정성과 일관성에 달려 있다.(기본질문 1과 2). 그 가능성은 〈보조정리 4〉의 숨은 손에 달려 있다. 이 책은 헌법의 결정성과 일관성을 분명히 정의하는 그 숨은 손을 찾는 노력이다.

> 우리가 노력하면 법의 의미[결정성과 일관성]를 분명히 하는 특별한 요지[숨은 손]을 발견한다. 법관의 독립과 권력의 분산의 중요성, 또는 상부에 있거나 특별한 사람이 내리는 임시변통의 규칙이 아니라 항구적이고 일관되며 보편적인 규칙으로써 [헌]법이다.[56]

2. I권의 〈기본질문 1〉을 달리 말하면 개인의 자기입법이 모여 국가의 보편입법이 되겠는가? 자유롭고 이성적인 개인의 판단은 자신의 가치에 의존하고 사회적 판단은 결정기구에 의존한다. 그렇다면 사회적 판단의 결정기구에도 가치를 갖는 이성이 있다는 것일까? 이 질문이 I권에서 줄곧 제기되었던 보편입법의 결정에 관한 〈입법의 제1법칙〉의 질문이다.

예를 들 수 있다. 야구장에서 잘 보이지 않을 때 일어서면 잘 보인다. 이것이 개인입법이다. 그러나 각자가 자기입법에 의해 모두 일어서면 보편입법이 되는데 다시 보이지 않게 된다. 개별은행에게는 수신이 있어야 여신을 만들 수 있으나 금융경제 전체로는 수신이 여신을 창조한다. 이것이 신용창조의 정체이다. 아마 가장 실감할 수 있는 예가 돈일 것이다. 개인은 돈이 많을수록 부자이다. 그러나 국가가 돈이 많으면 국가가 부자가 되는 것이 아니라 물가상승을 초래한다.

그러므로 개인의 자기입법과 국가의 보편입법 사이의 차이에서 일어나는 구성의 모순을 규명하는 것이 민주 원리의 출발이다. 그 요구가 〈명제 1〉이다. 곧 [개인 → 자기입법 → 개인]과 [국민 → 헌법 → 국민] 사이의 상보성 원리를 극복하는 과제이다.

3. 〈명제 1〉의 질문이 제기되는 이유가 〈공리 1〉이 거시적 입법의 전범이 되려면 구성의 모순을 일으키는 미시차원과 거시차원의 간극을 해소해야 하기 때문이다. 미시차원의 필요조건으로 제시된 것이 〈공리 2〉의 [개인은 개인의 복종자]이다. 나눗셈 법칙에 따라 [개인은 대의의 복종자]와 [대의는 개인의 복종자]로 분할될 수 있다. 국민은 대의를 따라야 하나 대의를 형성하는 주인이기도 하다. 개인으로 합성하면 [대의는 대의의 복종자]의 자폐적 자기완결 자기조회가 된다. 구문상 주어 대의는 목적어 대의의 복종자이지만 목적어 대의는 주어 대의의 복종자가 될 수 없다. [일체형 대의 = 주어 대의 + 목적어 대의 = 대의는 대의의 복종자 + 대의는 대의의 복종자 아님]의 중첩형식이다. 표면에 드러난 대의는 대의를 찬성한 측과 찬성하지 않은 측이 혼재해 있다. 이것이 I권의 〈보조정리 1〉이다. 그러나 〈보조정리 2〉에 의해 두 번째 항에서 대의가 대의라고 인정하는 메타의 숨은 손이 없으면 대의가 대의의 복종자임을 증명하는 것이 불가능하다. 따라서 [대의는 대의의 복종자 = 증명가능 대의는 대의의 복종자 + 증명불가능 대의는 대의의 복종자]의 중첩형식이

된다. 양변에서 공통어미 '대의의 복종자'를 소거하면 [대의 = 증명가능 대의 + 증명불가능 대의]의 중첩형식이 된다. I권의 〈자유의 제3법칙〉에서 [증명→결정]이 성립하므로 [대의 = 결정가능 대의 + 결정불가능 대의]의 변수변환이 일어난다. 곧 A = A(S)→A = A(S) + A(-S)이다. 대의는 야누스이다.

4. 이 과정은 미시차원에서 시작하여 거시차원에 도달한 것이다. 이제 거시차원의 짝이 제시될 차례이다. 그것이 이미 〈정의 11〉의 논의에서 [입법부는 집행부의 입법자]와 [입법부는 사법부의 입법자]가 암시하였듯이 [입법부는 입법부의 입법자]이다. 이것은 대의민주주의의 기본이지만 자폐적 자기완결 자기조회 구조이므로 대의가 결정되지 않을 위험에 직면하게 된다. 곧 〈보조정리 1〉에 의해 입법부를 입법부라고 증명하는 메타가 없으면 [입법부 = 증명가능입법부 + 증명불가능입법부]의 중첩형식이 된다. 〈보조정리 3〉에 의해 [증명 → 결정]을 대입하면 [입법부 = 결정가능 입법부 + 결정불가능 입법부]의 변수변환이 일어난다. 입법부는 대의기관이다. 미시차원의 대의와 거시차원의 입법부가 대변하는 대의를 일치시키면 중첩형식의 변수변환이 이루어진다.

정의 13: 입법부 = 대의결정가능 입법부 + 대의결정불가능 입법부

5. 그러나 입법부의 중첩형식 구분은 예상한 대로 결정되지 않는다. [입법부는 입법부의 입법자]는 〈보조정리 2〉에 의하여 [입법부는 결정불가능의 결정불가능의 … ∞]이 되어 [입법부 = 대의결정가능입법부 + 대

의결정불가능입법부 = 대의고정가능입법부 + 대의변동가능입법부]의 중첩형식 구분이 어느 형식인지 결정불가능이 되기 때문이다. 분리형의 모순을 피하려면 두 입법부가 모두 필요하다. 다르게 표현하면 [입법부 = 제1형 입법부 + 제2형 입법부]의 일체형이다. 입법부는 최소한 양원제의 야누스이다. III권에서 다시 논의한다.

6. 이것은 수학에 비유될 수 있다. 수학에서 기하학의 무모순성은 산술의 무모순성이 증명되면 보장된다. [산술은 기하학의 무모순성]이다. 이것은 상대적 증명이다. 그러나 산술의 무모순성의 증명은 기하학과 달리 절대적 증명이어야 한다. 그 자신 이외에 증명해줄 외부논리(메타)가 없으므로 스스로 증명할 수밖에 없다. 곧 [산술은 산술의 무모순성]이다. 이것은 증명되지 않는다. 그 이유는 자폐적 자기완결 자기조회이므로 [산술은 산술의 무모순성 = 산술은 산술의 무모순성 + 산술은 산술의 무모순성 아님]의 중첩형식이기 때문이다. 두 번째 항에서 산술의 무모순성이 아님이 기하학의 무모순성이다.

7. 마찬가지로 [입법부는 집행부의 입법자]는 상대성이다. 그러나 [입법부는 입법부의 입법자]의 자폐적 자기완결 자기조회 구조는 절대성이다. 주격 입법부는 목적격 입법부의 입법자이지만 목적격 입법부는 주격 입법부의 입법자가 될 수 없다. 따라서 다음과 같은 모순의 문장이 된다. [입법부는 입법부의 입법자 = 입법부는 입법부의 입법자 + 입법부는 입법부의 입법자 아님]. 둘째 항의 입법부가 입법부의 입법자가 아님을 국민을 위한 입법자로 정의한다면 입법자는 국민이 아니다. 그렇다면 모순이

다. 첫째 항의 입법자는 국민인데 국민이 아니라 입법부를 위해 입법을 하므로 역시 모순이다. 이 모순을 매디슨도 어렴풋이 인식했다고 여겨진다.

> 입법부는 자기의 입장을 국민에게 호소할 수 있으나 입법부는 그들 스스로 결정자가 되는 것이다.[57]

매디슨이 말하는 "국민에게 호소하는 입법부"가 입법부의 입법자가 아니고, "스스로 결정자가 되는 입법부"가 입법부의 입법자이다. 곧 [입법부는 입법부의 입법자]는 A = A(S) → A = A(S) + A(-S)의 구조이다. S이며 동시에 S가 아니다. 곧 S를 포함해도 포함하지 않아도 어느 쪽이든 비결정이다. 입법부의 자폐적 자기완결 자기조회가 자치의 모순이다. 민주주의는 자폐적 자기완결 자기조회의 구조에서 벗어나지 못함을 가리킨다.

> 스스로 입법하지 않는 국민의 입법을 대행하는 입법자[58]

이 자치의 모순의 문장에 입법자를 포함해도 포함하지 않아도 어느 쪽이든 비결정이다. 곧 이 문장에서 생략된 주어 입법 의원을 추가하면 [입법 의원은 스스로 입법하지 않는 국민의 입법을 대행하는 입법자]인데 여기서 입법 의원 = 입법자 = 국민의 한 사람이므로 이 문장에 포함하면 [입법자는 입법하지 않는 국민의 대표]의 A = A(S)로 요약된다. 포함하지 않는 경우 [입법자는 입법하지 않는 국민의 대표 아님]의 A = A(-S)이다.

일체형의 A = A(S) + A(-S)는 결정불가능의 중첩형식이다. 자폐적 자기완결 자기조회가 되지 않으려면 입법자는 외국 국민이어야 된다. 곧 입법부로 대표되는 대의민주주의는 비결정 구조이다. 이 문장을 다른 방향으로 확대한 것이 지도자의 정의이다.

> 스스로 다스리지 않는 인민을 대신 다스리는 지도자

이 문장 역시 지도자가 인민이라면 인민의 집합에 지도자를 포함해도 포함하지 않아도 모순이다. [지도자는 인민을 다스리는 대표]의 문장에 인민에 지도자가 포함되는 경우 [지도자는 지도자를 다스리는 대표]의 자폐적 자기완결 자기조회 A = A(S)가 된다. 포함하지 않는 경우 [지도자는 지도자를 다스리지 않는 대표]의 A = A(-S)가 된다. 분리형은 모순이지만 일체형 A = A(S) + A(-S)는 모순이 아니다. 이것은 A = A(S)에서 유래된 것이다. 결정불가능 중첩형식으로 이 역시 자폐적 자기완결 자기조회이다. 비결정에서 벗어나려면 지도자가 외국인이어야 한다. 이 두 모순문장은 이미 러셀(Russel 1903)의 유명한 모순문장과 비교에서 드러난다.

> 스스로 수염을 깎지 않는 세비야 사람의 수염을 대신 깎아주는 세비야 이발사

이 문장의 이발사도 세비야 사람이므로 수염을 스스로 깎지 않는 세비야 사람들 집합에 포함해도 포함하지 않아도 비결정이다. 결정되려면

이발사는 세비야 사람이 아닌 세비야 외부 사람이어야 한다.

투표의 모순

1. 민주주의 비결정의 절정은 투표의 모순으로 나타난다. 민주주의의 방법은 투표이다. 투표에는 모순이 발생한다는 사실은 프랑스 혁명 즈음에 발견되었다. 세 사람 A', A'', A'''에게 세 개의 제안 X, Y, Z가 주어졌다. A'의 선호순서는 X〉Y〉Z이고 A''의 선호순서는 Y〉Z〉X이고 A'''의 선호순서는 Z〉X〉Y이다. 세 사람을 대표한다는 선호순서는 X〉Y〉Z〉X로 판명된다. 무한순환이다. 민주주의 투표의 모순이다.

2. 입법부의 대의정치는 '투표로 결정한다.'로 요약된다. 그러나 이 요약도 하나의 제안이므로 '투표로 결정하자는 제안을 투표로 결정하자는 투표제안'의 자기조회 무한대 문제와 마주친다. [투표는 투표의 제안] 역시 A = A(S)의 구조이다. 이 모순구조는 대의정치에 있어서 투표의 주인인 [국민은 국민의 주권자]의 자폐적 자기완결 자기조회에 맞닿아 있다. 이것도 A = A(S)→A = A(S) + A(-S)→A = A(S)(S)··· 의 구조이다. [투표의 제안 = 투표의 제안 + 투표의 제안 아님]에서 투표의 제안 아님은 무엇일까? 얼른 생각나는 것이 몽테스키외가 제안한 추첨제도이다. 그러나 이것이 전부일 수는 없다.

3. 한 번의 투표로 결정한다고 하여도 또 다른 문제가 뒤따른다. 투표

의 원칙은 다수결 의결이다.(명제 2). 그러나 다수결로 의결하자는 결정 역시 다수결 의결이 필요하고 그 다수결 의결의 결정도 다수결 의결의 결정에 의거 …한다. 루소도 알고 있었다.

> 소수자가 다수자의 선택을 따라야 할 의무는 어디에서 오는가? … 다수결 법칙도 [다수결] 합의에 따른 것이므로 적어도 한 번은 만장일치를 전제하지 않으면 안 된다.[59]

그러나 [다수결 의결은 다수결 의결의 의결사항]은 자폐적 자기완결 자기조회이므로 [다수결은 다수결의 의결사항의 의결사항의 …]이고 A = A(S)→A = A(S) + A(-S)→A = A(S)(S)… 의 결정불가능이기 때문에 결정되려면 다수결에 관한 최초의 의결은 만장일치여야 한다. 그러나 I 권에서 보았듯이 만장일치도 그 자체 논리적 모순이 발견된다.(입법의 제5법칙). 만장일치에 사회자를 포함시키느냐에 마느냐에 달려있다. 만장일치를 경계하라는 마샬(A. Marshall 1925)의 글이 도움이 된다.

> 사회과학도는 모름지기 인기 영합[피상적 만장일치]를 두려워해야 한다. 모든 사람이 좋다고 말할 때 악마가 함께한다. 신문이 판매 부수를 늘리기 위해 취급하는 여론의 기사가 있다면 … 그는 허점, 한계, 오산 속에서 사는 셈이다. 심지어 임기응변의 토의에서도 왜곡된 기사를 무조건 부정하지 못한다. 어느 사회과학도일지라도 진실의 애국자가 되기는 불가능하다. 자신의 시대에 진실의 애국자 가운데 하나의 명성을 얻는 것은 불가능하다.[60]

[만장일치의결은 모든 다수결의결의 목표]이다. 모든 다수결의결에는 만장일치의결도 포함되므로 [만장일치의결은 만장일치의견의 목표]이다. 이것은 자폐적 자기완결 자기조회 구조이므로 〈보조정리 1〉에 의해 [만장일치 = 만장일치 + 만장일치 아님]이고 〈보조정리 2〉에 의해 비결정이다. 마샬이 경계하라는 것은 만장일치 아님이 안고 있는 비결정인 만장일치는 임의적 임시변통에 불과하다는 뜻이다. 만장일치 의결까지 포함하여 다수결 의결이 비결정이라는 증명이 〈애로우 불가능성 정리〉이다.

불가능성의 모순

1. 이 모든 문제의 한복판에 애로우(Arrow 1950)의 〈불가능성 정리〉가 있다.[61] 사회계약, 일반의지, 국가의지, 국민의지, 국민합의, 국민총의, 국민의 소리, 공동선, 공공선, 보편합의, 보편법칙 등 일체의 집단의사는 존재하지 않는다는 정리이다.[62] 시대정신이라는 유행어도 모호하게 만든다. 심지어 이 정리에 의하면 헌법도 국민의 합의라고 주장하기 어렵게 된다. 곧 I권의 〈기본질문 1〉이 묻고 있는 보편입법의 존재성 결정성의 대답은 부정적이다.

기본질문 1의 대답 → 애로우 불가능성 정리

〈애로우 불가능성 정리〉는 발표 이래 무수한 도전을 받았으나 아직 유효하다. 민주정치의 근거와 그 원리에 근본적인 의문을 던지고 있다.

그것은 광자의 파입wavicle 현상이 고전물리학에 근본적인 질문을 던지는 것에 비유할 수 있다. 애로우는 개인과 사회의 관계를 정의하는데 중요한 질문을 던진 셈이다. 밀(Mill 1859)이 일찍이 이 문제를 『자유론』에서 살며시 거론하였다.

> 선거에 의한 책임정치라는 것이 현존하는 사실에 기초를 둔 관찰에 비판을 받게 되었다. 그 결과 자치라든가, 국민의 국민 자신에 대한 권력이라든가 하는 말로서는 사실의 본질을 전할 수 없다는 사실이 드러났다. 권력을 행사하는 국민은 권력에 놓인 국민과 반드시 동일하지 않다.[63]

밀이 말하고자 하는 자치가 바로 [국민은 국민의 통치]의 자폐적 자기완결 자기조회이고 국민의 국민 자신에 대한 권력이 [국민은 국민의 권력]의 자폐적 자기완결 자기조회이다. 밀은 자신의 글에 등장하는 권력행사의 국민과 그 권력의 힘에 놓인 국민을 구분하고 있는데 이것은 〈정의 7〉에 의한 [개인 = 법 안의 개인 + 법 밖의 개인]의 거시적 표현이다. 밀은 이 구분 하에 국민의지를 설명한다.

> 국민의 의지란 실제로는 국민 속에 가장 활동적인 부분의 의지, 즉 다수 혹은 자기들을 다수라고 인정받는 데 성공한 무리의 의지이다.[64]

이 글에서 밀은 대의정치 하에서 국민의지 내지 국민주권의 존재에 대하여 의문을 제기하고 있다. 개인권리의 집계가 국민주권인가? 현실정치에서 국민주권 줄여서 민주란 무엇인가? 그 실체가 존재하는가? 그 존재의 결정성이 증명되는가? 그에 앞서서 더 근본적인 질문은 국민주권의 국민이란 누구를 가리키는가?

2. 앞서 "민주주의가 무엇을 법으로 만들까 질문할 때 자유주의는 무엇을 법으로 만들어야만 하는가 질문한다."라고 적었다. 법은 공권력으로 나타난다. 그러므로 질문이 바뀐다.

민주주의가 누가 공권력을 행사하는가를 질문할 때
자유주의는 무엇이 공권력을 제어하는가를 질문한다.

이 질문은 공권력 행사의 주어와 목적어를 묻고 있다. 공화제에서 주어는 국민이고 목적어는 헌법이다. 이 질문은 국민과 헌법의 관계를 묻고 있다. 이 관계는 자유주의의 질문과 민주주의의 질문을 하나로 합쳐야 성립하므로 자유민주주의의 정의와 마주친다.

자유민주주의는 자유의 원리로 정의된 국민과 헌법의 관계이다.

여기서 자유민주주의의 올바른 정의를 위해서 자유, 민주, 국민, 헌법을 분명하게 정의할 필요가 있다. 자유는 I권에서 정의되었다. II권의 주제가 민주이고 III권의 주제가 헌법이다.

3. II권에서 생각할 민주주의 질문인 "누가 공권력을 행사하는가?"의 대답은 군주제에서는 국왕이고 민주제에서는 국민이다. 그러나 바이마

르 공화국에서 국민Volk의 의미를 두고 대논쟁이 있었으며 그 후 이를 악용한 나치스가 아리안을 국민주권의 국민으로 정의하였다. 그러므로 질문은 민주주의의 국민주권에 앞서서 국민이란 누구냐? 아리안 민족이냐? 무산계급이냐? 그 의미도 모호한 민중이냐? 역시 같은 정도로 의미가 모호한 인민이냐? 이른바 사람 중심의 정치에서 사람이란 누구냐? 제퍼슨이 미국독립선언문 모두에 기록한 "모든 사람은 평등하게 태어났다."는 문장에서 사람의 정의를 둘러싼 논쟁이 치열하였다. 결국은 사람의 정의에 대한 이견이 남북전쟁을 불러왔다. 앞서 〈정의식 1'-정의식 10'〉이 국민을 여러 각도로 정의하였다.

4. 이에 대해 I권이 고찰한 자유주의 질문은 "무엇이 공권력을 제어하는가?"이다. 대답은 헌법이다. I권의 또 하나 질문은 개인의 사적자유의 범위와 법부자유의 한계, 곧 안과 밖 = 공과 사의 구분이 헌법에 의해 결정된다는 〈명제 4〉이었는데, 어떤 헌법이냐? 임의의 헌법이냐? 아리안의 헌법이냐? 무산계급의 헌법이냐? 민중의 헌법이냐? 인민의 헌법이냐? 이른바 사람 중심의 헌법이냐? 헌법의 결정원리는 무엇인가?

앞서 이미 제기했듯이 국민의 메타가 법이고, 법의 메타가 헌법일 때, 헌법의 메타는 무엇인가? 근대공화국에서 그것은 국민주권이라고 전제한다. 그러면 국민 → 법 → 헌법 → 국민의 무한순환의 원에서 결정불가능이다. 국민주권의 정체가 확실하지 않으므로 역으로 헌법 결정의 정합성 내지 적법성도 확실하지 않고 개인 자유의 범위와 법부자유의 한계도 결정되지 않는다는 부정적 연역은 필연적이다. 그 한계의 중요성은 이미 루소가 인식하고 있었다.

> 주권이 아무리 절대적이고 신성불가침이라 해도 일반적 합의의 한계를 넘지도 못하고 또 넘을 수도 없다.[65]

루소는 자유 및 권리를 신성불가침한 것과 그렇지 않은 것으로 나누고 있다. 곧 〈정의 5〉의 자유의 법칙 H = C + F에서 법부자유 C와 사적자유 F의 구분이다. 이어서 루소는 원형자유에서 헌법에 위임한 법부자유를 제하고 개인에게 남은 사적자유를 설명한다.

> 모든 인간은 이 [일반적] 합의에 의해 자신의 재산과 자유 가운데 자기에게 남아 있는 부분은 자기 마음대로 처분할 수 있다는 것을 확실하게 알 수 있는 것이다.[66]

그러나 여기서 루소가 말하는 일반적으로 합의된 존재의 결정성에 대해서 그 자신도 유보적이다. 그가 기본법이라고 부른 일반적 합의란 존재하느냐? 이것은 〈보조정리 2〉의 결정불가능 문제에 속한다. 그러면 국민주권에 의한 민주주의는 불가능할 수 있다. 민주주의 불가능성의 연역은 개인의 자유를 간섭하는 무리의 출현 가능성의 암시이기도 하다. 밀의 다음 발언도 루소를 대변한다.

> 개인의 독립에 대해서 집단의 의견이 정당하더라도 간섭할 수 있는 가능성에는 한계가 있다. 그 한계를 발견하고 그것을 침해로부터 지키는 일은 인간의 바람직한 상태를 위해서 정치적 전제로부터 방어하는 것처럼 반드시 필요한 것이다. 이와 같은 주장을 일반적으로는 반대할 이유가

없다고 생각한다. 그러나 어디에 그 한계를 둘 것인가, 어떻게 해서 개인의 독립과 사회적 통제 사이를 적절하게 조정하는가. 이 질문의 실제 문제는 거의 금후에 해결할 문제인 것이다.[67]

5. 밀이 기대하는 금후에 해결할 문제가 바로 I권 〈정의 5〉의 H = C + F에서 사회적 통제 C와 개인의 독립 F의 분할 문제로 귀착된다. 곧 안과 밖 = 공과 사의 구분문제이다. 개인 차원의 문제가 사회 차원의 문제로 증폭될 때 제기되는 소수에 대한 다수의 전제 또는 역으로 다수에 대한 소수의 독재가능성의 문제이다. 모두 비결정성이 일으키는 문제로 이를 극복하는데 필요한 〈보조정리 4〉의 숨겨진 변수에 관한 질문으로 귀착한다.

6. 이상의 논의에서 파생되는 시각을 다시 정리하면 민주주의와 자유주의의 질문은 원점으로 돌아간다.

민주주의가 무엇이 헌법인가 물을 때
자유주의는 무엇이 헌법이 되어야 하는가를 묻는다.[68]

전자에서는 권력의 분산과 다수결만 갖추면 헌법이 되고 후자에서는 권력의 분산과 다수결만으로는 부족하다. 전자는 헌법의 결정성 문제에 관심이 없고 후자는 헌법의 결정성과 일관성을 중요하게 생각한다. 전자는 입법절차를 중요하게 여기고 후자는 입법절차의 형식뿐만 아니라 내용 더 나아가서 메타의 숨은 손을 강조한다. 전자는 자치의 모순을 간과하고 후자는 자치의 모순을 암묵적으로 간파한다. 전자는 메타의 숨은 손에 관심이 없고 후자에게 메타의 숨은 손은 핵심이다. 결정적인 차이는 전자는 헌법 존재sein의 질문이고 후자는 헌법의 당위sollen의 질문이다.

이제부터 전개하는 바대로 숨은 손의 부재로 민주헌법의 존재는 비결정되므로 임의성을 면하기 어렵다. 민주주의를 국호로 내걸은 모든 국가의 다양성과 그들 사이의 충돌이 바로 비결정의 임의성으로 설명할 수 있다. 자유민주주의에서 자유를 소거하자는 주장이 민주주의 비결정의 임의성을 드러내고 있다. 헌법의 존재성sein의 질문에 부정적이다. 헌법은 아메리카 대륙처럼 발견의 대상이 아니다. 따라서 질문은 헌법의 당위성sollen로 전환된다. 헌법은 발명의 대상이다. 발명은 원리이다. III권의 주제가 헌번의 원리이다.

7. 개인과 국가. 각각 단독으로는 존재할 수 없는 단위개체이다. 자기통치가 자폐적 자기완결 자기조회이므로 결정불가능의 문제가 다시 고개를 쳐든다. 헌법 역시 그 자체가 법체계의 시초인 이상 그 내부가 무모순의 일관성이라면 자유처럼 불가능 영역과 가능영역으로 나누어진다. (보조정리 1). 그것들의 정체는 무엇이고, 어떠한 원리로 결정불가능이 결정가능으로 전환될까? 그 보편입법 = 헌법의 존재와 원리는 논리적으로 설명이 가능한 것인가?

8. 지금까지 질문의 중심에 헌법의 결정성 문제가 있다. 그것이 I권의 〈입법의 제1법칙〉의 질문이었다. 헌법이 결정불능이라면 하위법의 위헌이란 증명할 수 없는 개념이 아닌가? 더 나아가서 시민으로서 개인의

법적 정의도 임의적이라 볼 수 있다. 동일 자연인이 다른 헌법 하에 다른 시민으로 정의되는 이치이다. 앞서 논증했듯이 헌법이 완전하면 무모순일 수 없고 무모순이면 완전할 수 없다. 이미 논리체제의 완전성과 무모순은 동시에 증명할 수 없다는 점을 증명한 이는 괴델(Gödel 1931)이다. 법체계 위헌 여부의 기준이 되는 무모순 헌법의 불완전성이란 무엇인가? 그것과 숨은 손은 어떤 관계인가?

9. 숨은 손의 존재성은 III권(헌법의 원리)의 주제이지만 여기서 비유적으로 설명할 수 있다. 앞서 제시한 여러 중첩형식의 사례 가운데 [광자 = 입자 + 파동]은 단순한 덧셈이 아니다. 이것은 유명한 두 구멍(two slits) 실험에서 확인된 것이다. B구멍을 막고 A구멍을 통과하는 입자의 행태. 반대로 A구멍을 막고 B구멍을 통과하는 입자의 행태. 마지막으로 A와 B구멍을 모두 열어 동시에 통과하는 입자의 행태가 A와 B의 합이라고 기대했는데 그렇지 않았다. 두 구멍을 통과한 광자 사이의 간섭 파장으로 단순 덧셈이 아니었다. 배중률이 부정되었다.[69] 다시 말하면 $1 + 1 \neq 2$가 되었다. 여기에 더하여 상대성 원리에 의하면 빛의 속도는 고정이므로 $1 + 1 = 1 \neq 2$가 성립한다.

지금까지 우리가 유도한 A = A(S) + A(-S)에도 단순 덧셈을 뛰어넘는 행태를 예상하여 A(S)의 반대인 A(-S)가 단순한 배중률을 따르지 않는다고 추론할 수 있다. 그 이유는 괴델 이전의 형식체계는 긍정 또는 부정 둘 가운데 하나로 증명될 수 있다고 믿었는데 괴델의 〈불완전성 정리〉의 증명으로 긍정 또는 부정으로 증명할 수 없는 회색영역이 있음이 발견되었다. 빛과 그림자 사이에는 반그림자가 있다. 곧 하나의 형식체계는 긍정 또는 부정이 아니라 긍정 또는 부정 또는 증명불가능의 3영역으로 나누어진다.

10. 법원에서 판결은 유죄guilty 아니면 유죄 아님not guilty이다. 유죄 아님은 무죄innocent와 다르다. 여기에는 이유가 있다. 증거주의 판결에는 두 가지 오류가 발생한다. 첫째, 범인이 아닌데 범인으로 판결할 증거주의의 제1차 오류. 둘째, 범인인데 범인이 아니라고 판결할 증거주의의 제2차 오류이다. 제1차 오류를 줄이려는 노력은 제2차 오류를 증가시키고 그 반대도 성립한다. 이것은 통계학의 제1차 오류와 제2차 오류에서 유래한다. 따라서 판결에는 범인임yes 범인아님no으로 결정할 수 없는 제3지대 곧 판결불가능이 존재한다. 판결에는 항상 불완전성이 존재한다. 이것은 확률분포의 오류이지만 괴델의 〈불완전성정리〉는 수리논리의 불완전성이다.

11. 법은 헌법을 정점으로 하나의 논리체계이다. 헌법은 국가보호protective state의 기구이고 하위법은 헌법 아래에서 국가효율productive state의 기구이다.[70] 자폐적 자기완결로 완전한 법체계를 추구하려는 모든 노력은 실패한다. 그러한 법체계는 존재하지 않는다.

> 그[괴델]의 불완전성정리를 법의 비유에 질문 받는다면 그[괴델]은 법체계에만 의존하는 어느 한 국가가 그 법이 미처 예상하지 못한 위기에 당면했을 때 방어력을 상실할 것이라 대답할 것이다. 법에 적용하는 그의 불완전성 정리의 비유는 어떠한 법체계일지라도 그것이 명시적이고

완전을 추구한다 할지라도 거기에는 법으로 결정할 수 없는 판단이 항상 존재한다는 사실을 보장할 것이다.[71]

12. 헌법을 형식체계로 보면 긍정부분이 의무입법, 부정부분이 금지입법, 증명불가능부분이 숨은 손으로 분류된다. [헌법 = 의무입법 + 금지입법 + 숨은 손]은 [표현의 자유 = 긍정의 자유 + 부정의 자유 + 침묵의 자유]에 비유된다. 헌법 결정에 필요한 메타의 숨은 손은 무엇인가? III권이 분석한다.

13. 이상의 요약은 다음과 같다. 법체계에서 법률은 헌법의 안에서 '결정'된다. 말을 바꾸면 법률제정에 필요한 전거典據는 법률 밖에 있는 헌법이다. 밖은 메타meta이다. 동일 이치로 헌법제정 '결정'에 필요한 전거는 헌법 밖에 있어야 한다. 헌법 밖에서 메타를 찾지 못하면 민주는 결정불가능이다. 그것은 다수의 모순, 농도의 모순, 불완전성의 모순, 자치의 모순, 불가능성의 모순, 투표의 모순으로 설명된다. 그러한 메타가 무엇이며 있기는 있는가? 지금까지 반복되어 등장한 제3의 요인, 숨은 손, 금지입법, 자유는 메타와 무슨 관계인가?

14. 계몽주의 이래 문헌을 살펴보면 왕정을 대체한 공화정의 자치에 관한 관심이 다수였다. 로크, 몽테스키외, 루소 등이 탐구한 사회계약설은 공화정부 자치의 모순을 인식하는 데 실패하였다.

19세기 민주주의 철학자들은 대의정부에게 필요한 것이 특별한 통치[자치의 모순[형태라는 점을 인식하지 못했기 때문에 법과 자유 사이의 충돌, 사회적 제재와 개인의 자유 사이의 충돌을 이해하지 못했다."[72]

곧 이들은 최고법 = 헌법 = 보편입법의 존재성, 결정성을 제시하는 데 실패하였다. 이들은 법률체계의 정점의 헌법을 결정하는 메타의 숨은 손을 찾지 못했다. 헌법을 헌법 내부에서 보는 권력분산의 삼권분립을 발견하고 강조하는 데에는 성공하였으나 헌법 밖에서 바라보는 헌법형이상학이 그들에게 없었다. 이것은 III권의 주제이지만 여기서는 이들의 논리를 먼저 살펴본다.

제 3 장
계몽주의 이전

홉스

1. 권력분산에 의한 자유의 제1영역 = 정치적 자유를 언급한 최초(?)의 문헌은 릴번(John Lilburne 1645)이다. 이어서 밀턴(John Milton 1649)에도 나타난다. "모든 현명한 국가에서 입법 권력과 그 권력의 사법적 집행은 여러 사람의 다른 손에 있다는 점이 공통점이다." 같은 해에 새들러(John Sadler 1649)도 적었다. "자연법에 의하면 입법권, 사법권, 집행권이 달라야만 한다는 것이 아주 논쟁거리이다." 로슨(G. Lawson 1657)에 와서 한층 정교해졌다.[73] 그러나 법의 결정성에 대한 이들의 인식은 보이지 않는다.

2. 동시대에 청교도혁명의 내전에 휩쓸린 홉스(Hobbes 1651)는 이들과 반대편에 섰다. 홉스가 살던 시대 불문법은 법정과 교회에서 선포되었다. 종교개혁 이후 교회의 권위가 감소하자 사람들은 자기가 원하는 바를 스스로 결정하기 시작하였다. 전에는 교회와 영주가 사람들의 행동

을 결정하였다. 교회는 사람들의 영적 세계를 독점하였고 영주는 사람들의 세속세계를 결정하였다. 개인이라는 개념이 문헌에 등장한 것은 16세기이다.[74] 이것은 법정이 제정하는 불문법에도 영향을 주었다. 마침내 청교도혁명에서 의회파가 승리하자 불문법에 대항하여 의회에서 제정하는 성문법이 우세하기 시작하였다. 처음으로 성문법의 우세를 분명하게 주창한 사람이 홉스이다.

> 사람들이 하나님의 계명을 가지고 자신들의 꿈과 환상을 자유롭게 해석한다면 어느 두 사람이라도 서로 다른 해석을 할 것이다. 나아가서 공동체commonwealth의 [성문]법도 무시할 것이다.[75]

홉스는 사람들의 서로 다른 의사가 하나의 공동체로 결정되는 비결정문제를 제기하고 나아가서 공동체를 유지하는 방안을 제시하기에 이른다. 그것이 그의 유명한 리바이어던Leviathan이다. 그러나 리바이어던의 비결정문제는 만족할만하게 풀지 못했다.

3. 그의 이론은 그가 생각한 19가지 자연법에 기초한다.[76] 그에게 자연법은 평화를 추구하는 이성의 입법이다.[77] 첫 번째 기본 자연법은 "모든 사람은 희망을 갖고 평화를 추구한다. 평화를 구하지 못하면 그는 모든 전쟁의 수단을 동원한다. … 전반부가 평화를 추구하고 지키려는 첫 번째이며 기본적인 자연법이고 후반부가 모든 수단을 동원하여 자신을 지키려는 자연권이다."[78] 그 배경은 사람들의 생명 위협의 두려움 공포 그 자체였다. 그는 평화의 수단이 통상이라는 사실을 몰랐다. 평화가

통상에 기초한다는 주장의 역사는 오래되었으나 문헌으로 보면 홉스가 리바이어던을 출간하기 1년 전 벤 이스라엘Ben Israel이 통상에서 평화를 발견한 최초의 주장을 하였다. “상업과 해상통상은 이웃 국가 사이에 평화의 기초이다.”[79] 홉스가 활약하던 런던에서 출판하였으니 홉스는 그 내용을 미처 읽지 못했거나 이해하지 못했을 수 있다. 벤 이스라엘의 주장은 칸트의 『영구평화론』을 거쳐 오늘날 국제경제학의 뼈대가 되었다.

두 번째 자연법은 “그가 원하는 무엇이든지 그 권리를 주장하는 한 모든 사람은 전쟁에 놓이게 된다, 그러나 그와 함께 다른 사람도 권리를 내려놓으면 아무도 그를 벗기지 않는다.”[80]

세 번째 자연법은 계약의 준수이다. “사람들이 말하는 계약이란 권리의 상호이전이다.”[81] 이하 19가지 자연법은 평화를 위해 지켜야 할 일종의 권장 또는 제어하는 의무입법과 금지입법이다. 이 자연법이 정의의 기초가 된다.[82] 자연법은 자연에서 발견되는 질서에서 유래된다.

자연법은 평화를 위해서 무언가 하지 말라는 이성의 금지명령이다. “[19가지 자연법]은 한 마디로 남이 너희에게 하지 않듯이 너희도 남에게 하지 마라.”[83]의 금언에서 유래된다. 또는 “네가 하기 싫은 일을 남에게 시키지 말라.” 금지입법의 유래이다.

4. 그러나 홉스 자신도 19개의 자연법은 현실에서 지킬 수 없는 이상에 불과하다고 본다. 그 이유는 두려움이다. 홉스의 정의는 I권의 표현으로 〈입법의 제3법칙〉이다. 이 법칙의 배경은 자폐적 자기완결 자기조회의 [정의는 정의의 복종자]였다. 이 형식은 홉스에게도 유효하다. 이 입법 법칙의 질문은 누가 정의를 결정하는가? 홉스가 대답한다.

세상은 끊임없는 권력욕의 충돌[84]이 빚는 "만인대만인"[85]이 투쟁하는 곳으로 "최악은 끊임없는 공포, 생명의 위협, 초라하고, 추잡하며, 야만적이고, 빈약한 삶"의 자연 상태이다.[86] 안전과 평화를 얻기 위해서 한 개인 또는 일군의 사람들의 단일의지One Will 하에 개인 상호 간에 각자의 의지를 단일의지에 맡기는 사회계약을 맺는다. 그 계약은 자연법에 기초한다. 이러한 집단이 "공동체commonwealth"이고 "필요악"의 거대한 "리바이어던"이라는 "유한의 신mortal God"이다. "우리는 불사의 신아래 유한의 신에게 평화와 안전을 빚진다."[87] 불사의 신을 자연법이라고 본 그는 리바이어던 실정법의 근거를 자연법에 두었다.[88] 앞서 정치권력은 제어하지 않으면 괴물이 된다고 하였다. 그 괴물이 리바이어던이다.

5. 자연법에서 출발한 홉스는 법실증주의와 유물론의 효시 가운데 하나가 되었다. 왕권신수설을 자연법으로 대체했지만 절대국가이다. 그 목적은 안전과 평화이다. 홉스의 단일의지의 리바이어던은 현대에도 살아있다.

> 우리나라[오스트리아]를 휩쓰는 넘치는 기쁨 속에서 …[히틀러]총통의 참된 [단일]의지를 따라 …네가 너의 모든 힘을 다해 그의 결정을 지지한다면 너는 매우 행복할 것이다.[89]

노벨상수상 물리학자 슈레딩거(E. Schrödinger 1938)가 홉스의 절대자의 단일의지를 리바이어던=히틀러에서 보는 듯하다. 리바이어던이나 히틀러나 개인의 자유는 이차적인 문제였다. 그 슈레딩거도 종국에는 아일랜드로 망명할 수밖에 없었다.

6. 리바이어던은 권력을 독점하는 절대독재자이다. "주권은 분리해야 한다는 선언이 있다. 그것은 공동체를 해체하자는 주장이다. 주권을 분리하면 각 권력이 서로 싸워 공멸한다."[90] 홉스는 자연이 신의 발명품이듯이 리바이어던을 인간의 발명품 곧 인공의 사람, 그의 주권을 인공의 정신, 그의 법을 인공의 이성이라 불렀다.[91] 인공의 이성은 홉스의 용어가 아니다. 홉스가 동시대의 코크(E. Coke)의 글 "우리 시대는 법이 어느 한 사람에 의해 단기간에 만들어진 것이 아니라 가장 현명하고 오랜 경험에 세련된 사람들에 의해 도야된 과거의 그림자이다."를 비판하며 사용한 말이다.[92] 독재자가 아니라면 인공의 이성 따위는 없다. 리바이어던은 인공의 사람이므로 사회계약의 당사자가 아니며 사회계약의 결과로써 사회계약 곧 법 위의 존재이다. 홉스는 그 이유를 모순으로 설명한다.

> 법을 만든 자는 그 법의 밖에 있어야 한다. 법에서 자유로워야 할 자가 그 법에 놓이는 것은 모순이다. 그가 법아래 놓인다는 것은 공동체, 다시 말하면 대표자, 곧 자신의 아래에 놓이는 것이다. 이것은 실수이다. 그 이유는 주권자 위에 법이 있고 재판관이 있게 되어 그를 처벌할 수 있어 새 주권자가 등장하고 이 과정은 끝이 없이 계속되기 때문이다.[93]

홉스의 문장 속에 "대표자가 자신의 아래에 놓이게 된다."라는 구절을 다시 정서하면 [리바이어던은 리바이어던의 아래]이다. 이것은 "실수"가 아니라 자폐적 자기완결 자기조회이다. 주격 리바이어던과 목적격 리바이어던의 위치를 바꾸면 [리바이어던은 리바이어던의 아래 아님]이 된다. 곧 〈보조정리 1〉에 의해 [리바이어던 = 리바이어던의 아래 + 리바이어던의 아래 아님]의 이중형식이 성립한다. I권의 〈보조정리 2〉에 의해 [리바이어던은 리바이던의 아래 아래 … ∞]는 무한대의 비결정이다. 홉스의 주장대로 "이 과정은 끝이 없이 계속"된다.

사회계약에 동참한 사람들은 리바이어던 아래 속하게 된다는 홉스의 주장에 모든 사람 속에 리바이어던도 포함되지 않으면 [리바이어던은 리바이어던의 아래]가 성립하지 않는다. 홉스는 리바이어던을 법 위의 존재라고 설정했는데 이것은 "스스로 다스리지 않는 인민을 대신 다스리는 지도자"나 "스스로 수염을 깎지 않는 세비야 사람의 수염을 대신 깎아주는 세비야 이발사"나 "스스로 입법하지 않는 국민의 입법을 대행하는 입법자"와 동일의 모순문제를 공유한다.

우화

1. 스스로 수염을 깎지 않는 세비야 사람은 이발사가 깎아준다. 이발사도 세비야 사람이다. 그도 수염을 스스로 깎지 않으면 그의 수염을 깎아줄 사람은 세비야에서는 그 자신 이외에는 없다. 그는 수염을 깎지 않으면서 동시에 깎는 모순의 이발사이다. 그가 수염을 깎는다면 그는 자신의 수염을 깎을 수 없는 이발사가 된다. 역시 모순이다.

스스로 입법하지 않는 국민의 입법을 대행하는 입법자는 국회의원이다. 입법자도 국민이다. 그가 스스로 입법하지 않으면 그를 위하여 입법할 사람은 그 자신 이외에는 없다. 입법하지 않으면서 입법하는 모순이다. 그가 입법하면 그는 자신을 위하여 입법할 수 없다. 입법하지 않으면서 입법하는 모순이다. 이것이 자치의 역설paradox of being governed이다.

2. 앞서 (스스로 수염을 깎지 않아 세비야 이발사에게 면도를 의뢰하는 세비야 사람들)을 집합 S로 정의할 수 있다. 스스로 수염을 깎는 세비야 이발사는 이 집합 S에 포함되지 않는다. 따라서 집합 S 밖에 있어야 한다. 그러나 집합 S 밖에 있으면 이 집합 S의 원소가 아니므로 정의에 의해서 이 집합 S에 포함되어야 한다. 세비야 이발사는 집합 S 밖에 있어도 안에 있어도 아니 되는 모순이다.

마찬가지로 스스로 입법하는 입법자는 집합 S의 원소가 될 수 없다. 입법자는 집합 S의 밖에 있어야 한다. 그러나 집합 밖에 있으면 집합의 원소가 아니므로 집합의 정의상 집합의 원소가 되어야 한다.

3. 입법자에 의한 대의정치 자치의 모순을 제거하려고 독재정치의 "스스로 다스리지 않는 인민을 대신 다스리는 지도자"는 어떨까? 이것이 홉스가 모순을 제거하려고 제의한 법 밖의 리바이어던의 모습이다. "스스로 다스리지 않는 [사회]계약자를 대신 다스리는 리바이어던." 리바이어던은 계약자 안에 포함되어도 계약자 밖에 있어도 모순이다. 홉스의 리바이어던은 설 자리가 없다.

4. 이것이 소풍 나온 돼지의 우화이다. "스스로 점검하지 않는 돼지를 대신 점검하는 지도자 돼지"의 구조이다. 그 돼지의 점검이 끝이 없이

계속되는 모습이 자폐적 자기완결 자기조회 비결정성의 문제이다. 끝이 없는 동화 neverending story이다.

5. 이 모순에 의하면 홉스의 리바이어던은 리바이어던을 다스리지 않음과 동시에 리바이어던을 다스린다. 곧 이것은 〈보조정리 1〉에 의해 [리바이어던은 통치자 = 리바이어던은 통치자 + 리바이어던은 통치자 아님]의 중첩형식이다. 이것의 쌍대문장은 [리바이어던은 통치자 아님 = 리바이어던은 통치자 아님 + 리바이어던은 통치자]이다. 하나로 합하면 [리바이어던은 통치자 = 리바이어던은 통치자 아님 + 리바이어던은 통치자 아님 + …]의 무한대가 된다. 홉스의 표현대로 "이 과정은 끝이 없이 계속"된다. 홉스의 리바이어던은 법 안에 있어도 법 밖에 있어도 비결정이다. "이 과정은 끝이 없이 계속되기 때문이다."

6. 리바이어던의 비결정은 이미 〈보조정리 2〉가 밝힌 대로 [리바이어던은 리바이어던의 지배자]의 자폐적 자기완결 자기조회에서 유래된다. 곧 비결정의 원인이 자기결정에 있다. 홉스의 세계에서 리바이어던의 단일의지가 공동체의 의지이다. [리바이어던의 단일의지는 리바이어던 단일의지의 시초]는 자폐적 자기완결 자기조회 구조로 비결정이다. 이 비결정의 단일의지를 후일 루소가 눈치 챘다. "왜 최강자의 권리를 아무도 묻지 않는가?"[94] 하이에크가 자폐적이고 자기완결 비결정성의 속을 꿰뚫어 보았다.

홉스의 [리바이어던]주권 개념관은 빗나간 합리주의에 연유한다. 그것은 자율적[자폐적]이고 자기결정[자기완결]의 이성이다. 그것은 합리적 사고란 믿음과 제도의 비합리적[비결정적] 틀 속에서 작동한다는 사실을 간과하였다.[95]

7. 홉스는 인간의 어두운 면을 강조한다. "남이 너희에게 하지 않듯이 너희도 남에게 하지 마라."는 자연법의 계약을 나는 지키는데 남도 지킨다는 것을 무엇이 보장하는가? "그는 점잖고 확실하여 항상 모든 약속을 지키는데 아무도 그렇지 않다면 그는 타인의 희생자가 되고 자신을 망치게 된다. 이것은 자연법에 배치된다."[96] 이러한 불신은 역지사지이다. 여기에 제3의 존재가 필요하다. 그가 리바이어던이고 권위이고 정부이다. 자연법과 국법이 충돌하면 국법이 우선이다. 그 이유는 공동체의 목적이 안전에 있기 때문이다.

8. 홉스의 세계는 자기조회 구조에서 보면 논리적으로 존재하기 어렵다. 자연 상태에서 만인대만인의 권력투쟁은 "각자는 각자의 적이다."[97] 나는 너의 적 A = X(E)와 너는 나의 적 X = A(E)의 상태이다. 이 둘을 합치면 A = A(E)와 X = X(E). 곧 나는 나의 적이고 너는 너의 적이 된다. 나와 너의 마음속에 각각 적이 들어있다. 홉스는 모든 개인을 잠재적 악인으로 설정하였음을 알 수 있다. 리바이어던도 예외가 아니어서 '필요악'이고 악인인 자신도 처분할 수 없는 자신의 생명과 자유를 악인인 그에게 양도하는 셈이다. 무엇보다도 이 정치체제의 유지비용이 그 체제의 혜택보다 저렴하다는 증명은 하지 못하였다.

9. 루소가 "한 인간이 아무런 대가 없이 그 몸을 [리바이어던에게] 맡긴다."는 홉스의 주장이 계약의 손익계산 이치에 맞지 않는다고 비판하였다. 이치에 맞지 않는 것에는 리바이어던이 선출된다는 점도 있다.[98] 홉스의 자연법 13번은 나눌 수 없는 것은 추첨을 권하고 있는데 권력이 여기에 속한다면 리바이어던은 선거가 아니라 추첨 되어야 한다. 선거이든 추첨이든 홉스는 한 개인이나 의회assembly에 권력을 집중하자는 주장이다.

10. 홉스의 이론은 권력이 하늘에 기원한다는 전통에서 탈피하여 처음으로 개인의 권력욕에 연유한다고 논의의 출발점을 잡았다는 데 의의가 있다. 처음으로 하향권력이 아니라 상향권력 이론이다. 그러나 유한의 신이 계약을 깨뜨리는 경우 홉스에게 해결책이 없다. 무엇이 이 '괴물'을 제어하겠는가? 홉스의 대답은 하늘에 대한 두려움과 자연법이다.[99] 다시 말하면 리바이어던의 비결정성에 대한 대책이 홉스에게는 없다. 하늘을 두려워하지 않은 히틀러를 제어할 대책이 독일국민에게 없었다.

11. 자연법 숭상은 당대 그를 이은 후대에 자연적 추세였다. 케네(F. Quesnay)는 중농주의의 거두였고 자연법을 숭상하였다. 프랑스 국왕 루이 15세와 케네 사이의 대화에서 자연법사상이 엿보인다.

> 왕의 직무를 수행하기 어렵습니다. 폐하, 신은 그렇게 생각하지 않습니다. 그러면 경이 왕이라면 어떻게 하겠습니까? 폐하, 저는 아무것도 하지 않겠습니다. 그럼 누가 다스립니까? 법입니다.[100]

케네의 제자 리비에르(M. de la Riviere)가 러시아의 캐서린 여제에게 초빙되었다. 다음은 그들 사이의 문답이다.

국가를 잘 다스리는 비결이 무엇일까요? 폐하, 한 가지밖에 없습니다. 그것은 질서를 지키고 법을 따르게 하는 것입니다. 무슨 근거입니까? 폐하, 근거는 단 하나입니다. 그것은 사물과 인간의 본질입니다. 무슨 법입니까? 폐하, 법을 주거나 만드시는 것은 하나님이 누구에게도 맡기지 않은 일입니다. 자기가 잘 모르거나 잘 알지도 못하는 사람들에게 법을 명령할 능력이 스스로 있다고 믿는 사람들에게 무슨 권리로 법을 강제할 것입니까? 하나님이 사람들 조직 속에 새겨 놓은 [자연]법을 잘 인식해야 합니다.[101]

자연법

1. 홉스는 신을 인간의 두려움의 창조물로 보았다.[102] 신의 섭리 대신 찾은 자연법이란 존재하는가? 이 질문을 최초로 인식한 사람이 벌라마퀴(Burlamaqui 1747)이다. "자연법이란 실제로 존재하는 것일까? 이것이 무엇보다 먼저 제기되는 첫 번째 질문이다."[103] 신神에서 그 존재근거를 찾은 그는 신이 제정했다는 권리를 개인의 기본 헌법basic constitution에서 직접 유래하는 기본 권리basic rights와 인위적 기구가 부여하는 파생 권리secondary rights로 구분하였다. 여기서 개인의 기본 헌법이 이성의 입법이다. 그리고 〈정의 8〉의 H = C + F에 비추면 전자가 증명불가능 권리이고,

후자가 증명가능 권리이다. 이 두 권리를 합친 벨라마퀴의 권리는 자폐적 자기완결 자기조회의 구조이므로 스스로 결정불가능이다. 그의 법체계에 메타=신이 필요한 이유이다.

2. 벨라마퀴 법체계에서 신을 배제하면 권리와 자유가 비결정된다. 자유와 권리의 헌법도 결정되지 않는다. 바이마르 공화국 초기에 나타난 헌법 대논쟁에서 법의 비결정성이 숨어 있었으나 논쟁의 초점에서 벗어나 아무도 인식하지 못했다. 말하자면 숨은 손은 생각하지도 못했다. 이때 등장하여 일세를 풍미한 켈젠의 순수법학이 자기순환 구조임을 미삭이 지적했음은 I권에서 언급했다.

3. 신을 최고법의 정당한 근거로 삼던 왕권신수설 시대가 물러나고 국민주권 시대에 들어서며 신을 자연법이 대체하였다. 칸트는 자연법을 선험적인 순정한 원리들에 의거하는 법칙이라 정의하고, 법칙수립자들이 제정하는 실정법과 구분하였다. 자연법은 본유권의 근거이다. 본유권은 자신의 주인sui iuris이 되는 개인, 곧 [나는 나의 주인]에게만 귀속되는 권리이다. I권의 〈공리 2〉가 말하는 개인의 권리이다. 내적인 나의 것과 외적인 너의 것에 관한 권리가 아니라 오직 하나의 권리이다. 그러나 자연법이 실정법에 앞서서 선험적인 법칙이라면 [자연법은 자연법의 시초]이다. 이 자연법은 자폐적 자기완결 자기조회의 법칙으로 결정되지 않는다. 자연법의 존재 여부를 물은 벨라마퀴의 질문은 정당하다. 자연에서 자연법은 기본적으로 인과율을 따르므로 선험적 법칙이 될 수 없기 때문이다. 자연법의 원인은 무엇인가? 자유의 자생법칙과도 배치된다.

4. 벨라마퀴의 주장은 자연법에 의거하는 [본유권은 본유권의 시초]가 되어야 하므로 이것 역시 비결정된다. 다만 〈보조정리 1〉에 의해 [본유의 권리 = 본유의 권리 + 본유의 권리 아님]으로 분할되어 본유권이 정의되지만 중첩형식을 구분하는 기준 = 메타 = 숨은 손이 없으므로 중첩형식의 구분은 역시 결정되지 않는다. 이것이 앞서 벨라마퀴의의 [자연권 = 기본권리 + 파생권리]의 중첩형식과 형식상 일치한다. 당연히 자연법에 의거한 헌법을 정점으로 하는 실정법 체계는 비결정이다.

5. 자연권의 존재를 부정한 사람이 벤담(J.Bentham)이다. 자연법이 법인 이상 그것이 존재하려면 그에 상응하는 법이 먼저 존재해야 하는데 자연법을 규정하는 신의 존재를 상정하지 않으면 논리적으로 모순이다. 벤담은 자연법을 아비 없는 자식이라고 불렀다.[104] 자연법의 요석은 인과율이므로 자생율의 자유를 설명하기 어렵다.

형식논리

1. 자연법사상은 고대 그리스 시대부터 면면히 이어져 왔으나 계몽주의 이래 20세기 초까지 과학, 수학, 문학, 철학, 예술에 이르기까지 인간의 사고를 광범위하게 지배하였다. 특히 민주주의에 심대한 영향을 남겼다. 그러나 20세기 여명기에 수리논리학의 발전으로 민주주의의 문제점이 논리적으로 보이기 시작하였다. 그것이 하나의 제도로써 존재성, 유일성, 안정성에 역행하며 형식논리 측면에서 결정성, 일관성, 불완전성에

어긋난다는 점이다.

2. I권은 선행문헌의 인용 없이 오직 〈공리 1〉과 〈공리 2〉에만 의지한 순수 형식논리였다. 그 형식논리로 자연법을 재점검하였고 자연법사상의 중첩형식과 비결정성에 이르렀다.

3. II권은 I권이 전개한 형식논리에 비춘 선행문헌의 재검토와 재해석이다. 순전히 편의에 따른 제목 하에 계몽학파, 고전학파, 신고전학파, 새고전학파로 분류하였다. 이 분류의 이름은 중요하지 않다. 단순하게 학파 1, 학파 2, 학파 3, 학파 4라고 분류하여도 내용이 달라지지 않는다. 그 분류기준은 시대 순서에 따른 선행문헌이 펼친 민주의 존재성과 그 결정성 여부를 둘러싼 헌법 존재의 결정성 및 법체계의 일관성과 불완전성에 대한 인식 여부이다. 곧 I권 〈보조정리 4〉의 [결정성 = 일관성 + 불완전성 + 숨은 손]의 인식 여부이다.

제 4 장

계몽학파

로크

1. 여기서 특별히 계몽학파라고 부르는 일군의 사상가들은 자유에 관해 고전주의자들이다. 자유주의의 주요 핵심이 그들로부터 특히 로크로부터 연유하기 때문이다. 고전적 자유주의의 종지cardinal는 단순하다. 법 아래 자유이다. 개인은 타인의 자유를 해치지 않는 규칙과 법의 범위에서 마땅히 자유롭게 자신의 이익과 욕구를 따르고 재산을 지키도록 해야 한다.

2. 개인과 사회의 관계는 계몽주의 이래 사상가들의 주제였다. 그들의 공통된 질문은 두 가지였다. 첫째, 군주제가 폐지된 후 개인들이 모여 조직하는 공화제의 이른바 시민정부에서 스스로 자기통치가 가능하겠는가? 곧 자치가 가능하겠는가? 지금까지 이 책이 표현한 언어로, 자유롭고 이성적인 개인들의 자유의지를 모은 사회의지라는 것이 존재하는가? 둘째, 자기통치의 공화제 = 시민정부에서 개인의 자유와 권리를 확보하는

방법이 가능하겠는가? I권의 표현 H = C + F를 빌리면 법부자유 C의 제약 아래 오직 시간에만 제한받는 무한대 사적자유 F가 보장되겠는가?

첫째 질문은 통치목적의 헌법을 자유목적의 헌법으로 대체하는 헌법의 원리에 관한 결정성의 I권 〈기본질문 1〉이고, 둘째 질문은 자유목적 헌법의 권력구조의 원리에 관한 일관성의 I권 〈기본질문 2〉이다. 그러나 아래에서 보는 대로 그들의 질문은 올바르지만 자기통치가 갖는 자폐적 자기완결 자기조회 구조를 인식하는 데에는 실패하였다.

3. 홉스를 이어서 자유의 제1영역 = 정치적 자유를 본격적으로 연구한 사람이 로크(Locke 1690)이다. 로크의 『시민정부론 1690』은 그의 『인간오성론 1689』에서 출발한다. 인간은 태어날 때 누구든지 백지이다. 오성이 발달하면서 일체형의 백지가 분화한다. [오성 = 진리 + 오류]는 로크의 중첩형식이다. 마치 [오성 = 상수 + 오차]와 같다. 그러나 확실한 진리는 터득하지 못한다. 확실하지 않은 진리가 자유의 영역이다. 로크는 묻는다. 확실하지 않은 지식으로 다른 사람들을 제압하기보다 스스로를 교육시켜라. 이러한 자유인들이 모여 계약하는 목표가 생명, 자유, 재산을 보전하는 사회조직이다.

4. 그는 홉스의 리바이어던 존재를 반박하고 자유 시민 사이의 사회계약에 입각한 시민정부를 주장하였다. 홉스의 리바이어던에는 자유시민이 없다. 자유를 포기한 백성만 있을 뿐이다. 홉스의 사회는 자유국가는 말할 것도 없이 평등사회보다 더 좋지 않은 허가장의 사회주의 사회이다. 로크는 그렇지 않은 정부를 설계하였다.

> 자연법 안에서 행위를 책임지고, 소유와 신체의 자유를 누리고, 다른 사람[리바이어던]의 [일반]의지에 의지하지 않고 그 의지를 마음대로 이탈하는 완전 자유국가 … 아무도 아무보다 더하지 않은 권력과 사법이 역지사지인 평등국가 … 그러나 제약된 자유국가이지만 그러나 허가장의 국가가 아닌 …[105]

로크는 리바이어던 국가가 자연 상태에서 나타난다는 홉스의 주장에 대하여 통치자를 설득하는 사회계약의 국가를 생각해내었다. 개인의 비사회적 사회성이 그 근거이다.[106] 그러므로 홉스 리바이어던 체제의 비용이 혜택보다 크다면 그 체제를 전복하는 권리를 주장하였다. 사회계약을 파기하고 "마음대로 이탈하는" 국민저항권이다. 킹 제임스 성서에 영향을 받아 천부자유freedom를 법부자유liberty와 구별한 최초의 정치 사상가이다. "사회에서 자유인은 그의 동의를 수반하지 않고 공동체의 어떠한 입법권력 하에 놓여서는 안 된다. … 자유freedom는 자연법 이외에는 어떠한 것에도 구속되어서는 안 된다."[107] 그러나 계몽주의 법철학의 핵심인 자연법의 존재성에 대해서는 함구하였다. 그의 주된 관심은 자유 시민의 사회계약으로 시민정부가 가능하겠는가.

> 법의 목적은 자유freedom를 없애거나 억제하는데 있는 것이 아니라 확보하고 확대하는데 있다. 법을 제정할 능력이 있는 국가에서 법이 없으면 자유freedom가 없다. 자유liberty는 타인의 억압과 횡포로부터 벗어나는 것인데 법이 없으면 가능하지 않다. 자신이 살고 있는 법의 허용 내에서 자신의 신체, 행위, 소유, 모든 재산을 자신이 원하는 바대로 처분하고

명령하는, 그럼으로써 타인의 임의적 의지에 놓이지 않고 자신의 의지만을 따르는 일종의 자유a liberty.[108]

로크는 최소한 자유가 법의 메타가 되어야 함을 알고 있었다. 로크에게 있어서 자신의 자유, 생명, 재산을 지키는 목적이 시민정부 조직의 사회계약이다. 그 방법으로 민주제 형태의 입법legislative권력과 군주제 형태의 행정executive권력의 이권분립에 더하여 연계권력federative power을 제안하며[109] 각국은 사정에 맞게 혼합하는 헌법을 권하였다. 여기서 로크 자신도 연계권력의 이름이 적절하지 못함을 의식하고 있으나 전쟁과 평화, 연맹과 동맹의 대외외교권이다. 전쟁과 외교의 핵심은 통상이익이다. 통상으로 해결할 수 없는 경우 전쟁이나 외교의 힘을 빌린다. 이것이 그가 『시민정부론 1690』에서 주창한 자유인 사이의 계약인 사회계약론이다.

5. 로크는 시민정부의 목적을 소유의 자유에 두었다. 그에게 고유재산property은 생명life, 자유liberty, 상속재산estate으로 구성된다. 상속재산estate은 상속의 의미가 강한 고유재산이다. 이에 비해 고유재산property은 개인소유property 및 개인속성property와 함께 적절, 적합, 적법을 뜻하는 동일한 어원 proper에서 분화 발전하였다. 개인 당대의 귀족 칭호와 세습되는 귀족 칭호에 비유할 수 있다.

나에게 고유하게 속하는 속성이나 나에게 속하는 생명, 자유, 재산이나 모두 포괄적 소속을 의미한다. 칸트는 예술, 기술, 과학까지 포함시켰다.[110] 공동의 소유가 아니다. “자유가 행동에 명령하고 그들의 소유와 신체를 자연법 내에서 그들이 생각하는 대로 처분케 한다."[111] 여기서 "자연법 내에서 그들이 생각하는 대로 처분케 한다."라는 마지막 표현은 소유자의 자유이다. H = C + F에서 F이다. 이것이 그가 생각한 시민정부의 목적이다.

6. 사람은 누구든지 자기제어 이기심self-interest의 소유자이다. 자기제어 이기심은 무제어 이기심selfish과 다르다. 전자에서 [나는 나의 이익추구자]이지만 후자에서 [나는 나만의 이익추구자]이다. [나는 나만의 이익추구자]의 1회 증식은 [나는 나만만의 이익추구자만의 이익추구자]이고 그의 연속 증식인 [나는 나만만… ∞ 의 이익추구자만… ∞]은 문장이 성립되지 않는다. 순수이기심이란 불가능하다.

이에 대해 [나는 나의 이익추구자]는 정의상 A' = A'(S)을 1회 자기증식 시킨 A' = A'(S)(S)를 법 C로 자기분할을 하면 A' = C(S)와 C = A'(S)가 된다. 다시 합성한 C = C(S)(S)를 A"로 분할하면 A" = C(S)와 C = A"(S)이다. 여기서 A'와 A"의 관계는 A' = A"(S)(S) = A"(S)와 A" = A'(S)(S) = A'(S)이다. 법 C를 매개로 나는 너의 이익추구자이며 너는 나의 이익추구자이다. 자기제어 이기심은 완전대칭의 역지사지 구조이다.

7. 완전대칭의 역지사지는 모두가 언젠가는 재산의 권리가 자기를 위하여 행사할 수 있다는 기대 하에서 성립한다. 나는 너를 존중하며 너는 나를 존중한다. 나는 너의 영역을 인정하고 너는 나의 영역을 인정한다. 법 C를 매개로 나는 너의 재산권을 존중하며 너는 나의 재산권을 존중한다. meum et tuum. 법의 출현의 중요한 이유가 사유재산권의 역

지사지 상호인정에 있다. 로크에게 역지사지는 상호 재산권의 인정이다. 여기서도 제기되는 재산권의 정의가 법 C의 결정을 위한 외부메타 곧 헌법 K의 결정에 달려있음을 알 수 있다. 현재의 재산권 상태에 불만을 품고 그를 바꾸려는 시도가 발생하는 것은 헌법 K의 비결정 탓이다. 곧 임의적 임기응변의 K에서 비롯한다. 여기서 K는 I권 〈입법의 제1법칙〉의 보편입법을 가리킨다.

8. 로크는 시민정부의 법을 "공동선 common good"이라 부르고 구성원의 합의consent라고 정의하였다. "법은 사회의 합의이다. 그 위에 아무도 법을 만드는 권한은 없다." 그러나 그는 공동선과 사회의 합의의 결정원리에 대해서는 침묵하였다. 그의 체계에서 메타의 숨은 손을 찾으라 하면 외부연계권력 정도일 것이다. 국내 정치구조의 자폐적 자기완결 자기조회가 세계와 연계되는 메타를 갖게 된다. 그러나 로크는 이 메타의 존재의 근간이 되는 사회합의를 설명하지 못함으로써 외부연계의 존재성도 입증하지 못했다. 홉스를 비판했으나 홉스가 남긴 "유한의 신"을 대체할 메타의 숨은 손은 찾지 못했다.

샤프츠베리

1. 샤프츠벨리(Shaftesbury 3rdEarl, 1699)는 개인의 도덕을 메타의 숨은 손으로 제시하면서 자신의 스승 로크와 견해를 달리하였다.[112]그는 기본적으로 개인을 이기심과 동정심의 혼합체로 파악하였다. 이것은 그

가 이기심을 제어된 이기심self-interest과 제어되지 않은 이기심selfish으로 구분하였다는 증거이다. 그 경계를 결정하는 것이 개인의 도덕이라고 주장하였다. 도덕은 신학과 다르고 도덕에 따르는 행위는 신의 의지will of god와 상관없다. 도덕가는 자유의지와 결정론의 문제를 해결하는 데 어려움이 없다.

2. 샤프츠베리가 중요한 이유는 개인의 도덕을 자기입법이라 하면 그가 이기심의 범위 달리 말하면 동정심의 범위를 결정하는 것이 자기입법이라고 비결정성의 핵심을 이해했다고 볼 수 있다. 그러나 개인마다 다른 개인도덕 = 자기입법은 이기심과 동정심의 경계를 개인마다 다르게 결정한다. 자기입법이 거시적으로 표현된 보편입법의 결정에 대해서는 말이 없다.

3. 샤프츠베리의 이기심은 그 후 영국 경험철학의 기초가 되었고 칸트의 보편적 도덕법칙 개념에 영향을 주었으나 비결정 문제는 여전히 숙제로 남겨졌다. 아래에서 분석할 칸트의 보편적 도덕법칙과 롤스의 보편적 합의도 이 문제를 풀지 못했다.

몽테스키외

1. 로크와 함께 미국연방헌법에 영향을 끼친 이가 몽테스키외이다. 로크의 사회계약설에 몽테스키외(Montesquieu 1748)가 로크의 연계권

력 대신 귀족제 형태의 사법부를 추가하여 삼권분립을 확립하였다. 삼권분립을 '몽테스키외 공리'라 부른 이가 매디슨(Madison 1789)이다. 그러나 초기 삼권분립에서 사법부의 위상을 입지하는데 실패하였다. 사법부는 일종의 장식품 정도였다.

의사였던 로크에 비하여 몽테스키외는 법관이었다. 삼부 가운데 입법부를 양원으로 나누어 입법권의 수직분할을 추가한 것도 그이다. "입법부를 양원으로 나눌 때, 서로 거부권을 행사할 수 있다." 그의 삼권분리의 목적은 자유에 있다. "세계에 한 나라가 있는데 그곳에서 헌법의 목적이 자유이다."113

2. 그가 원래 품은 속셈은 양원제 가운데 하나를 귀족의 대표기관으로 만들어 절대왕권을 제한하려는 의도로 보인다. 나머지 하나는 평민의 대변기관이다. 귀족원이 왕권을 제한하려하면 왕권은 그에 대항하여 평민원과 손잡을 수 있다. "양원은 다시 집행부의 거부권에 제한될 수 있다." 귀족원, 평민원의 양원에 추가하여 집행부의 거부권까지 감안하면 법률제정의 삼원이 된다.

3. 군주제는 공포, 귀족제는 명예, 민주제는 미덕이 그 원리임을 주장하였다. 저서의 부제가 가리키듯 각국의 사정에 맞도록 군주제, 귀족제, 민주제의 혼합을 권하였다. 일반적 공통 원인[목적] 이외에 "옛날의 히브리인과 근래의 아라비아인은 종교를 [입법의 원인]으로 삼았으며, 아테네인은 문학, 카르타고와 티투스는 무역, 로도스는 해군, 스파르타는 전쟁, 그리고 로마는 미덕virtue을 각기 [입법의 원인]으로 여겼다."고

고대의 법률 제정의 정신을 열거하였다. 몽테스키외는 법제정 결정불가능성을 인식했는지 불분명하나 미덕을 헌법 원리의 메타로 여긴 듯하다. 혹은 그가 정의한 "법은 가장 광의에서는 사물의 본질에서 유래하는 필연적인 관계"에서 사물의 본질을 법의 메타라고 생각했는지 분명하지 않다.

4. 몽테스키외는 삼권분립의 정부 형태가 규모가 큰 국가에서는 적당하지 않다고 생각하였다. 몽테스키외는 반연방주의자들을 가르쳤다. "미국처럼 아주 넓은 지역은 기후, 생산, 이해, 습속, 예절, 관행이 크게 다르므로" 하나의 공화국이 될 수 없다. "정부에 대한 권위 있는 저자의 견해와 경험이 광대한 영토를 자유의 원리로 다스리기가 불가능하다는 이유로 우리 [반연방주의자]는 비준하지 못하겠다."[114] 이 문제를 돌파한 이가 흄(Hume 1752)이다. 그는 『완전한 연방 1752』에서 주장하였다.

> 노련한 기술에 의지하는 거대정부에도 민주주의를 구현할 수 있는 충분한 여유가 있다. … 집단으로는 사람들은 정부에 맞지 않지만 작은 [지방]정부에 흩어져 있으면 이성과 질서에 순응하게 된다. 시속의 힘은 힘을 쓰지 못하게 된다. … 동시에 사람들은 멀리 흩어져 있어서는 음모, 편견, 열정에 의해 공중의 이익을 해치기가 매우 어렵다.[115]

그것은 몽테스키외가 주장하는 입법부, 행정부, 사법부 사이의 분산과 견제뿐만 아니라, 삼권분립 너머 연방정부와 주정부, 금융가와 농민, 간접선거와 직접선거, 노예경제와 상업경제 등 모든 이해집단 사이의 견제와 균형이다. 모든 관계의 음모, 편견, 열정을 좌절시키는 제도였다. 국가의 크기와 상관없이 독주할 수 없는 장치였다. 몽테스키외는 이 제도의 가능성을 몰랐다. 다시 말하면 삼권분립 너머의 메타를 인식하지 못했다.

5. 흄이 앞의 글을 쓸 수 있었던 이유는 당시 영국은 이미 권력을 분산한 상태였기 때문이다. "18세기 변호사, 정치가 또는 정치사상가에게 영국 헌법의 가장 두드러진 특징을 물으면 정부의 여러 부서의 권력 분산이라고 대답했을 것이다."116 다시 말하면 권력분산이 다층이면 국가의 크기는 문제가 아니라는 뜻이다. 그러나 이 글의 내용만으로는 흄도 삼권분립 이외에 메타의 숨은 손에 대한 언급이 없다. 다만 앞서 소개한 다른 글에서 제3의 요인으로 미루어보건대 어느 정도 인식했다고 여겨진다.

루소

1. 자유의 제1영역을 본격적으로 탐구한 사람은 홉스와 로크로부터 영향을 받은 루소(Rousseau 1763)이다. 그가 자유의 원리를 정치학 측면에서 고찰한 것이 『사회계약론 1763』이다. 그의 문제의식은 다음과 같다.

> 나는 인간을 있는 그대로 받아 드리고, 법을 있을 수 있는 가능한 형태로 받아드릴 경우에, 사회질서 속에 정당하고도 확실한 통치의 어떤 원

칙이 있는지를 여기서 연구하고자 한다.[117]

그가 찾아낸 원칙이 일반의지General Will로 요약되는데 그것의 결정원리를 제시하는 데에는 실패하였다. 그것은 루소의 『사회계약론』의 제1장 첫 문장이 귀착하는 당연한 결과이다. 첫 문장 "인간은 자유롭게 태어났지만 어디서나 속박되어 있다."는 유명한 루소의 선언은 사실상 〈보조정리 1〉에 의한 [인간 = 자유태생 + 자유태생 아님 = 자유의 존재 + 속박의 존재]의 중첩형식과 다름 아니다. 〈보조정리 2〉에 의해 비결정이다. 결정이 되기 위한 루소의 메타 = 숨은 손이 일반의지이다.

2. 그것은 그 전의 신의 의지God's Will이나 홉스의 리바이어던 단일의지One Will에 대체되는 개념이다. 루소는 그 존재에 대해 의문을 품었다. "아무도 이 최강자의 권리라는 말을 우리에게 설명해주지 못한단 말인가?"[118] 이어서 루소는 자신의 연구 범위를 다음과 같이 정했다.

> 나는 이 연구에서 법이 용인하는 바와 이익이 명하는 바를 항상 결합시키고자 함으로써 법과 이익이 서로 분리되지 않도록 할 생각이다.[119]

이 문장의 핵심은 '법과 이익'인데 이미 흄(Hume 1741)에서 볼 수 있다.[120] 법은 제약된 자유 C에 속하고 이익은 사적영역의 자유 F에 속한다. 사회계약에 동의하는 사람의 손익계산서 H = C + F이다. H는 원형의 자유이다. 회계학의 자산 = 부채 + 자본의 형태이다. 이익과 법의 타협인 이 손익계산서는 홉스에게서 발견되지 않는다. 루소는 홉스를 비판한다.

> 하나의 인간이 아무런 대가 없이 그 몸을 내맡긴다는 것은 이치에 맞지도 않고 이해할 수도 없는 일이다. 그런 행위는 그 사람 자신이 양식을 잃어버리고 있다는 사실만으로 무효행위이다. 같은 이치를 백성 전체에 적용하면 그것은 백성을 미치광이로 보는 것이다. … 자유를 포기한다는 것은 인간의 자격, 인간의 권리, 그리고 인간의 의무를 포기하는 것이다. … 자유 의지에서 자유를 빼앗는 것은 자기 행위에서 모든 도덕성을 빼앗는 것이다.[121]

루소가 말하는 도덕성이 I권에서 자유의 법칙의 윤리관이다. 그 윤리관에 의하여 생명, 자유, 소유가 공준이 되었고 이 세 특성을 지키기 위하여 필요한 조치가 루소가 보기에는 사회계약에 의한 정부조직이다. 계약에는 손익계산이 따른다. "한 인간이 아무런 대가 없이 내 몸을 맡긴다는 것"은 손익계산 이치에 맞지 않는다. 그러므로 루소는 두 가지 상반된 질문을 한다.

3. 첫째, 개인 자유의 제약에 관한 정부의 합법성. 말을 바꾸면 개인들이 스스로 조직한 정부에게 스스로 속박되는 합법의 사유. 〈정의 5〉에서 H = C + F의 사유이다. 이에 대한 루소의 대답이 사회계약이다. 루소에 의하면 사회계약은 국가 또는 법이 개인에게 씌운 제약이다. 개인은 계약으로 조직된 시민사회에서 스스로를 제약하는 셈이다. 이것이 합리적 자기구속precommitment이다. 곧 [개인 = 합리적 구속 + 자유]는 〈정의

5〉에 다름 아니다.

4. 시민사회 조직의 목적은 자유를 지키는데 있다. 자유의 방어를 위한 사회계약이 제약의 합법성을 부여한다. 루소는 홉스의 단일의지 One Will를 일반의지General Will로 대체하였다. 루소의 일반의지의 원천은 디드로(Dederot 1755)이다. 일반의지는 모든 사람의 의지의 총합인 전체 의지와 달리 모든 사람에게 공통되는 이익을 추구하는 공통의 의지이다. 루소는 기록하였다.

> 사회계약을 공허한 공식이 되지 않게 하기 위해서는 일반의지General Will 에 복종하는 것을 거부하는 사람은 누구든지 전체whole body에 복종하도록 강제된다는 약속을 암암리에 포함하고 있다.[122]

말을 바꾸면 일반의지에 복종하는 개인은 전체에 의해 복종되도록 강제당할 필요가 없다. 그러므로 루소의 첫째 대답은 다음과 같이 요약할 수 있다. [개인은 일반의지의 복종자]. 기호표현은 A = C(S)이다.

5. 둘째, 일반의지의 복종자로써 개인은 어떻게 속박상태에서도 자유로울 수 있을까. 자유에 대한 루소의 대답은 "시민사회에서 개인은 자기에게만 복종한다."[123] I권 〈공리 2〉의 표현으로 [개인은 개인의 복종자]. 기호표현은 A = A(S)이다. I권의 〈보조정리 1〉에 의하면 A = A(S) + A(-S)가 되는데 번역하면 [개인 = 개인의 복종자 + 복종자 아님 = 개인의 속박 + 개인의 자유]가 된다. 곧 루소의 개인 A = A(S)는 자폐적 자기완결

자기조회이므로 A = C(S)와 C = A(S)로 자기분할이 가능하다. 전자가 첫째의 대답이다. 후자는 일반의지가 개인의 복종자가 되어야 하는데 쌍대구조로 표현하면 개인은 일반의지의 주인 A = C(M)이 되어야 한다. 그것이 가능하려면 한 가지 방법밖에 없다. 일반의지가 개인들에 의해 만들어지는 헌법이어야 한다. 이것이 가능하려면 앞서 말했듯이 루소 사회계약론의 전제는 자유이어야 한다. 이것이 루소가 생각한 사회계약 손익계산의 정체이다. 앞서 표현대로 사회계약의 계산서는 다음과 같다.

자산 = 부채 + 자본

자유 = 법부자유 + 사적자유

6. 일반의지를 헌법이라 보면 루소의 이 두 대답은 "법이 없으면 자유도 없다. 법 위에 누군가 있어도 자유는 없다."의 원리이다.[124] "심지어 자연 상태에서도 개인이 자유로울 수 있는 것은 오로지 모두에게 적용하는 자연법 덕택이다." 이것이 루소에게는 양도할 수 없는 개인 자유의 정의이다. 일반의지에 의해 자연인은 시민이 되고 자연 상태는 시민사회 civic society가 된다. 그런데 자유에 관한 루소의 정의는 자기조회이므로 일반의지의 범위가 결정되지 않는다. 말을 바꾸면 루소의 헌법은 결정되지 않으므로 시민도 정의되지 않고 민주정도 정의되지 않는다. 루소도 인식하고 있었다.

> 민주제라는 용어를 면밀히 해석한다면 진정한 민주제는 결코 존재하지도 않았을 뿐더러 앞으로도 결코 존재하지 않을 것이다.[125]

이미 보았듯이 자기조회의 자유는 자연 상태의 천부자유이다. 이것은 이어지는 루소의 다음 문장에서 확인된다. "이 약속만이 다른 약속의 힘을 줄 수 있다."[126] 앞의 약속은 개인이 일반의지에 복종하겠다는 약속, 곧 법이 부여하는 법부자유의 약속이고, 뒤의 약속이 일반의지에 복종하는 조건 하에 맺는 사회계약이 확보해 주는 사적자유의 약속이다. 이것이 I권의 〈입법의 제1법칙〉이 암시하는 법부자유와 사적자유의 교환이다. I권의 〈정의 5〉의 H = C + F와 일치한다. 여기서 법부자유 C가 너무 비대해지는 자체중량을 루소는 우려한다. 앞서 인용한 대로 루소는 자중손실 = 농도의 폐해를 알고 있었다.

> 정치체제가 너무 클 때 …자체의 중량에 눌려 멸망하게 된다.[127]

7. 사회계약에 의해 자연인에서 전환된 시민은 모두 법 안에서 평등해진다. I권의 〈정의 6〉. 사회계약이란 이름 아래 일반의지가 곧 헌법이다. 시민사회의 자유가 모든 사람이 법 앞에 평등하게 복종하는 법아래 자유 곧 법부자유이다. 자연 상태 자유와 시민사회 자유는 다르다. 루소의 사회계약이란 자연 상태의 천부자유의 일부를 포기하고 시민사회의 법부자유를 얻는 파우스트 계약으로 이 계약이야말로 정부의 개인제약의 합법성이다.

'개인은 일반의지의 복종자'는 법부자유를 정의한 것이고 '개인은 개인의 복종자'는 천부자유를 정의한 것이다. 둘을 합친 H = C + F를 루소는 다음과 같이 말했다.

국민은 공통된 원칙 이외에 각자 그 자체 속에서 고유한 방식으로 [자기] 준칙을 정하고 [자기] 입법을 자기에 적합하게 만드는 어떤 원인을 내포하고 있다는 것이다.[128]

여기서 공통된 원칙이 C이고, 개인 고유 준칙의 입법방식이 F이다. 그러나 일반의지가 천부자유와 법부자유를 가르는 헌법이지만 그 기준인 루소의 일반의지는 결정되지 않는다. "사회에는 오로지 단 하나의 법만이 존재하는데, 그것이 만장일치를 요구하는 사회계약이다." 그에게는 일반의지를 하나로 모은 사회계약이 헌법이다.

8. 루소는 폴란드와 코르시카의 헌법을 만든 경험이 있다. 여기서 루소는 소수의견을 고려하지 않았다. 개인의 거부권은 인정되지 않는다. "사회계약이 성립했을 때 반대 목소리가 있겠지만 그 반대가 그 계약을 무효화시키지는 못한다. 다만 그 목소리의 주인공은 그 계약에서 배제되어 전체 속에서 이방인이 될 것이다."[129] 소수의 반대의견을 인정하지 않았다.

그러나 이 문장을 뒤집어 말하면 반대 목소리의 크기가 정해지지 않으므로 찬성의 목소리인 일반의지의 크기도 정해지지 않는다는 약점이 있다. 그 결과 법부자유와 천부자유도 결정되지 않는다. 일반의지에 외부체계의 메타가 없기 때문이다. 이것은 시민사회 사회계약의 자기조회 체계로써 결정불가능 구조이다. 다른 각도에서 보아도 마찬가지이다. 루소는 "헌법이 국민을 만든다."라고 말하는 동시에 "국민이 일반의지를 만든다."고 주장했다. 일반의지가 헌법이므로 후자는 [국민이 헌법을 만든다]인데 여기서 "모든 권력은 국민에게서 나온다."가 유래한다. 전자의 [헌법이 국민을 만든다]에서 "헌법이 국민을 정의"한다. 따라서 앞서 모두에서 소개한 대로 이것은 다음과 같다.

모든 권력은 국민으로부터 나온다.
국민은 모든 권력으로부터 나온다.

전자와 후자를 합치면 [국민이 국민을 만든다]. 또는 [헌법이 헌법을 만든다]가 된다. 자폐적 자기완결 자기조회이므로 아무것도 결정되지 않는다. 루소도 이 점을 인식하고 있었다.

> 정부의 최선의 형태란 어떤 것인가에 관해서는 어느 시대에나 논의되어 왔지만, 어떠한 형태라도 어느 경우에는 최선이나, 다른 경우에는 최악의 것이 되고 있다는 사실에 대해서는 고려되지 않았다.[130]

메타가 없는 [헌법이 헌법을 만든다]의 구조는 비결정이므로 임의의 헌법이 된다는 추론이다. 이 책의 표현을 빌리면 K = K(S)(S)에서 K가 결정되지 않는다는 뜻이다. 임의의 헌법은 절차만 따른 이현령비현령의 헌법이다. 최선의 헌법도 되고 독재헌법처럼 최악의 헌법도 될 수 있다는 사실이 고려되지 않았다고 루소는 지적하고 있다. 헌법의 원리가 발견되지 않았기 때문이다. 이 점은 루소도 속수무책이었다.

프리스트리

1. 프리스트리(Pristley 1768)는 산소를 발견한 화학자이지만 그것의 의미를 몰랐기 때문에 그 영예를 라보아제에게 빼앗겼다. 프리스트리는 그의 저서 『정부의 첫 번째 원리 1768』에서 루소가 일반의지의 전체가 그들의 자유를 준다는 의견과 함께하지만 그러기 위해서 전체가 선출하거나 임명한 공직자가 그런 권력을 갖는다는 점에서 자신의 논의를 출발한다. 이전의 사상가에서 한 걸음 나아가 정부 자체에 관한 관심이다. 법체계의 비결정의 원인 가운데 하나로 정부를 지목하였다.

2. 그러한 배경에서 그는 정치적 자유political liberty와 개인의 자유civil liberty의 구분 속에서 전자가 공직자 재량에 의해 결정되기 쉽고 그에 따라 후자가 제한받는다는 점에서 정부 형태의 중요성을 보았다. 말하자면 I권의 〈정의 6〉에 해당한다. 이 구분은 로크도 하였지만 프리스트리는 이 구분의 어려움을 이해하였다. 여러 가지 정부 형태 아래 개인의 자유를 지키는 방법을 비교하고 있으나 끝내 그 구분원리는 제시하지 못했다. "우리는 사전적으로 정부의 형태에 관해서 아는 바가 거의 없으므로 오직 실험만이 입법권의 범위가 얼마나 확대되어야 하는지 정할 수 있다."131 I권의 〈명제 4〉의 다른 말이다.

3. 프리스트리의 질문에 의해서 민주주의는 두 가지 질문에 마주하게 되었다. 하나는 일반의지 곧 헌법의 존재, 또 하나는 그 헌법에 따르는 자유의 구분원리. 전자는 헌법의 결정성, 후자는 헌법의 일관성을 묻고

있다. 그러나 거대한 실험에 앞서서 실험설계가 필요하다. 그것이 메타의 숨은 손의 탐색이다.

보편적 합의

1. 홉스, 로크, 몽테스키외, 루소, 프리스트리의 공통점은 그들이 생각하는 사회계약은 참가하는 사람들의 자발적인 보편적 합의로 성취된다고 가정하였다는 점이다. 자발적 참여의 이유는 참가자들에게 유리했기 때문이다. 그러면서 참가하지 않을 가능성을 완전히 배제하지 않았다. 여기서 마주치는 문제는 보편적 합의라는 것이 존재하느냐?

2. 또 하나의 공통점은 사회계약을 자연법에 근거를 두었다는 점이다. 그러나 자연법은 스스로 존재한다고 믿는 법칙이다. 사회계약과 그에서 비롯하는 법체계는 존재해야만 한다고 만드는 법들이다. 하나는 존재성이고 또 하나는 당위성이다. 여기서도 부딪히는 문제는 존재성과 당위성의 조화이냐 또는 상충이냐. 이 둘은 어떤 관계인가? 그 밖에 문제는 자연법이라는 것이 존재하느냐?

스미스

1. 자유의 제2영역 = 경제적 자유를 개척한 사람 가운데 하나가 로버

트슨(Robertson 1769)이다. "교환은 사람의 품성을 부드럽게 도야하는 경향이 있다."132 도야polish에서 세련 또는 예의polite가 유래한다. I권 시장의 법칙에서 말했듯이 "교환은 서로 원하는 것을 제공함으로써 사람들을 하나로 묶어 사회가 등장하는 터전이 된다. 홍정, 다툼, 동맹, 평화가 모두 여기에서 시작된다."133 사회의 출현을 교환에서 찾았다. 그러나 사회의 출현에 대한 그의 논거에는 공적재화 = 정부재화의 결정이 결여되어 있다. 교환에 따르는 사람들이 시장을 형성하고 그 시장이 사회가 되려면 공적재화에 대한 합의가 먼저 필요하다. 구성원의 합의라는 것이 결정되는가? 동맹과 평화는 어떻게 결정되는가? 나아가서 합의된 사회라는 것이 존재하는가?

2. 아담 스미스(Adam Smith)는 로버트슨의 친구이다. 스미스의 책이 미국경제발전에 미친 영향은 분명하다. 알렉산더 해밀턴은 스미스의 책을 공부하고 스미스의 주장에 동조하였다.134 스미스의 출발점은 이기심이다. 흄(Hume 1734)의 『인간감성론』에서 빌려온 개념이다. 로크가 정부의 목적이 사유재산의 보호에 있다고 주장한 데 대하여 흄은 정부의 기원이 이기심의 보호라고 주장하였다. 스미스 역시 마찬가지이다. 스미스는 이기심self-interest를 제어된 이기심 constrained selfish이라고 정의하며 제어되지 않은 단순 이기심 selfish와 구분한다. 말을 바꾸면 selfish는 무제약 이기심이다. 스미스와 흄의 이기심은 샤프츠벨리(Shaftesbury 3rd Earl, 1699)에서 영향을 받았다.

3. 무제약 이기심selfish이 지시하는 자기만의 이익추구는 [나는 나만의

이익추구자]를 연속대입하면 [나는 나만만… ∞의 이익추구자만만… ∞의 이익추구자만만의 … ∞]이 되는데 이것은 문장이 아니다. 무제약 이기심selfish은 불가능하다. 스미스는 『도덕감정론 1759』에서 인간의 무제약 이기심selfish만으로는 사회가 유지될 수 없음을 전제하였다. 그 이유가 희소성이다. 그는 희소성에 드러내는 개인의 단순 이기심을 제어하는 내재된 특성을 공감sympathy이라고 생각하였다.

4. 제어된 이기심은 남을 배려하는 마음이다. 자기의 이익추구가 형성하는 제어된 이기심self-interest의 구조는 그 정의대로 이미 재귀형태이다. 자신만의 이익이 아니라 자기의 이익을 우선하는 [나는 나의 이익추구자]는 자폐적 자기완결 자기조회이다. 〈보조정리 1〉에 의해 [나는 나의 이익추구자 = 나는 나의 이익추구자 + 나는 나의 이익추구자 아님]의 중첩형식이 되는데 등호 우측의 두 번째 항이 남을 배려하는 공감이다. 스미스는 이기심을 조절하는 공감의 중요성을 강조하는데 이기적인 인간의 타인에 대한 공감과 '내면화된 공평한 관찰자'의 의해 도덕을 설명한다. 이것이 '내 속의 타인'이다.

5. 제어된 이기심을 스미스는 자기사랑self-love이라고 이름하였다. "우리가 저녁식사에 기대하는 것은 정육업자, 양조업자, 제빵업자의 자비심이 아니라 그들의 [제어된] 이기심self-interest이다. 우리가 말하고자 하는 것은 그들의 인류애가 아니라, 그들의 자기애self-love에 관한 것이다."[135] 이 유명한 『국부론 1776』의 문장의 핵심인 제어된 이기심self-interest이 바로 자기애self-love라는 표현은 글자 그대로 [나는 나의 사랑]이다.

6. 자기애의 정의는 범위가 결정되지 않는 자폐적 자기완결의 자기조회 A = A(S)의 구조이다. 이것은 나의 내부 관찰이다. 자기애의 정의 A = A(S)를 나의 내부에 내재하는 관망자로 1회 자기중식하면 A = A(S)(S), 곧 [나는 [나의 사랑]의 사랑]이 된다. 외부관망자 메타의 눈에서 괄호 속 [나의 사랑]의 대상을 x로 정의하면 자기애의 표현을 다음과 같이 두 문장으로 자기분할 할 수 있다. [나는 x의 사랑]과 [x는 나의 사랑]이다. 완전 대칭이다. 여기서 x는 이웃이나 전체가 될 수 있다. [이웃은 나의 사랑]과 [나는 이웃의 사랑]

7. 이 구조는 외부관망자 메타의 눈으로 확장했을 때 완전대칭의 공감이 이기심과 함께 자기애로 하나 됨을 증언한다. 공감은 이기심의 자기분할이다. 메타의 눈에 공감은 이기심의 또 다른 표현이다. 이기심과 공감이 균형을 이룬다. 여기서 메타는 역지사지이다. 이 공감의 정의가 '네 이웃을 네 몸같이 사랑하라'와 일치하며 이 황금률이 앞서 "네가 하기 싫은 일을 남에게 시키지 마라."와 동일하다. 스미스의 윤리관은 자기애의 자기중식과 자기분할로 재해석할 수 있다. 스미스는 공감을 주재하는 내 속의 심판자를 공평한 관망자impartial spectator라고 불렀다. 이것이 I권 서두에 자기입법자, 자기집행자, 그리고 자기심사자의 그 심사자이다. 자기중식이 내부 관망자에 해당하고 자기분할이 외부관망자에 해당한다. 스미스의 윤리관은 자기애와 관망자로 요약된다.

8. 제어된 이기심self-interest의 자기분할은 나와 타인의 관계이다. 그 관계가 스미스의 공감 또는 증오일지라도 나는 타인과 분리되어 생존할

수 없다. I권에서 살핀 대로 미국남북전쟁에서 분리와 [법부]자유가 구호였던 미국의 남부에서는 개인의 관계가 제어된 이기심에 바탕을 두지 않았다는 증거이다. 그것은 제어되지 않은 이기심이다. 그것이 남부가 안고 있었던 인종차별의 핵심이었다.

9. 제어된 이기심self-interest의 정의에서 공감의 정의가 파생되고 이 둘을 합치면 시장질서가 형성된다. 결국 나도 모르는 가운데 내가 이웃에게 이익을 제공하도록 만든 공감의 원천이 나의 제어된 이기심이다. 이것이 모든 개인에게 적용되어 상호이익을 발생시키는 시장기구가 자연적으로 형성되는 이유이다. 스미스는 개인의 제어된 이기심이 전체에게도 이익이 되게 하는 외부 메타가 시장의 보이지 않는 손이라고 표현하였다. 그 생각의 기원은 몽테스키외에서 발견된다. "각 개인이 단지 자기 자신만의 이익을 구한다고 생각하지만, 그는 공공선도 증진시키고 있다."[136] 스미스의 보이지 않는 손이 교환경제의 메타 = 숨은 손이다.

10. 스미스의 "[보이지 않는 손]은 법이론과 일치하는 것으로 보인다."[137] 그것은 스미스 이후 고센(Gossen 1854), 제본스(Jevons 1862), 멩거(Menger 1871), 마샬(Marshall 1872), 힉스(Hicks 1936) 등을 거치면서 다음과 같이 [한계대체율 균등의] 법칙이 되었다.[138]

$$\lambda' m' = \lambda'' m'' = \cdots = P$$

이것이 I권의 〈시장의 제2법칙〉이다. 여기서 m', m'', …은 개인들의 상품선호도 곧 선호가격이다. 그 상품에 대해 지불할 용의가 있는 가격이다. P는 교환경제가 아닌 화폐경제에서 상품의 시장가격이다. λ', λ'', …은 개인이 상품선호를 시장가격에 조회하는 조회계수이다.[139]

경매시장 예에서 낙찰가격이 경쟁시장에서 결정되는 동시에 개인의 자기조회도 결정되듯이 화폐경제에서 시장가격과 개인선호는 동시에 결정된다. 스미스는 시장기구의 경쟁상태가 개인의 자유를 확보한다고 생각하였다. 이를 계승한 애로우는 "(완전시장경쟁균형)의 좋은 사회의 기본은 …자유에 대한 보편적 약속이라는 것이 나의 견해이다."[140]라고 말했다. 다른 말로 표현하면 화폐경제에서는 자유와 가격이 동시에 결정된다는 의미이다. 그 가능성은 화폐경제의 메타=보이지 않는 손에서 구해진다. 이것이 시장기구를 떠나 정치기구에 주는 시사는 자유와 헌법의 동시 결정 가능성이다. 그 가능성은 정치기구와 법체계의 메타의 숨은 손에서 구해진다.

11. 스미스의 이기심과 공감은 자유에 대한 그의 신뢰에 근거를 둔다. "일부 사람들의 무제약이고 독단적인 천부자유가 전체사회의 안전을 위협하면 사람들의 자유 행사는 법률로 제한되어야 한다. 사람들 사이에 불길 같은 의사소통을 막는 내화벽을 만드는 것은 천부자유를 침해하는 것이다."[141] 곧 I권의 H=C+F의 중첩형식에서 법부자유 C의 필요성과 역할이다.

자유의 법칙은 개인이 할 수 없는, 해서는 안 되는 행위를 할 수 있는 자유까지 허락하지 않는다. 다시 말하면 자유의 법칙은 개인이 자기집행할 수 있는 자유와 자기집행할 수 없는 자유의 구분이다. 자기집행의 근거는 자기입법이다. 따라서 개인이 자기입법할 수 있는 자유와 자기입법할 수 없는 자유의 구분이다. 이것을 거시적으로 확대하면 입법부가 입법할 수 있는 권한과 입법할 수 없는 권한의 구분이다. 전자가 의무입법이고 후자가 금지입법이다.

12. 경매시장의 예처럼 경쟁시장의 균형가격 결정은 만장일치이고 경쟁은 이 만장일치의 균형가격을 찾아가는 탐색과정이다. 그러나 시장기구에서 결정되는 것은 사적재화의 교환뿐이다. 경쟁시장 균형은 가장 효율적인 만장일치 상태이다. 경쟁균형은 효율성의 기준에서 이른바 만장일치의 최대다수최대행복 상태이다.(이것은 비유적 표현이다. 정확한 표현은 파레토최적상태이다. 파레토는 사람 이름이다.)

13. 화폐경제의 경쟁균형에서 시장가격 P를 수용 S하는 [나는 시장가격의 수용자]이다. A = P(S). 반면에 여러 소비자들과 함께 [나는 시장가격의 결정자]이기도 하다. A = P(M). 융합하면 나는 가격의 수용자 S이며 동시에 가격의 결정자 M이다. A = P(S) + P(M). 앞서 나를 [나는 나다]의 준말이라 했고 이것은 다시 [나는 나의 나다]의 준말이었다. A = A(A). 그 유형은 다각형이지만 화폐경제의 시장에서는 [나는 가격결정의 나다]이다. A = A(A) = P(A)이다. 종합하면 P(A) = P(S) + P(M).

기준

1. 그러나 파레토최적상태는 하나가 아니라 소득분배 상태에 따라 무한개이다. 보이지 않는 손이 수없이 많다. 무한개의 경쟁균형이 존재한다. 이 가운데 하나를 선택하려면 외부메타가 필요하다. 그것이 형평성의 기준이다. 그러므로 질문은 다음과 같다. 효율성과 형평성 양측에서 보아 두 개의 최대다수최대행복의 경쟁균형 Y와 Z 사이에 어느 것이 더 '바람직한' 것이냐? 만일 Y가 Z보다 더 바람직하다고 판단하면 Z에서 Y로 이동했을 때 이익 보는 자가 손해 보는 자에게 보상하고도 둘 다 좋아지는 소득재분배 방법을 생각할 수 있다. 그러나 만장일치 단일의 보상방법이 없음이 밝혀졌다.

2. 효율성과 형평성 양측 기준을 만족시키는 시도가 실패하자 롤스(Rawls 1971)의 공정성으로써 정의正義justice가 등장하였다. 공정성fairness은 시샘이나 부러움이 없는 역지사지이다. 말을 바꾸면 완전대칭의 순수 역지사지이다. 그러나 앞서 보았듯이 완전대칭의 순수 역지사지는 비결정의 원인이다.

3. 공정성에는 두 종류가 있다. 정량quantity의 공정성과 정성quality의 공정성이다. I권에서 효용utility은 만족을 일으키는 능력이고, 만족satisfactions의 합이 세속적 행복이라 하였다. 세속적 행복happiness의 최대화가 개인 경제활동의 목적이다. 만족의 '좋다/나쁘다'의 기준이 효율성이고, 만족의 역지사지의 기준이 정성적 공정성이고 수량의 역지사지의 기

준이 정량적 공정성이다. A'의 소득 1원을 떼어서 A"에 주는 것이 위치가 바뀌어 A"가 A'에게 1원을 떼어서 주는 것과 같은 것이라면 정량공정성이다. 그러나 그 1원이 주고받는 만족이 A'와 A" 사이에 다르면 정성공정성은 성립하지 않는다. 교환은 정량적이다. 1원 주고 1원 받는 정량적 교환이 정산된다면 정성공정성은 반드시 성립하지 않는다. 교환의 원리는 동일만족의 교환이다. 정성공정성은 정량공정성과 일치할 수 없다. 흔히 말하는 공정이 정성공정성이고 정량공정성이 평등이다. 공정 줄여서 정성공정은 측정하기가 매우 어렵다.

4. 〈그림 II-3A〉에서 현재 두 사람이 처한 X상태에서 A'는 (2, 5)이고 A"는 (5, 2)이다. 괄호 속 2개의 숫자는 A'와 A"가 소유한 재화1과 재화2의 크기이다. X점을 지나는 U'은 A'의 등만족선, U"는 A"의 등만족선을 나타낸다, (등만족선은 만족의 등고선이다.) Y상태에서 A'는 (5, 2)이고 A"가 (2, 5)로 X상태와 Y상태는 완전 역지사지의 모습이다. X상태를 Y상태로 바꾸자 했을 때 X상태와 Y상태는 정량적으로 공정한 상태이다.[142] 그러나 Y점은 등고선 U'의 밑에 있고 등고선 U"의 밑에 있기 때문에 둘은 거절한다. 다시 말하면 두 사람 모두 만족도가 하락하여 정성적으로 공정하지 않다. X점이 Y점 보다 효율적이기 때문이다.

5. 이제 두 사람 모두에게 더 나은 바람직한 새로운 상태 W가 있다면 당연히 상태를 바꿀 수 있다. W상태에서 두 사람의 만족도가 모두 커지기 때문이다. A'와 A"는 시장에서 재화1과 재화2의 교환으로 X상태에서 W상태로 이동이 가능하다. 그러나 그 상태는 역지사지의 공정한 상태가

아닐 수 있다. 〈그림 II-3B〉에서 W상태의 정량적 완전 역지사지는 Z상태이다. A' = A"(Z)와 A" = A'(Z)는 완전대칭 역지사지이다. 후자는 A' = A"(-Z)이다. Z상태와 W상태는 정량적으로 공정한 역지사지이지만 A'와 A"의 동일만족으로 측정한 정성적 공정성은 W상태가 아닐 수 있다. 곧 A"는 Z상태와 X상태가 동일하지만 A'는 만족감이 증가한다. 이때 정성공정성을 기준으로 삼는다면 두 사람 모두를 향상시키는 완전 역지사지의 정량교환은 일어나지 않는다. 이 공정성은 정량공정성으로 정성공정성과 일치하지 않을 수 있는데 A'는 W에서 A"를 부러워(시샘)하기 때문이다. 시샘하지 않으려면 역지사지의 Z로 가야 하는데 A"가 반대한다. 따라서 효율성으로 보면 X에서 W로 이동하지만 공정성으로 보면 시샘 때문에 X에서 W로 이동하지 않는다. 두 사람 모두 자신의 경제상태가 향상하는 효율성의 교환이 우선이므로 정성적 공정성은 유지되지 않는다.

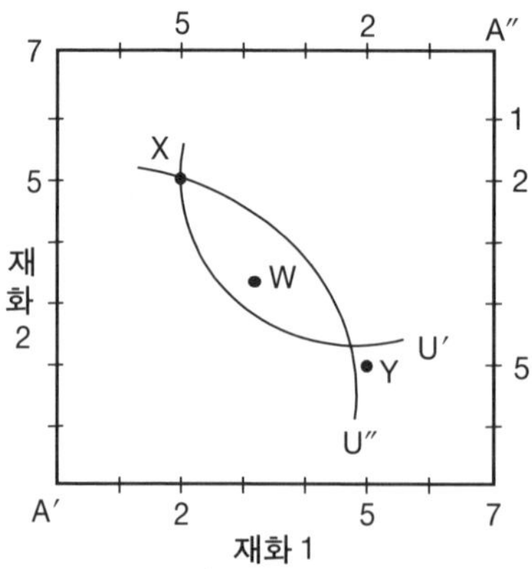

〈그림 II-3A〉 효율성

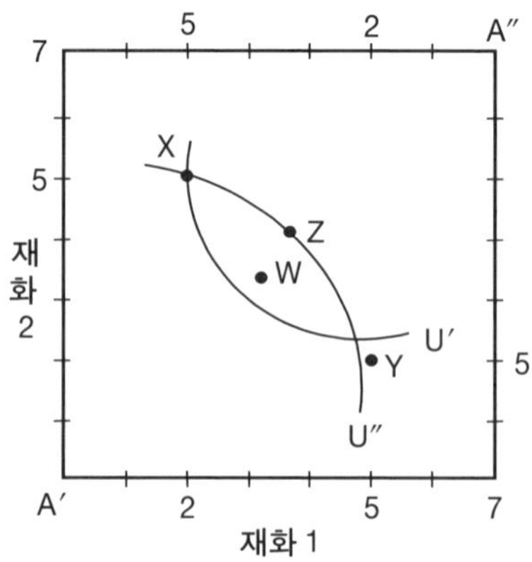

〈그림 II-3B〉 공정성

자발적인 교환은 막을 수 없기에 완전 역지사지의 공정성은 기준이 되지 못한다. 교환의 기준은 효율성이다. 이 기준을 무시한 자발적 교환이 일어난 역사적인 예는 없다.

6. 완전 역지사지의 문제를 스미스도 알고 있었다. "공감의 기초인 상상의 사태 변화는 일시적이다. … 그들이 느끼는 것은 어떤 면에서 그가 느끼는 것과 항상 다르다. 그리고 공감은 처음의 슬픔과 결코 같을 수 없다. 공감이 일어나는 사태의 변화는 상상이기 때문이다."[143] 체감의 법칙을 말하고 있다. "굴절된 감성은 처음 것보다 훨씬 약하다."[144] 공감의 효과는 순간적이므로 완전 역지사지는 존재하지 않는다.

공정성의 문제는 시장이 공정성을 판단하지 못하면 누가 판단하느냐에 있다. 내가 공정하는 것은 내가 판단할 수 없다. 자폐적 자기완결 자기조회 구조가 되기 때문이다. 법원이 할 수 있을까? 무슨 근거로? 법원도 헌법이 비결정의 임의적이면 그 자체가 공정할 수 없다. 『이상한 나라 앨리스』에서 도도가 말한다. "우리 모두 승자이니 모두 상을 타자." 그리고 걱정을 한다. "그러면 누가 우리에게 상을 주지?" 소풍 나간 돼지 우화이다.

7. 효율성, 형평성, 공정성 모두 단독으로는 사회문제의 결정에 종합적 판단이 되지 못한다. 마지막으로 투표로 결정하는 방법이 있다. 자본주의 사회에는 1인1표 유권자 투표, 1주1표 주주의 투표, 1원1표 소비자 투표가 있다. Y와 Z 가운데 더 나은 상태를 투표로 결정할 수 있다. 보이는 손이다. 보이지 않는 손은 시장체계의 시초이므로 달리 표현하면 "보이지 않는 손은 참이지만 증명불가능"이다. 이것은 보이는 손이 병존한

다는 암시이기도 하다. 곧 [보이지 않는 손 = 보이지 않는 손 + 보이는 손]의 이중형식이다. 그것이 공적영역이다. 보이는 손에 의해 국방, 경찰 등 공적재화와 소득재분배 등이 결정되는 곳은 의회이다. 스미스의 시장체계에서는 희소한 자원이 사적재화, 공적재화, 소득재분배로 배분되는 기구가 결여되어 있다. 모두를 관장하기에 보이지 않는 손은 무력하다. 이러한 시각에서 의회가 시장을 대신할 수 있다. 대의제 의회민주주의의 사회적 결정이 1인1표 투표에 의존할 때 대의란 무엇이며 그것은 과연 존재하는 것일까? 이것이 I권의 〈입법의 제1법칙〉의 질문이었다.

8. 이상을 다르게 표현할 수 있다. 개인은 자신의 한정된 자원을 재화와 재화 사이에 배분하여 자신의 선호도(만족도)를 최대로 크게 하려고 한다. 개인의 집계가 사회이다. 또한 개인의 자원을 집계한 것이 사회의 자원이다. 그 결과가 사적재화시장의 경쟁균형이다. 사회에는 사적재화에만 자원이 필요한 것이 아니다. 국방, 경찰, 도로, 소득재분배 등 공적재화 = 정부재화에도 자원이 소요된다. 사회의 한정된 자원을 사적부문과 공적부문에 배분하여 사회적 선호도를 최대로 하려 한다. 그 결과가 앞서 언급한 사적재화시장의 경쟁균형과 함께 국방, 경찰, 도로, 소득재분배 등 공적재화의 최적크기의 결정이다. 그러나 개인 선호순서를 집계한 사회적 선호순서라는 것이 존재하지 않는다는 것이 애로우(Arrow 1950)에 의해서 밝혀졌다. 사회적 의사결정은 불가능하다. (아래에서 상술한다.) 공적재화와 재분배를 결정하는 사회적 기구가 없다는 뜻이다. 대의가 존재하지 않으므로 독재자가 출현하는 명분을 준다. 이른바 애로우 독재자이다.

9. 대의란 대표자의 의사이다. 넓은 의미에서 대표자란 국민을 대표하는 사람일 수 있고, 지방주민을 대표하는 사람일 수 있다. 대의의 공통적인 면은 정의된 어떤 사람들의 집합 의사라 할 수 있다. 위원회, 이사회, 국회는 개인들의 집합이다. 개인이 시장에서 사적재화를 선택하듯 집합체가 정치시장에서 공적재화를 선택한다. 이것이 사회적 선택이다.

개인적 선택individual choice을 앞에 둔 개인의 판단individual judgement이 합리적이라고 가정할 때 사회적 선택social choice을 앞에 둔 개인들 집합의 판단, 곧 사회적 판단social judgement도 합리적일까? 사회적 판단을 투표에 맡기는 경우 유명한 투표의 모순에 봉착한다. 이 모순은 사회적 선택을 불가능하게 만든다.

자세한 내용은 뒤로 미루고 여기서는 이질적인 사람들 속에 동질적 사람들의 의사를 모은 집합의 집합을 생각할 수 있다. 개인의사는 개인의 가치를 반영한다. 이 모든 집합의 집합이 모든 이질적인 개인들 의사의 집합이다. 이 과정에서 만장일치가 아닌 한 집합의 가치라는 것이 있다면 집합 자신도 자신의 가치를 반영한 독자적 의사를 가져야 한다.[145] 예를 들어 이질적인 책들을 동질적인 책으로 분류하는 것은 가능하다. 동일 분류의 책의 집합을 전체 집합의 부분집합으로 생각할 수 있다. 그러나 책을 모은 집합은 이미 책이 아니다. 책꽂이이다. 나아가서 책꽂이의 집합은 책꽂이 집합이 아니라 도서관이다. 여기서도 자신의 원소가 아닌 모든 집합의 집합이 일으키는 모순이 발생한다. 도서관의 원소는 책꽂이들이지 도서관 스스로 원소가 아니므로 집합에 포함되지 않는다.

개인은 자신의 선호를 알고 있다. 개인들의 선호를 집계하여 만든 사회적 선호는 이미 선호의 집합이 아니다. 개인들의 선호를 책에 비유하면 사회적 선호는 책꽂이이다. 사회적 선호는 누구의 선호인가? 누구의 선호도 아니다. 도서관의 집합을 도서관이라 하면 이 도서관은 도서관의 집합에 속할까 속하지 않을까?

집합 S = (모든 의사)의 정의에 사회적 의사는 모든 의사의 집계이므로 집합 S의 원소가 아니다. 그러나 사회적 의사는 모든 의사 가운데 하나의 의사이므로 집합 S의 원소가 아님에도 정의에 의해서 집합 S의 원소이다. 따라서 [사회적 의사는 사회적 의사의 원소]는 〈보조정리 1〉에 의해 [사회적 의사 = 사회적 의사 + 사회적 의사 아님]이 된다. 이 본원문장의 쌍대문장은 [사회적 의사 아님 = 사회적 의사 아님 + 사회적 의사]이다. 하나로 합치면 [사회적 의사 = 사회적 의사 아님 + 사회적 의사 아님 + …]이 되어 〈보조정리 2〉에 의해 사회적 선택은 불가능하다.

10. 민주주의는 개인의 가치와 집단의 결정 사이의 간극을 어떻게 메우느냐의 문제를 안고 있다. 다시 말하자면 이질적인 사람들의 의사를 모은 것은 그들의 집합의사가 아니다. 단위도 다르고 내용도 다르다. 사회성원의 모든 의사가 포함되어야 하므로 이 집합의 의사를 포함한 단위가 다른 새로운 집합의사가 존재하고 이 두 번째 집합의사를 포함한 두 번째 새로운 집합의사가 나타난다. 이 과정은 무한하게 계속되어 결정되지 않는다. 이것들은 모두 자신이 원소가 아닌 집합의 집합의 예에 속한다. 이 집합의 집합의 예에는 앞서 언급했듯이 [스스로 입법하지 않는 국민의 입법을 대행하는 입법자]가 포함된다. [입법의 입법에 관한 결정]은 비결정이다.

11. 앞서 언급했듯이 의회에서 어떤 제안을 투표에 부치자는 제안이 나왔을 때 뒤이어서 [투표에 부치자는 제안]을 투표에 부치자는 제안이 나오고, 다시 연속해서 [투표에 부치자는 제안을 투표에 부치자는 제안을 투표에 부치자는 제안 … ∞]의 예가 속한다. 자폐적 자기완결 자기조회의 [투표의 투표에 관한 결정]은 비결정이다. 1회 투표행위는 시도조차 하지 못한다.

다수결 결정도 마찬가지이다. 다수결로 결정하자는 다수결 의결의 다수결도 다수결로 결정해야 한다. [다수결은 다수결의 의결]은 자폐적 자기완결 자기조회이므로 그 다수결 결정도 다수결로 의결해야 하므로 다수결 결정의 무한대는 결정되지 않는다. 이 무한대의 다수결은 최초에 다수결 의결을 만장일치로 합의하지 않으면 해결되지 않는다. 루소가 이 문제를 이미 인식하였다.

> [그 이유는] 사실 직전 합의가 없을 경우 만장일치가 아니라면 소수자가 다수자의 선택을 따라야 할 의무가 어디에 있는가? 한 사람의 주인을 원하는 백 사람이 그것을 원하지 않는 열 사람을 위하여 투표할 권리는 어디에서 오는 것일까?[146]

12. 비결정성 문제는 국제경제에서도 관찰된다. 외환시장에서 결정되는 것은 외환의 교환비율일 뿐 외환 고유의 가격은 결정되지 않는다. 예를 들어 전 세계 화폐의 가격을 달러화를 기준으로 결정된다고 보자. 달러화 가격 1에 대하여 한국의 화폐는 1000이고 일본의 화폐는 100, 등이다. 그러나 이것은 달러화의 가격을 1로 정한다는 전제가 숨어 있다.

달러화의 가격을 2로 결정하면 나머지 화폐들의 가격도 교환비율은 변하지 않은 채 2배가 된다. 여기서 달러화의 가격이 비결정이기 때문에 1로 정하여 모든 화폐의 가격이 결정되듯이 달러화의 가격이 정해지지 않으면 모든 화폐의 가격도 정해지지 않는다. 1이라는 외부메타가 주어지지 않으면 달러화의 가격결정원리는 없다.

국제경제가 불안정한 이유의 하나가 바로 각국의 화폐가격이 결정되지 않기 때문이다. 달러화와 같은 기축통화의 가격을 금의 중량에 연계하여 결정하고자 하는 노력이 각국의 화폐가격을 결정하고자 하는 목적에 있다. 그러나 금을 포함하는 세계경제 역시 자폐적 자기완결 자기조회 구조로 비결정이고 무엇보다 생산량이 경제규모를 따라갈 수 없기에 발생하는 문제가 또한 비결정의 문제를 근본적으로 해결하지 못한다. 흡사 헌법이 비결정이면 모든 하위 법률이 비결정이 되는 이치와 같은 이치이다.

이 비결정성은 국내경제에서도 관찰된다. 화폐의 가격을 1로 정하고 그것을 기준으로 모든 상품가격이 결정된다. 화폐의 가격을 2로 정하면 모든 상품가격은 교환비율은 변하지 않은 채 2배가 된다. 화폐의 가격이 결정되지 않은 채 나머지 상품들의 가격도 결정되지 않는다.

다른 각도에서 설명할 수 있다. 국내총생산은 국내에서 생산되는 최종재의 집합 S이다. 그 집합 S의 원소는 국내에서 생산되는 모든 최종재이다. 국내총생산이라는 재화는 집합 S에 포함되지 않는다. 포함되지 않는 재화는 집합 S에 포함 시켜야 한다. 국내총생산은 집합 S에 포함되고 포함되지 않는다. 따라서 비결정이다. 국내총생산이 결정되려면 외부메타가 필요하고 그것이 가격이 1인 화폐라는 재화이다.

칸트

1. 자유의 제1영역 = 정치적 자유와 제2영역 = 경제적 자유에 비하면 자유의 제3영역은 무제약 무한대 영역이다. 개인의 사적자유의 영역이다. 루소의 초상화만으로 그의 서재를 장식할 정도로 그의 영향을 받은 칸트(I. Kant 1797)가 정리하였다.[147] 그 한 예가 루소의 말이다. "스스로 정한 법칙에 복종하는 것이 참된 의미에서의 도덕적 자유이다."[148] 그러나 이 표현도 자폐적 자기완결 자기조회의 구조를 피할 수 없다. 칸트의 도덕형이상학은 그 구조가 아래에서 보는 대로 실정법 결정에 비추어 그 의미가 크기 때문에 지나칠 수 없다.

2. 칸트가 받은 루소의 영향은 사회계약론을 보다 정밀하게 분석한 그의 헌법에 관한 논의와 그가 사용하는 용어에서도 나타난다. 사람들은 여러 목적으로 결사를 한다. 그러나 칸트에 의하면 결사 그 자체가 목적이 되는 결사가 국가이다.[149] 곧 [국가는 국가의 목적]이다. 그 목적을 위해 맺는 원래의 계약original contract이 헌법이다. 이 원래의 계약에는 모두가 참여해야 한다. 만장일치이다. 그는 만장일치에 의하지 않은 법은 정의롭지 않다고unjust 보았다. 이와 다르게 I권에서도 인용한 대로 시세로의 "최고의 법은 최고의 불의이다."를 인용한 이가 칸트 당사자이다. 최고의 법 가운데 만장일치가 포함된다고 논증하였다.

3. 그러나 계약에 참여하는 자는 자신의 주인sui iuris이어야 한다고 설정함으로써 [개인은 개인의 주인]이 되어야 한다. 이 역시 자폐적 자기완

결 자기조회 구조로써 쌍대표현이 [개인은 개인의 복종자]이다. I권의 〈보조정리 1〉에 의해 [개인은 개인의 복종자 = 개인은 개인의 복종자 + 개인은 개인의 복종자 아님]의 중첩형식이 된다. 후자에게서 항상 만장일치를 기대할 수 없다. 곧 여기서 공통어간 '개인의'를 소거하고 만장일치로 대체하면 [개인 = 만장일치의 복종자 + 만장일치의 복종자 아님]이 된다. 만장일치는 I권의 〈입법의 제5법칙〉에 의해 비결정과 동일하다.

[국가는 국가의 목적]도 자폐적 자기완결 자기조회 구조이므로 〈보조정리 2〉에 의하면 비결정이다. 이 비결정성을 타개하려면 숨은 손이 필요한데 그것이 헌법이다. 칸트는 헌법의 목적을 권리의 확보에 두었으니 국가가 다른 결사와 다른 점은 권리이다. 국가는 법과 규칙의 사회이다. 개인의 메타는 법체계 곧 국가이다. 그 법체계의 목적은 자신의 주인이 되어야 하는 개인의 정의에 맞게 자유의 확보에 두었다. 그 일치를 위하여 권리를 자유에서 파생된 제한이라고 정의하였다.

4. 칸트는 헌법을 공법public law이라 부르고 모든 외부external 법들의 총체totality라고 정의하였다.[150] 집합이론으로 설명하면 헌법은 법들의 총체로서 외부 법들을 원소로 갖는 정상집합이다. 이 정의 대로라면 헌법은 이 정상집합 밖에 있으므로 이 정상집합의 원소가 아니다. 그러나 이 정상집합의 원소가 아닌 법이므로 정상집합의 정의상 이 정상집합 안에 포함되어야 한다. 칸트의 헌법은 자신의 집합의 원소이면서 원소가 아니다. 비결정이다.

5. 칸트는 원래의 계약을 백성들의 일반적 통합의지라고 정의하였다.

신의 의지, 리바이어던의 의지, 일반의지, 통합의지 등 무엇이라 부르든 공적으로 알려진 하나의 법[헌법]은 사람들이 법적으로 반드시 해야 할 것[의무]와 하지 말아야 할 것[금지]를 결정하는 공공의지public will의 법act이다. 그러나 그러한 공공의지의 존재성에 대해서 모두 대답을 유보하였다.

원래의 계약을 국가 원수가 위반했다고 판단하는 경우 국민이 선택할 수 있는 국민저항권을 칸트는 부정한다. 이 문제를 둘러싼 국가원수와 국민 사이에서 누가 옳은가를 누가 판단하느냐. 말하자면 최고법정이 없는데 그 최고법정이 있다 해도 그들이 옳다는 것은 누가 하느냐? 칸트는 공공의지의 존재를 긍정측면에서는 묻지 않고 부정측면에서 묻고 있는 태도로 보아 공공의지의 비결정성을 무의식적으로 인식했다고 보인다. 다시 말하면 이 문제의 접근을 국가의 최고기관 사이의 다툼으로 인식하고 그 해결을 최고법정 그 위에 또 최고법정으로 또 그 위에 최고법정… 의 존재를 묻는 것으로 보고 있다.

6. 공공의지와 헌법의 존재성에 관한 그의 의문은 그의 도덕철학에서도 찾아볼 수 있다. 칸트는 자신의 도덕철학을 사적영역에만 국한하지 않았다. 그에게 자유의 원리는 그의 선험철학에서 중요하여 초월세계의 도덕법칙에 적용하였다. 그는 자유의 기원에 대해 끝내 침묵하였으나 자유가 의지의 기원이고 의지가 행위의 원인이 된다고 봄으로서 자유를 시작점으로 인정하였다. 그는 이성의 고유한 입법이 자유이고 그 고유한 입법을 스스로 제정한 법칙인 자기입법이라고 정의하며 "자기입법이 적극적 자유이다."라고 선언하였다. 칸트의 적극적 자유Freiheit zu가 천부의

자유freedom이다. 자기입법을 풀어쓰면 [너는 너의 입법자]가 되는 자유이다. 자기입법은 전형적인 자폐적 자기완결 자기조회이다. 이 본원구조에서 쌍대구조 [너는 너의 명령자]가 파생된다. 이것이 칸트의 정언명령이다. 그러나 정언명령의 자기입법 역시 자폐적 자기완결 자기조회는 〈보조정리 2〉에 의해 비결정이다. 이에 대해 칸트는 보편적 법칙을 자기입법 결정의 메타로 삼았다. 보편법칙은 존재하는가?

합목적성

1. 칸트는 정언명령의 원천을 의무라고 정의하고 의무의 기원은 밝히지 않고 있다. "너의 고귀한 혈통의 근원은 어디에서 찾을 수 있는가?" 이처럼 초월세계의 의무의 기원은 알려져 있지 않다. 곧 [의무는 의무의 시초]이다. 의무의 반대개념이 권리이다. "남에게 의무지우는 것"이라고 칸트는 정의하였다. 그러므로 권리의 기원도 알려지지 않는다. 앞서 I권의 〈정의 8〉과 일치한다. 여기서 [의무는 의무의 시초→의무는 의무의 복종자]는 I권의 〈보조정리 1〉에 의해 [의무 = 의무의 복종자 + 의무의 복종자 아님]의 중첩형식이 된다. 칸트는 이 중첩형식을 자기모순으로 파악했다. "의무 지우는 나와 의무 지워진 나를 한 가지 의무로 받아들여진다면 자기 자신에 대한 의무는 자기모순의 개념이다."[151] 자기조회의 [나 = 의무 지워진 나 + 의무 지우는 나]는 중첩형식의 자기모순이라고 칸트는 본다. 자기모순을 피하려면 후자의 [의무의 복종자가 아님 = 권리의 복종자]와 권리의 관계를 금지시켜야 한다. 의무 가운데 권리와 상관없이

그 자체가 의무이면서 목적인 의무를 칸트는 덕의무라 불렀다. 덕의무는 불완전한 책무성이 넓은 의무이다. "불완전한 의무들은 오로지 덕의무들뿐이다."[152] 칸트는 전자의 [의무의 복종자 = 권리와 관계]하는 의무를 법의무라 불렀다. 법의무는 완전하고 책무성이 좁은 의무이다. 따라서 [의무 = 법의무 + 덕의무 = 권리의 법의무 + 무권리 덕의무 = 권리의 법의무 + 권리금지의 덕의무 = 완전의무 + 불완전의무]의 중첩형식이 되어 의무에 관해 내적정합이 성립한다. 이것이 덕의무의 권리배제 또는 권리차단 또는 권리금지 준칙의 보편법칙이다. 이렇게 보면 의무에 관한 정언명령은 우리가 행해서는 안 되는 무언가를 지시하고 있다. 금지의 명령이다.

2. 칸트에게 목적 없는 의무가 덕의무이듯이 목적 없는 목적이 합목적이다. 화가가 그림을 그려 소득으로 삼는 것은 목적일 수 있다. 그러나 그림 그 자체만을 위해 그리면 그 행위가 목적 없는 목적 곧 합목적이다. 그림 그리는 의지는 원인이고 소득은 목적이다. "우리가 이러한 형식의 원인을 어떤 의지 안에 두지 않더라도 그것을 어떤 의지로부터 이끌어냄으로써 비로소 그 가능성을 설명할 수 있는 한 합목적성은 목적 없이도 존재할 수 있다."[153] 여기서 '어떤 의지'란 초월자의 의지이고 '합목적성'이란 그의 목적에 부합하는 목적이다. 우리의 목적이 배제 또는 차단 또는 금지된 의지이다. [예술행위는 예술행위의 합목적]은 자폐적 자기완결 자기조회 형식이고 I권의 〈보조정리 1〉에 의해 [예술행위의 합목적 = 예술행위의 합목적 + 예술행위의 합목적 아님]이 성립한다. 목적 없는 합목적성을 목적이 개재되는 행위 밖에서 찾는 것이 전자이고 안에서 찾는 것이 후자이다. 목적 금지의 목적행위가 합목적 행위이다.

보편법칙

1. 이처럼 외부와 단절된 자폐적 자기완결 자기조회 논리구조는 언제나 인과가 구별되지 않는 결정불가능이다. 앞서 언급했듯이 칸트도 정언명령만의 무한순환circular을 인식하고[154] 그 보완책을 추가하여 도덕철학을 완성하였다고 여겨진다. 그 보완책이란 추론된 외부체계의 개입이다. 이때 칸트가 중요하게 여긴 점은 그 보완책이란 것이 자기폐쇄에 의존하지 않는 그 자체가 기원이 없는 시작점이라고 받아드리는 공리이어야 하였다. 최초의 시작점 그것은 칸트에게 자유였다. 이런 점에서 칸트의 도덕철학은 유클리드 기하학의 공리체계이다. 칸트는 도덕법칙, 정언명령, 행위를 동일한 것으로 간주하였다. 이 세 개념이 그의 정언명령을 형성한다.[155]

도덕법칙: $\lambda' u' = \lambda'' u'' = \cdots = U$

여기서 $\lambda', \lambda'', \cdots$는 도덕적 개인들이 스스로 입법한 자기의 도덕준칙 u', u'', $\cdots$을 보편법칙 U에 맞도록 자기심사 하는 자기조회계수로써 "네가 스스로 입법한 너의 준칙이 보편적 법칙에 맞게 그렇게 행위하라."라고 읽는다. 이 문장에서 스스로 입법이 자기입법이다. 그렇게 행위가 자기집행이다. 보편법칙universal law이 자기심사의 외부 메타기준이다. 칸트의 정언명령은 그렇게 행위 하라는 자기도덕 독재자의 자기명령이다. 자기입법은 I권의 〈보조정리 2〉에 의하면 자폐적 자기완결 자기조회 구조이므로 비결정이다. 그러면 도덕의 보편적 법칙이란 존재하는가? 하이에크는 부정적이다.

윤리의 보편적 합당한 체계가 우리에게 결코 알려질 수 없다.[156]

우선 보편이란 무엇인지 분명하지 않다. 또한 보편적 도덕법칙의 적용 범위가 사전에 알려져 있지 않다. 칸트가 제시한 사례 가운데 하나인 거짓약속만 보더라도 그 적용 범위가 세계단위인지, 국가 단위인지, 조직 단위인지, 가족 단위인지 언급이 없다. 칸트가 도덕법칙이 결정불가능임을 인식했다는 증거는 있다. 그의 발언 "행동은 도덕법칙을 따르나 도덕법칙을 위해서 행동해야 한다."[157]는 [행동은 도덕법칙의 복종]과 [행동은 도덕법칙의 수단]으로 구성된다. 후자의 쌍대표현은 [도덕법칙은 행동의 목적]이다. 행동으로 합성하면 [도덕법칙은 도덕법칙의 복종의 목적]이 된다. 칸트는 다음 문장에서 도덕법칙을 위해 행동해야 하는 이유가 무조건이고 확실하게 하기 위함이라고 덧붙이고 있다. 따라서 복종의 목적이 권위라면 [도덕법칙은 도덕법칙의 권위]의 자폐적 자기완결 자기조회의 비결정 구조이다.

2. 또 보편법칙의 존재를 칸트는 네 가지 사례를 들어 설명하였지만 두 가지는 부정적이어서 사례의 배경이 되는 준칙이 보편적 도덕법칙으로 받기가 처음부터 어려운 것들이다. 말하자면 금지입법이 보편적 법칙이 되는 사례이다. 십계명의 금지계명을 연상시킨다. 다른 두 가지는 긍정적이어서 의무입법이 보편법칙이 되는 사례이다. 십계명에서 의무계명을 연상시킨다. 그 가운데 금지입법으로서 칸트는 자살을 예로 들었

다. 자살을 결심하는 개인의 준칙이 보편적 도덕법칙이 되겠는가?

3. I권에서 개인의 공리와 연계한 윤리에서 소개했듯이 자살은 자유의 선택이 아니므로 자유의 법칙에서 제외된다. "[자살]이 나의 자기애의 원리에 적합하다고 정식화할 수 있다."[158] 이 문장에서 나의 자기애는 재귀형식의 자폐적 자기완결 자기조회 [나는 나의 사랑]이다. 이것은 〈보조정리 1〉에 의해 [나는 나의 사랑 = 나는 나의 사랑 + 나는 나의 사랑이 아님]의 중첩형식으로 칸트에게는 자기모순이다. 후자가 "자기애의 원리에 적합하지 않다." 칸트가 이 자기모순을 회피하려면 [나는 나의 사랑이 아님 ≠ 나는 나의 살해]가 되어야 하고 이것은 곧 [나는 나의 사랑이 아님 = 나는 나의 살해의 금지]이다. "자연은 자기 자신과 모순되며 따라서 자연으로서 존립할 수 없다는 것을 알 수 있다. 결국 그의 [자살]준칙은 자연의 보편적 자연법칙이 될 수 없다."[159] 비유하자면 "너희는 자살하지 말라."의 계명이다. 금지준칙의 보편법칙이다. 자연과 모순되는 것이 자유이다. 자유에는 자살하는 자유가 포함되지 않는다.

4. 내가 나라는 첫 번째 증언은 나 자신이다. 곧 [나는 나의 증언]이다. 자폐적 자기완결 자기조회 구조이므로 〈보조정리 1〉에 의해 [나는 나의 증언 = 나는 나의 증언 + 나는 나의 증언 아님]의 중첩형식이다. 여기서 나는 나의 증언이 아니라면 무엇일까? 내가 나를 부정하는 것이다. [나는 나의 증언 = 나는 나의 증언 + 나는 나의 부정]이다. 두 번째 부정문이 법정이 나의 증언만으로 나의 존재를 판단하지 않는 이유가 된다. 그리고 이것이 거짓말과 거짓증언과 거짓약속 등 거짓의 원천이다.

쌍대표현은 [나는 나의 증언 아님 = 나는 나의 증언 아님 + 나는 나의 증언 아님의 아님 = 나는 나의 증언 아님 + 나는 나의 증언]이다. 본원표현에 대입하면 [나는 나의 증언 = 나는 나의 증언 + 나는 나의 증언 + … ∞]과 [나는 나의 부정 = 나는 나의 부정 + 나는 나의 부정 + … ∞]으로 분리된다. 참과 참아님의 분리이다. 지킬박사와 하이드의 분리이다. 누가 참일까?

5. 두 번째 예인 거짓약속 역시 부정적이긴 마찬가지라서 개인의 준칙이 보편적 도덕입법이 되기 처음부터 어렵다. [나는 거짓약속장본인]의 자기모순에 해당한다. 이 자기거짓인식은 [크레타 사람이 말하기를 크레타 사람은 거짓말쟁이]의 자기모순에 비유된다. "[거짓약속]은 자기 자신과 일치하지 않을 뿐만 아니라 반드시 모순에 빠지게 된다."[160] 거짓약속은 자기가 자기에게 의무를 지우지 않는 행위이다. 곧 [자기는 자기의 의무자 아님]이다. 이것은 자폐적 자기완결 자기조회이므로 〈보조정리 1〉에 의해 [자기는 자기의 의무자 아님 = 자기는 자기의 의무자 아님 + 자기는 자기의 의무자]가 된다. 마찬가지로 [나는 거짓약속장본인 = 나는 거짓약속장본인 + 나는 거짓약속장본인 아님]. 등호 양변에서 공통어간 '나의'를 소거하면 [나는 거짓약속장본인 = 나는 거짓약속장본인 + 나는 거짓약속장본인 아님]은 칸트에게는 자기모순이다. 자기모순을 피하려면 나는 거짓약속을 금해야 한다. 칸트 자신의 입을 빌리면 "거짓약속은 금지된 행위가 아닐까?"[161] 이것이 거짓약속 금지준칙의 보편법칙이다.

6. 보편적 도덕법칙에서 거짓약속의 예를 다섯 단계로 나누어 분해해

볼 수 있다.[162] 단계1. 나는 Z의 상태에서 Y의 결과를 얻기 위해 X의 행위를 해야 한다. 절박한 상태에서 [나는 나의 거짓약속장본인]이다. 단계2. 누구든지 Z의 상태에서 Y의 결과를 얻기 위해 X의 행위를 해야 한다. 절박한 상태에서 누구든지 사흘 굶으면 나처럼 거짓약속을 한다. 단계3. 누구든지 Z의 상태에서 Y의 결과를 얻기 위해 마치 그에게 본능적으로 심어진 그러한 자연법칙처럼 X의 행위를 한다. 절박한 상태에서 누구든지 사흘 굶으면 본능적으로 나처럼 거짓약속을 한다. 단계4. 앞 단계의 자연법 같은 법칙을 다른 이미 존재하는 자연법칙과 합류한다. 단계5. 두 법칙 사이의 균형에서 새 질서가 결과한다. 그것이 거짓약속은 금지준칙의 보편입법이다. 단계4에서 비교되는 이미 존재하는 자연법칙과 비교되는 또 다른 자연법칙이 존재하여야 하는 비교의 행렬은 끝이 없다.

7. 칸트는 사례를 들어 보편적 도덕법칙의 존재를 증명했지만 그 바탕에는 중첩형식이 자기모순이라는 칸트의 전제가 있었다. 그의 증명은 이율배반으로 알려졌다. I권이 제시한 것처럼 중첩형식은 각각 별개로 보면 자기모순이지만 혼합형 그 자체로 받아드리면 자기모순이 아니다. [광자 = 파장 + 입자]는 모순이 아니다. [운동 = 속도 + 위치]도 모순이 아니다. [시공입자 = 시간 + 공간]도 모순이 아니다.

8. 이러한 중첩현상은 칸트 시대에는 발견되지 않았다. 그러나 중첩현상은 실재이며 물자체이다. 물자체가 아니라 표상만으로 사물을 인식한다는 칸트철학에서 중첩현상은 모순이 될 수밖에 없다. 모순을 만나면 이성은 붕괴된다. 이성은 그것이 물자체인지 표상인지 구분하지 못한다.

칸트의 순수이성비판은 뉴턴 물리학과 유클리드 기하학 이상을 뛰어넘지 못했다. 이것은 아인슈타인에 의해 수정되었다. 또 칸트는 아리스토텔레스 이상 나아가지 못했다.[163] 이것은 괴델에 의해 부정되었다. 그 가운데 결정타가 중첩형식의 존재이다. 물자체의 실재이다. 1948년에도 러셀은 이해하지 못했다. "어느 쪽으로 판결되든지 우리는 두 개의 가설을 하나로 혼동해서는 안 된다."[164]

9. 칸트는 기존 질서에서 개인이 도덕적으로 어떻게 행동을 해야 하는지에 대한 보편적 법칙을 제시하였다. 그러나 그 보편적 법칙의 결정에 대해서는 네 가지 예 이외에 일반적으로는 침묵이다. 다만『판단력 비판』에서 암시를 찾을 수 있다. "도덕적 존재자로서 인간 … 인간의 현존재는 최고의 목적[보편적 도덕법칙] 그 자체를 자신 속에 가지고 있다." 이것 역시 자폐적 자기완결 자기조회 구조의 비결정성을 피할 수 없다.

칸트의 예는 정태적이다. 새로운 동태적 상황에서 의지하여 판단해야 할 기준이 없다. 예를 들어 아무도 경험하지 못한 상태에서 도덕적 개인이 참고할 수 있는 보편적 법칙이란 그의 말대로 공허하다. 여기서 우리는 확률세계로 들어간다.

칸트가 강조한 자유의 존재는 인과관계가 비결정인 불확실성의 세계에서 발견되는데 칸트는 자유와 불확실성의 연계를 인식하지 못했다. 유대교에 따르면 아담의 원죄에 대한 징벌이 자원의 희소성과 시간의 불확실성이다. 불확실성에 대한 예비가 자유이다. 불확실성과 자유는 쌍둥이다.

확률 세계의 중요성을 지적한 이가 바로 무지의 베일과 원래의 위치를 전제로 삼아 칸트를 계승했다는 롤스이다. 무지가 불확실성이다. 불확실성에 대한 확률은 빈도확률보다 베이즈(T. Bayes) 확률이다. 빈도확률은 확률함수가 고정된 경우이고 베이즈 확률은 확률함수가 변하는 경우이다.

10. 칸트의 거짓약속의 예에서 그가 내세운 전제는 거짓약속을 지키지 못한다는 주관적 확실성이다. 여기서도 칸트는 그 이상 나아가지 못했다. 칸트와 반대 견해를 갖고 있던 흄은 회의론자이다. "모든 지식은 확률로 요약된다. 이 확률은 우리 이해의 진실과 허위의 경험에 따라 또는 문제의 단순함과 복잡함에 따라 크거나 작을 뿐이다."[165]

11. 물론 칸트는 확실한 초월세계를 말하고 있으나 자살의 예는 경험세계의 일이므로 동일 문제를 일반화하여 불확실성의 경우에서 볼 수 있다. 확실성은 불확실성의 특수한 예이기 때문이다. 도적질하라는 보편적 법칙이 되기 어렵다고 생각하기 쉽다. 그러나 현장에서 들킬 확률, 들켜서 체포될 확률, 체포되어 기소될 확률, 기소되어 유죄가 될 확률을 모두 곱하면 매우 낮은 확률이 될 것이다. 그러면 치밀한 준비로 많은 사람이 결행한다. 다시 말하면 "잡히지 않게 도적질하라"가 보편법칙이 될 수 있을 확률과 될 수 없는 확률이 함께 존재한다. 이 사고실험의 중요성은 현실에서 수사관과 용의자 사이의 관계에서 드러난다. 수사관은 용의자가 범인이라는 심증을 갖는다. 그 배경은 그가 용의자가 된 것은 아마도 10의 1로 들켰기 때문이라고 생각할 수 있다. 수사관은 추가적 증거를 수집하여 자신의 심증 확률을 수정해 나간다. 이것이 베이즈 확률이다.

12. 첫째, 확률변수 X는 거짓약속이고 거짓약속의 확률은 $P(X)$이다. 거짓약속의 상태 Z가 발생할 확률 $P(Z)$이다. 그러면 거짓약속의 상태가 발생하지 않을 확률은 $P(-Z)$이다. Z가 일어날 확률 $P(Z)$와 일어나지 않을 확률 $P(-Z)$의 합은 $P(Z) + P(-Z) = 1$이다.

둘째, 〈그림 II-4A〉에서 왼쪽 원은 거짓약속의 확률 $P(X)$이고 오른쪽은 거짓약속의 상태가 발생할 확률 $P(Z)$이다. 겹치는 부분이 거짓약속의 상태 Z가 발생할 확률에서 거짓약속X의 확률의 교집합 $P(X \cap Z)$이다. 그러면 $P(X)$에 대한 $P(X \cap Z)$의 비율을 정의할 수 있다. 곧 Z상태에서 거짓약속 X의 조건부확률 $P(X \mid Z) = P(X \cap Z)/P(Z)$이다. 마찬가지로 거짓약속 X에서 Z상태가 발생할 조건부확률 $P(Z \mid X) = P(X \cap Z)/P(X)$를 정의할 수 있다. 여기서 $P(Z)P(X \mid Z) = P(X)P(Z \mid X)$가 성립한다.

셋째, 〈그림 II-4B〉에서 왼쪽 원은 여전히 거짓약속의 확률 $P(X)$이고, 오른쪽 원은 거짓약속의 상태가 발생하지 않을 확률 $P(-Z)$이다. 겹치는 부분이 거짓약속의 상태가 발생하지 않았음에도 거짓약속할 확률의 교집합 $P(X \cap -Z)$이다. 그러면 $P(X)$에 대한 $P(X \cap -Z)$의 비율을 정의할

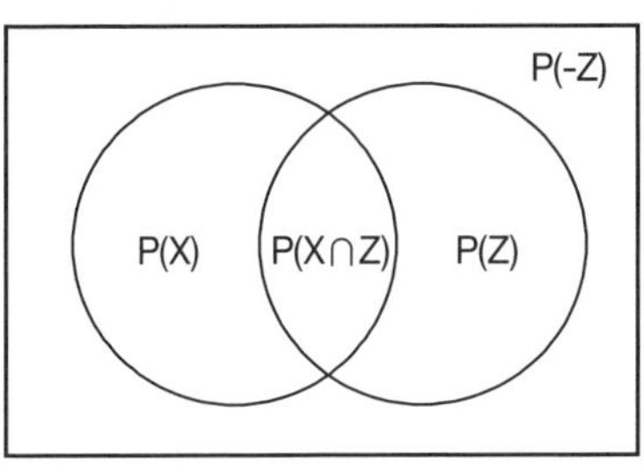

〈그림 II-4A〉 거짓약속의 상태 하 확률

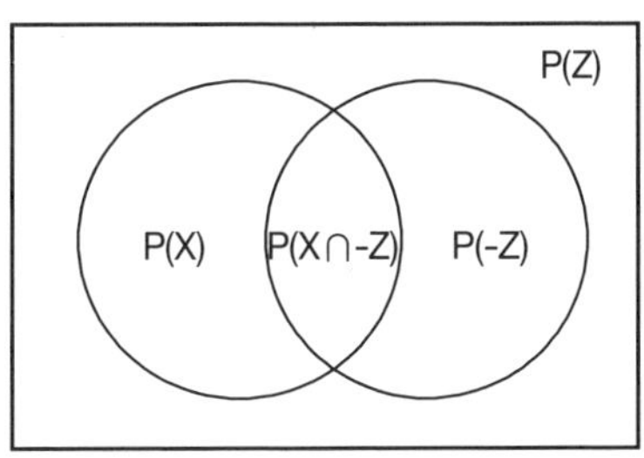

〈그림 II-4B〉 거짓약속의 중립 하 확률

수 있다. 곧 -Z 상태에서 거짓약속 X의 조건부확률 $P(X \mid -Z) = P(X \cap -Z)/P(-Z)$이다. 마찬가지로 거짓약속 X에서 -Z 상태가 발생할 조건부확률 $P(-Z \mid X) = P(X \cap -Z)/P(X)$를 정의할 수 있다. 여기서 $P(-Z)P(X \mid -Z) = P(X)P(-Z \mid X)$가 성립한다.

세 개의 식으로부터 $P(X \mid Z) = a[P(Z)P(X \mid Z) + (1-P(Z))P(X \mid -Z)]$. 여기서 $a = P(Z \mid X)/P(Z)$이다. 곧 a는 거짓약속 할 때 Z상태가 일어날 조건부 사후적확률 $P(Z \mid X)$와 거짓약속과 상관없이 Z상태가 일어날 사전적확률 $P(Z)$의 비율이다. 조건 없이 Z가 발생할 사전적확률 $P(Z)$와 발생하지 않을 사전적확률 $P(-Z)$는 사전적으로 알려지지 않는다. 아무 사전적 조건 없이 발생하는 사전적확률은 시작점의 초기조건뿐이다. 이 사전적prior 확률은 주어지지 않는다. 그것은 선험적이다. 그러므로 이에 대한 가정이 초기조건이다. 예를 들어 전과 기록이 없는 사람이 피의자가 되는 경우 취조자는 그가 범인일 사전적 심증을 반반으로 시작하면서 그 후 증거로 사후적으로 사실을 추정해 나갈 것이다.

따라서 $P(Z) = 0.5$이라면 $P(X \mid Z) = P(Z \mid X)[P(X \mid Z) + P(X \mid -Z)]$가 거짓약속의 조건부확률이 된다. Z상태에서 거짓약속의 조건부확률은 상태 Z에서 거짓약속의 확률과 Z가 발생하지 않을 상태의 거짓약속의 확률의 합에 비례한다. 긍정과 부정의 중첩형식이지만 모순이 아니다. 거짓약속의 확률은 존재한다. 확률이 지배하는 실제 불확실성의 세계에서는 거짓약속이 금기가 되는 칸트의 보편적 도덕법칙의 존재는 설명하기 어렵다. 그 이유는 초기조건이 확률적으로 알려져 있지 않기 때문이다. 칸트의 나머지 다른 예의 보편적 도덕법칙의 존재도 불확실한 세계에서 설명이 어렵다.

13. 칸트는 이성의 한계와 그의 진화를 설명하지 못하므로 도덕법칙도 충분히 설명하지 못한다. 이성이 스스로의 진화를 설명하지 못한다면 제3의 요인의 존재를 의심해 봐야 한다. 그것이 불확실성일 수 있다.

14. 앞서 보편적 도덕법칙에서 거짓약속의 다섯 단계의 단계1의 개인의 행위는 "네가 스스로 입법한 너의 준칙이 보편적 법칙에 맞게 그렇게 행위 하라."의 자기입법이다. 자기입법은 자폐적 자기완결 자기조회의 [너는 너의 입법자]이다. 단계1부터 비결정이다. 이것은 [입법부는 입법부의 입법자]처럼 [너는 너의 입법자]의 자기조회 구조 A = A(S)에 기인한다. 이것을 1회 자기증식 시킨 A = A(S)(S)를 누군가 A'로 분할한 A = A'(S)와 A' = A(S)를 재합성하면 A' = A'(S)(S)이다. 이것을 보편적 법칙 U의 메타로 자기분할 시키면 A' = U(S)와 U = A'(S)가 된다. 다시 재합성하면 U = U(S)를 얻는다. 전체 도덕법칙의 구조는 다음 〈표 II-1〉과 같다. 아래에서 S는 입법자이다.

〈표 II-1〉 도덕법칙의 구조

단계1 A = A(S) →	단계2 A' = A'(S)(S)	단계3 A' = U(S)
	단계4 U = A'(S)	단계5 U = U(S)(S) ← U = U(S)

단계1이 A = A(S)이다. 이것을 누군가 A'의 자기입법으로 전형하면 단계2의 A' = A'(S)(S)이다. 단계3이 누군가 A'의 도덕법칙이다. 이 도덕법칙과 비교하는 다른 도덕법칙 A' = U(-S)가 단계4이다. 여기서 A' = U(S)와 U = A'(S)는 A' = A'(S)의 자기분할이다. U = A'(S)의 주어와 목적

어의 위치를 교체하면 A' = U(-S)이다. 자기합성하면 A' = U(S) + U(-S)가 된다. 이것이 단계4이다. 단계5에서 U(S)가 새 질서이다. 앞서 이미 지적했듯이 단계 4의 다른 도덕법칙과 비교되는 또 다른 도덕법칙이 있어야 하고 이 비교행렬은 끝이 없다.

15. 그러나 여기가 끝이 아니다. A' = U(S)와 U = A'(S)를 A'로 합성하면 U = U(S)가 되어 보편적 법칙은 결정되지 않는다. 대각선은 자기조회이므로 결정되지 않고 대각선 밖도 결정되지 않는다. 도덕법칙의 비결정성의 원인은 단계1의 "스스로 입법한 너의 준칙"의 비결정성에 있다. 현실에서 시민은 결정된 듯이 보인다. 그러나 시민의 정의는 법체계에 의한다. 법체계가 다르면 동일 자연인이라도 신분이 달라진다. 그런데 법체계는 시민이 결정한다. 도덕법칙 결정의 전제는 도덕가의 정의에 달렸다. 그러나 도덕세계에서 A는 U가 정의하고 U는 A가 결정한다. 〈표 II-1〉에서 A와 U는 쌍방향이다. 비결정이다.

16. 이 문제를 우회하기 위해 칸트는 단계3에서 자연법을 개인 도덕가 속에 설정해 놓았다. 자연법이 개인 도덕가를 정의하는 셈이다. 그러나 자연법이란 존재하는가? 그렇다 하더라도 단계1의 [나는 거짓약속장본인 = 나는 거짓약속장본인 + 나는 거짓약속장본인이 아님]의 자기모순으로 〈보조정리 2〉에 의해 여전히 비결정이다.

17. 이 비결정문제는 다른 각도에서 볼 수 있다. 천부자유의 구조에서 도덕적 개인의 본원표현 [나는 나의 입법자]는 정언명령의 [나는 나의

명령자]와 동등하다. 아래에서 M은 명령자이다.

$$A = A(M) \rightarrow \quad A' = A'(M)(M) \qquad A' = U(M)$$
$$U = A'(M) \qquad U = U(M)(M) \leftarrow U = U(M)$$

문장의 주어 나는 명령자이지만 목적어 나는 복종자가 되어 쌍대표현이 가능하다. 그것이 [나는 나의 복종자]이다. 자유는 칸트에게 철학적 주제였지만 그의 자유는 이미 본 것처럼 독창적인 것이라기보다 법치국가의 법의 원리를 선험세계의 도덕법칙에 적용한 것이고 그의 정언명령도 법치원리의 기본에 불과하다. "독일은 법치의 시작을 칸트의 이론에서 찾는다. 이것은 그의 독창성을 과장한 것이지만 독일에 미친 영향은 확실하다. 그의 주요 업적은 법치의 원리를 도덕법칙의 특수한 적용으로 보이게 하는데 있다. 그의 유명한 "정언명령"은 사실상 법치의 기본 구상을 윤리 분야에서 확장한 것이다."[166] 이 주장이 옳다면, 그렇게 보이지만, 법치의 핵심인 헌법의 비결정성 문제가 칸트 도덕법칙에서 연역될 수 있다.

18. 그러나 칸트의 천부자유는 경험세계에 기원을 두지 않는다. "자연법칙 아래에 있는 가시적 세계 이외에도 또 하나의 세계 내지는 영역이 존재한다. 이 영역은 가시적 세계를 초월하며 오직 나의 사유 속에서만 자신의 모습을 드러낸다. 그것은 바로 자유의 이념이 발견되는 영역이다. 증명될 수 없는 자유의 이념." 수학에서 초한수가 발견됨으로써 무한대 세계가 실재함이 증명되었다. 칸트는 초월세계에 시원을 두고 있어서

'이해할 수 없는 것을 이해'할 수 있는 개념으로 세 가지를 꼽았는데 하나님, 영혼, 그리고 자유이다. 이 자유는 초월세계에서 기원하는 천부자유이다. 경험세계의 모든 관행, 전통, 법률을 뛰어넘는 자유이다. 이 천부자유는 자기입법권과 자기집행권과 자기심사권의 삼권통합이다.

19. 칸트 자신도 보편적 도덕법칙이 일반적으로 결정된다고는 생각하지 않았다. "우리가 아무런 제한 없이 선으로 간주할 수 있는 것은 오직 선의지good will뿐"인데 "절대 선의지이란 그 자체의 준칙이 보편적 법칙이라 여기는 준칙을 언제나 갖고 있다. 다시 보면 그 준칙의 특성이 절대 선의지의 개념의 분석으로는 결코 발견될 수 없기 때문이다."167 그러나 서양속담처럼 "지옥으로 안내하는 도로는 선의지good will"일 수 있다.

20. 하이에크는 칸트 보편법칙의 존재를 우회하였다. 자유의 개념에 보편적 규칙의 존재의 중요성을 결부시키지 않는다. "법아래 자유의 개념은 …우리 모두가 법을 준수한다는 의미이다."168 "그 보편적 적용이란 개인과 상관없는 일반적이고 추상적 규칙 정도 이상 그 이하도 아니다. 자유의 조건은 … 다만 보편적 적용이라는 규칙에만 제약된다."169

하이에크는 자유가 진화한다는 생각을 갖고 있다. 그것은 발견을 통해서이다. 자유의 목표 가운데 하나가 개인이 취할 수 있는 지식의 최대사용을 고취시키고 기회를 부여하는 것이다. 자유는 올바른 규칙에만 복종하는 제어되지 않는 개인행위의 진화하는 질서이다. 그러나 그의 지침은 정보의 제한으로 보편적 지침이 될 수 없다. 개인의 지침의 자기검토와 자기심사는 모든 다른 사람의 규칙과 지침에 일치하는지 여부에 달렸다. 보편적 지침은 존재하지 않으므로 사회의 기초는 이성에 의해 조직되지도 드러나지도 않는다. 사회는 변하는 유기체이기 때문이다.

21. 참고하면 칸트는 자유에 이어 영혼의 분할성과 소멸성에 대한 탐구에서 두 가지 상반된 질문을 모순의 이율배반으로 도전하였다. 첫째, "세계 내의 합성물은 모두 단순한 부분들로 구성되어 있다." 둘째, "세계 내의 어떠한 합성물도 단순한 부분으로 구성된 것은 없다." 이 두 질문을 앞서 중첩형식으로 재구성하면 전자는 집합 합성물은 단순 부분 원소들의 집합이라는 뜻이고, 후자는 집합 합성물은 집합의 원소가 되어야 한다는 뜻이다. 합성물은 집합의 원소이면서 원소가 아니다. 이것은 별개로 보면 이율배반이지만 합성물로 보면 이율배반의 모순이 아니다. 곧 지금까지 유도한 〈정의 1-정의 9〉와 동일한 구조이다.

22. 칸트 철학의 핵심인 표상이 아니라 물자체가 아니면 설명되지 않는 현상도 발견되고 있다. 광자 = 파동 + 입자는 표상이 아니라 물자체임이 밝혀졌다.

칸트는 초월세계의 3대 이념을 이성의 이율배반의 모순으로 설명하지만 I권에서 보았듯이 현실세계조차 이율배반으로 모순을 설명할 수 없는 현상이 발견되고 있다. 칸트가 유클리드 기하학이 명백한 진리로 믿었던 확신은 참 또는 거짓의 이원론이었다. 그러나 비유클리드 기하학의 발견으로 칸트의 이원론은 깨졌다.

헤겔

1. 헤겔Hegel의 『법철학 요강 1820』은 칸트 도덕철학에 대한 비판에서 시작한다. 그는 칸트의 보편적 도덕법칙의 존재성에 대해 의문을 갖는 동시에 개인의 준칙의 결정성에 대해서도 의문을 던진다. 앞서 어느 개인의 도덕법칙을 다시 보면 $\lambda u = U$이다. 보편적 도덕법칙 U이 설사 주어졌다 하여도 하나의 식에 두 개의 미지수이므로 개인의 준칙 u와 자기조회 λ가 동시에 결정되는 방법이 없다.

여기서 자기조회 λ를 자유의지에 따르는 자기심사에 의한 자기조회라고 하자. I권의 〈공리 1〉은 자유의 공리이다. 헤겔은 자유 자체보다 자유의지에 주목하였다. 자유의지는 자유에 기원을 두고 자유의지가 모든 행위를 집행하기 때문이다. 신의 의지, 리바이어던의 의지, 일반의지, 통합의지, 공공의지를 거쳐 드디어 자유의지에 이르렀다. 인간계의 의지는 자연계의 중력이다.

모든 행위에는 자유의지를 원하는 행위도 포함되므로 자유의지는 자유의지 자체도 집행하는 능력이다. 곧 헤겔의 표현을 빌리면 "자유의지는 자유의지로써 스스로를 원하는 의지이다."[170] 헤겔은 이것을 모든 사건과 존재로부터 독립된 순수 자유의지라고 불렀다. 우정, 사랑, 사상, 예술, 과학, 경제, 종교, 제도, 사회 그 자체에서 벗어난 자유의지이다. "사람은 추상화되어 자유롭게 될 수 있다. 나의 표상이 무엇이든지 벗어날 수 있고 나를 비울 수 있다. …사람은 우정, 사랑, 무엇이 됐든 속박에서 벗어날 수 있다."[171] [순수 자유의지는 순수 자유의지의 목적]이다. "의지가 자신의 목적이 되지 않는 한 의지는 스스로를 위하여 그 내부에서 의지가 되지 못한다."[172] 이것은 A = A(S)의 자폐적 자기완결 자기조회이다. 곧 1회 자기대입은 [순수 자유의지는 [순수 자유의지의 목적]의 목적]이 된다. 연속 대입하면 [순수 자유의지는 순수 자유의지의 목적의 목적의 … ∞]의 비결정이다. 말을 바꾸면 [순수 자유의지 → 목적 → 순수자유 의지]의 무한순환 구조이다.

2. 헤겔에 의하면 자유의지 속에는 정신이 담기어져 있다. 이것이 I권의 〈보조정리 4〉가 말하는 숨은 손이 될 수 있다. 비결정의 순수 자유의지를 결정시키는 숨은 손을 가리킨다. 헤겔은 숨은 손을 외부메타에서 구하지 않고 내부메타에서 구한다. 자유가 시초임을 인식한 셈으로 자유에는 원인이 없는 탓이다. 따라서 자유의지 역시 자유의지 내부의 숨겨진 변수로 정의하여야 한다. 그리하여 "자유의 정신의 절대적 결정이 그것[자유의지]를 목적으로 만든다."[173]

그렇게 결정되도록 하는 숨은 손이 "자유의지가 자유의지를 원하게 하는 정신"[174]이다. 이때 u가 자유의지의 정신이다. 헤겔은 두 경우를 생각했다. 첫째, 개인의 정신이 모여서 이성적 사회 세계의 정신이 되는 경우. 둘째, 이성적 사회 세계의 정신이 독립적으로 존재하는 경우. 헤겔은 첫째 경우를 믿지 않았다. 역사 속의 시대정신Zeitgeist은 따로 존재한다. 이것이 U에 해당한다. 따라서 개인 자유의지 속의 정신이 이성적 사회 세계의 정신에 타협해야 한다. 개인 자유의지 정신 u의 타협 조회계수가 λ이다. 시대정신은 자유의 표현이다.

3. 그 이유는 헤겔에 의하면 개인은 혼자서는 자유로울 수 없다. 그가

속한 이성적 사회 세계에서 자유를 실현해야 한다. 제약 없는 비결정의 자유의지가 사회적 세계와 접촉하는 것을 타협reconciliation, Versohnung이라고 불렀다. 타협의 결과가 제약된 자유의지이다. 이때 이성적 사회 세계가 본질이며 타협한 개인의 자유의지는 개별적 우연accident이다. 곧 개인은 우연의 존재이다. 개인이 우연의 존재이므로 자유롭다고 사르트는 『구토』에 적었다. 이에 앞서 키에르키고르는 헤겔에 맞서 현존하는 사물의 실존이 개별적이므로 이들을 하나로 표현하는 일반적 객체를 포착하는 것은 불가능하다고 보았다. 비결정성이다.

헤겔의 [순수 자유의지 → 목적 → 순수 자유의지]의 비결정구조는 [순수 자유의지 → 목적 → 타협 자유의지]의 결정구조로 전환된다. 곧 A = A'(S)의 구조가 되어 λ가 결정된다. 개인의 목적이 이성적 사회 세계와 타협을 거친 자유의지의 실재가 법이다. [순수 자유의지 → 법 → 타협 자유의지]의 결정구조이다. 그럼에도 헤겔의 구조 $\lambda u = U$는 흡사 모든 오케스트라 단원들의 작품해설 u을 지휘자 한 사람의 작품해설 U에 따라야 하는 형식이다. 헤겔은 구성주의자 합리주의constructivist rationalism에 속한다.

4. 정신은 헤겔의 『정신현상학 1807』에서 찾을 수 있는데 앞서 I권의 논리로 설명할 수 있다. 헤겔에게 의식의 형태란 나라는 존재와 대상의 대립이다. 대상에는 나라는 존재도 포함된다. 이때 나는 둘로 나누어진다. 의식의 주체로서 나와 의식의 객체로서 나. 이것을 헤겔은 다른 존재 곧 타재라고 불렀다. 본성과 타재, 또는 자아와 타아를 통일시키는 것이 정신이고 그 경험이 의식의 경험이다. "정신은 다만 사람의 사고와 자의

식 속에서 자신을 실현시킨다."175 의식의 형태에서 의식의 경험으로 이행이 변증법이다. 여기서 주목되는 점은 [나 = 자아 + 타아]의 중첩형식이다. 중첩방식은 언제나 비결정이다. 후일 사르트르는 [자아 = 즉자 + 대자]의 중첩형식으로 보았다. 그에게 즉자와 대자의 거리를 좁히는 구원은 정신이 아니라 예술이다. 헤겔의 중첩된 나는 어떻게 결정되는가?

5. 고대 그리스의 헤라클레토스는 "만물은 유전한다."라는 말을 남겼다. 고정되지 않고 흐르는 사물의 움직임은 이랑과 고랑이 교체한다. [움직임 = 이랑 + 고랑]이다. 만물에 헤라클레이토스 자신이 포함되는가? 그가 포함된다면 [자아 헤라클레이토스 + 타아 헤라클레이토스]의 중첩이다. 따라서 [헤라클레이토스는 헤라클레이토스가 유전한다고 말했다.]가 성립한다. 곧 [헤라클레이토스는 헤라클레이토스의 유전]이다. 이것은 자폐적 자기완결 자기조회의 중첩형식이 된다. 비결정 구조이다.

6. 헤라클레이토스처럼 사람도 포함된다면 헤겔이 보는 현실에서 우정, 사랑, 사상, 예술, 과학, 경제, 종교, 제도, 사회 그 자체까지 모든 사물은 마치 파동을 구성하는 이랑과 고랑이 서로 다투면서 흐르는 물에 비유된다. 일체형의 사물은 자폐적 자기완결 자기조회 형식이므로 〈보조정리 1〉에 의해 [정 = 정 + 정아님 = 정 + 반]의 중첩형식이 된다. 이 중첩형식이 일관성의 무모순이라면 〈보조정리 2〉에 의해 불완전하다. 불완전하므로 정과 반은 갈등하며 움직여서 합이 된다. 이것이 변증법이라고 부르는 헤겔의 변화 법칙이고 역사이다. 그 역사가 지향하는 점이 있다. 일체형의 쌍대표현은 [반 = 반 + 반아님 = 반 + 정]이다. 본원표현과 쌍대

표현을 합치면 [정 = 정 + 정 + …]의 무한대 무제약의 존재가 된다. 헤겔의 절대자The Absolute이다. 모든 것의 일체형이 되며 스스로 자각하는 하나self-aware oneness가 되는 절대자는 사물이 지향하는 목표이며 출발점이다.

7. 스스로 자각하는 일체형은 자폐적 자기완결 자기조회이므로 〈보조정리 1〉에 의해 헤겔의 절대자는 [절대자 = 절대자 + 절대자 아님]의 중첩형식으로 모든 것은 이 자기분할에서 시작된다. 쌍대표현은 [절대자 아님 = 절대자 아님 + 절대자 아님의 아님 = 절대자 아님 + 절대자]이다. 두 표현을 합치면 [절대자 = 절대자 + 절대자 + …]의 무한대 무제약자가 된다. 사물을 절대자로 발전시키는 메타가 헤겔이 명명한 정신Geist이다. 시대정신Zeitgeist이다. 아무리 뛰어난 인간이라도 이 변화의 법칙에서 예외일 수 없다. 그에게 스스로 정신임을 자각하는 정신으로서의 절대적 정신이 종교이다. 자기완결 자기조회의 종교이다.

8. 이러한 정반합의 역사가 도달한 상태에서 갈등은 사라진다. 헤겔이 프러시아의 입헌군주제도가 그러한 상태에 도달했다고 보았는지 분명하지 않지만 국가의 이상이다. 헤겔 사후 헤겔철학은 국가의 이상을 두고 헤겔 우파와 헤겔 좌파로 나뉜다.

헤겔의 정신Geist는 마음mind와 머리spirit의 중간 개념이다. 정신이라는 것이 존재하는지 존재한다면 어떻게 결정되는지. 개인의 자기의식이 연관을 맺는 인류적 정신이 어떻게 결정되는지 또는 인류적 정신이라는 것이 존재하는지 존재한다면 유일하게 존재하는지 아니면 우연히 존재하는지 모호하다. 말을 바꾸면 헤겔이 생각한 최후 메타의 결정원리가 애매하다. 이상의 상태에 도달했을 때 거기까지 이끌어왔던 정신은 사라지는가. 프러시아에서 정신은 사라졌는가. 나아가서 이른바 시대정신이란 존재하는가? 존재한다면 어떻게 형성되는가?

9. 헤겔의 정반합은 칸트의 이율배반의 계승이다. 그러나 이율배반은 이분법의 배중률이고 이것은 앞서 본대로 중첩형식과 다르다. 앞서 인용을 다시 강조하면 힐베르트가 논문 「배중률에 대해」를 썼을 때 괴델은 "나의 [불완전정리] 증명이 나온 마당에 어찌 이런 논문을 쓸 수 있단 말인가?"라고 탄식하였다.[176] 지금까지 보았듯이 중첩형식은 현실에서 관찰된다. 중첩형식은 X와 X아님의 구조이다. 그러나 X와 X아님 사이에는 불가능이 존재한다. 곧 중첩형식은 정반합 이분법의 이율배반의 배중률이 아니라 [이다 + 아니다 + 모름]의 구조이다.

10. 헤겔에게 시대정신은 역사에서 주어진다. 그것은 자유의지의 표현이다. 그러나 역사 속에서 한 시대의 정신이 결정되는 원리는 무엇인가? 더욱이 최초의 시대정신은 어떻게 결정되었기에 지금의 누적된 역사가 되었는가? 자유의지가 표현되는 원리는 무엇인가? 헤겔에게 정반합의 과정을 이끌어가는 정신의 결정이 모호하다. 시대정신이 존재하여도 자유의지가 실재가 되게 하는 것은 법이다. 그러나 그 법은 어떻게 결정되는가? 또한 $\lambda u = U$에서 시대정신 U가 주어져도 u와 λ를 결정하는 방법이 없다. 또 헤겔이 메타로 생각한 역사해석과 역사법칙은 인과율의 결과이므로 자생율의 자유법칙을 설명하기에 미흡하다. 다만 그가 도입

한 소외의 개념에서 메타의 가능성을 탐지할 수 있다.

11. 이러한 결정성의 모호함에도 헤겔에 의한 순수 자유의지와 제약 자유의지의 구분 그 자체가 아니라 그 유형이 III권의 헌법의 원리에서 다시 만나게 될 것이다. 곧 [자유의지 = 순수 자유의지 + 순수 자유의지 아님 = 순수 자유의지 + 제약 자유의지]의 중첩형식이나 [개인 = 개인 + 개인 아님 = 개인 + 시민]의 유형이다.

12. 헤겔의 정반합의 변증법은 수학사에서 보면 정력학과 동력학 사이에 위치한다. 수학은 갈릴레오와 뉴턴의 역학과 미적분으로 운동을 설명함으로써 본격적인 동력학의 시대에 접어들었다. 법학은 아직도 정력학이다. 앞서 흄의 제3의 요인이 법학에서 동학의 시작이라고 하이에크가 앞서 인용한 글에서 그 점을 분명히 인식하고 있다.

> 조직들organisms 사이에서 상호관계가 등장하는 현상을 생각할 때… 자기유지구조self-maintaining structure에서 일어나는 과정을 지칭하는 단어가 내가 말하는 성장[동학]이다.177

자연계만 아니라 인간계도 동학이다. 그것이 법에 반영되어야 함은 물론이다. 자기유지구조가 자폐적 자기완결이어서 비결정에 머물지 않으려면 흄이 인식한 대로 제3의 요인 또는 숨은 손이 필요하다. 숨은 손이 정학을 동학으로 전환 시킨다. III권의 주제이다.

모순의 함정

1. 이상에서 모든 자기통치 체계인 I권 〈입법의 제1법칙〉의 K, 〈입법의 제2법칙〉의 R, 〈입법의 제3법칙〉의 J, 〈입법의 제4법칙〉의 G, 〈시장의 제2법칙〉의 P, 〈시장의 제3법칙〉의 M, 〈도덕법칙〉의 U에 추가하여 〈시대정신〉의 U는 결정불가능 구조로서 자신이 자신의 원소가 아닌 집합들의 집합이라는 모순의 함정에 빠진 예들이다. 자폐적 자기완결 자기조회의 특성이다. 자기통치의 불가능성을 가능성으로 전환하는 하나의 방법으로 찾아낸 것이 홉스의 절대 권력자라는 존재일 뿐이다. 공직독재자는 그 현대판이다. 더 나쁜 시나리오는 폭정이다. 어떤 경우이든 메타가 없는 절대 권력자 역시 자폐적 자기완결 자기조회의 모순의 함정에서 빠져나오지 못한다.

2. 로크, 몽테스키외, 루소 등의 사회계약설에서 시민사회의 일반의지 또는 헌법의 존재를 증명하지 못했다. 루소가 그의 글에서 일반의지가 부분적으로 존재하지 않음을 인식하였음에도 그 비결정성을 증명하지도 않은 헤겔(Hegel 1820)의 국가의 이상을 비롯하여 비결정성을 증명한 애로우(Arrow 1967)의 공직자 의지에 이르기까지 역사상 가장 광범위한 해석을 불러 왔다.[178] 헤겔은 괴테와 칸트를 종합하여 국가의 이상이라는 것을 만들어 내었다. 이때부터 프러시아의 유아독존과 초인사상이 지배하기 시작하였다. 마사리크(T. Masaryk)가 보기에 "괴테의 파우스트와 니체의 초인은 지배자가 되지 못하고 결국 베르테르의 자살, 도스트이에프스키의 저주받은 사람들, 카라마조프가의 살인, 루돌프 황태자

의 동반자살로 이어져 사회의 파멸과 국가의 자살로 귀착된다." 마사리크와 뒬크하임의 자살론이 출간된 것이 19세기 말이다. "칸트의 도덕적 인간은 다윈의 짐승과 니체의 초인으로 대체되어 자살이 아니면 치유되지 않는다."[179] 니체의 초인도 19세기 말에 풍미하였다. 헤겔의 국가의 이상은 결정되지 않는다. 파우스트나 초인도 스스로 시초가 될 수 없다. 루소의 일반의지는 전체주의 국가를 합리화하는 이론으로 둔갑하기도 하였다. 그러나 그것이 무엇이든 결정되지 않는다. 그 일반의지를 헌법이라 해석해도 그것은 결정되지 않는다. 디드로는 주권이라 보았으나 그 역시 결정되지 않는다. 시초가 되는 메타가 결여되었기 때문이다.

루소의 일반의지를 전체주의, 파시즘, 공산주의 체제를 합리화 하는데 사용한다. 이것은 앞서 보았듯이 자유의 자기증식, 자기분할, 자기합성의 특성이 알려지지 않은 무지의 결과이다. 특히 러셀의 모순의 함정에 빠진다.

3. 벤담(Bentham 1789)은 공리주의의 집대성자이지만 그 배경은 허치슨(Hutcheson 1755)과 스미스까지 거슬러 올라간다.[180] 공리주의에서도 최대다수최대행복의 최대의 범위가 정해지지 않는다. 한 사람을 제해서 행복이 증가한다면 그를 제거하겠는가? 외국인의 포함문제와 함께 동물의 포함문제도 가벼운 주제가 아니다. 최대다수최대의 행복에는 총계의 행복만이 간주될 뿐 개인의 행복이 매몰되어 있다. 모든 개인은 한 사람에 불과하므로 A = A(S)의 비결정이다.

4. 앞서 칸트의 윤리의 왕국에서 도덕의 보편법칙 역시 일반적으로

결정되지 않는다. 그는 네 가지 예에서 보편적 법칙을 설명하지만 앞서 본대로 보편적이 아니다. 이 가운데 특히 자살의 예는 자기조회 구조로 결정불가능이다.

그를 이은 롤스가 자성적 균형reflective equilibrium으로 시도하였으나 논리적 정밀성이 부족하고 보편적 합의universal consent도 결정되지 않는다. 대다수가 합의하는 사회계약이란 존재하는가?

5. 이상 모두 헌법의 존재성과 결정성을 메타=숨은 손으로 보는 데 실패하였다. ⟨명제 4⟩에서 개인 자유의 결정이 헌법에 의존하듯이 이제 보는 대로 헌법의 결정이 자유에 의존한다. 그런데 세 가지 자유영역 가운데 어떤 자유일까. 이 숨은 손의 정체가 드러난다면 헌법과 모든 자유가 동시에 결정될 수 있는 비결이 숨어 있을지 모른다. 앞서 본 대로 칸트가 제시한 의무의 자기모순을 피하는 방법이 덕의무의 금지준칙에 있었다. III권(헌법의 원리)의 주제이다.

사회계약

1. 절해고도의 주민에게 언어는 필요 없다. 언어는 두 사람 이상에게 필요하다. 자신의 의견을 전달하고 남의 의견을 이해하려면 I권의 ⟨입법의 제6법칙⟩처럼 자신의 언어를 공통의 언어에 맞추어야 한다. 고대에 누가 발명한 것이 아니라 스스로 시초이다. 자폐적 자기완결 자기조회의 언어는 곱셈, 나눗셈, 덧셈의 연산법칙을 따른다. 곱셈으로 표현영역이

확대되고 나눗셈으로 사용영역이 다양해지고 덧셈으로 새로운 표현을 창조한다. 언어는 곱셈으로 과거로 소급할 수 있으며 세대 사이의 의견교환이 보이지 않는 사회계약이다. 언어의 법칙인 문법이 지켜야 할 그 계약서이다. 사회계약은 국가의 출현을 설명하는 메이플라워 서약처럼 실재이면서 로크나 루소의 사회계약론처럼 상징적 은유metaphor일 수 있다.

2. 화폐는 언어와 같은 사회계약이다. 화폐의 문법이 I권의 〈시장의 제3법칙〉이다. [언어는 언어의 시작]처럼 [화폐는 화폐의 시작]이다. 이런 측면에서 시장은 자생적 이익/손실기구이지만 그 기반은 화폐라는 세대간 사회계약이다. I권에서 논증했듯이 화폐는 과거로 연결되듯이 미래와도 연결되어 있다.

시장에서 교환이 가능하려면 가치척도가 선행되어야 한다. 교환의 계약이 가능하려면 소유의 자유가 계약의 자유에 선행하여야 한다. 상인의 여행의 자유, 상인의 거주이전의 자유, 재화이동의 자유, 재화교환의 자유가 소유의 자유 및 계약의 자유와 동행하여야 한다. 이 자유가 자생적 시장형성의 필요조건이다. 이것은 시민정부의 목적이 그 자신보다 선행하는 생명, 자유, 소유의 확보에 있음을 의미한다. 생명, 자유, 소유를 확보하는 혜택이 시민정부를 조직하는 비용보다 크기 때문이다. 이것이 시민정부 하에서 자유의 손익계산서이다. 이 목적에 부응하기 위하여 나의 원형자유의 일부를 정부에 위임 위탁하는 대신 그 반대급부로 법제화된 법부자유와 무제약의 사적자유와 생명과 재산의 확보의 약속이 사회계약이다. 시장은 화폐라는 계약을 기반으로 조직된 사회계약이다. 화폐가 헌법사항이 되어야 하는 또 하나의 이유이다.

미국 달러화가 좋은 예이다. 달러화에는 권종을 불문하고 법률에 의해서 다음의 계약문구가 적혀져 있다. This note is legal tender for all debts, public and private(이 지폐는 공적, 사적 모든 부채에 대한 법화이다). 달러화를 사용한다는 것은 계약을 실천하는 것이고 화폐가 사용되는 영역은 모두 계약에 포함된다. 계약에 참여하지 않는 사람은 스스로의 교환수단을 사용해야 한다. 상대방이 수취를 거절하면 상대방은 그의 계약의 당사자가 아니다. 그의 교환수단을 수취하는 사람들끼리 계약을 할 수 있다. 그러나 미국 연방헌법은 화폐주조와 도량형에 관한 입법권을 입법부에 독점적으로 부여하였다.

3. 루소는 사회계약을 성문화된 형식으로 생각하지 않았다. "공동의 힘으로 각 구성원의 신체와 재산을 방어하고 보호하는 결합 형태를 발견하는 것. 그리고 이 결합 형태에 의해서 각 구성원은 전체에 결합하지만 그 자신 이외에는 복종치 않고 결합 이전과 마찬가지로 자유롭게 있는 것"이 사회계약의 기본문제이다.[181]

그는 사회계약의 이중성에서 추상성을 보았다. "사회계약의 공식으로부터 다음의 사실을 알 수 있다. 결합 행위는 전체와 개인과 상호 약속을 포함하는 것과 개인은 자기 자신과 계약을 함으로써 이중관계에 관련되어 있다는 것이다."[182] 앞장에서 사용한 기호로 표현하면 A = A(S) = A(S) + A(-S). 풀어쓰면 [개인은 개인의 계약자 + 개인은 개인의 계약자가 아님]의 중첩형식이다. 개인과 계약자가 아닌 것은 개인이 아닌 전체와 계약자이다. 종합하면 개인은 자신과 계약자이며 전체와 계약자이다. 이것은 역으로 자폐적 자기완결 자기조회의 [개인은 개인의 계약자]가 된다. 루소의 사회계약은 결정되지 않는다. 일반의지가 결정되지 않은 것과 일맥상통한다.

4. 스미스는 사회계약을 비현실적이라고 인정하지 않았다. 대신 권위를 내세웠다.[183] 사회계약은 합의이다. 개인 사이의 합의에서 의회의 여야 합의 하의 입법행위도 계약이다. 확장하면 보편입법도 사회적 합의이다.[184] 이 책에서는 사회계약이란 사회적 합의로 이해한다. 문제는 그러한 합의 다른 말로 보편적 합의가 존재하는가?

5. 사회계약은 이주현상에서 관찰된다. 자신에게 적합한 조건을 제공하는 국가에게 시민으로서 충성서약이 계약이다. 아직 태어나지 않은 세대는 그 땅의 유형무형의 유산 그 가운데에서도 자유의 유산heritage of freedom을 계승한다. 자유를 찾아서 신대륙으로 떠난 메이플라워호의 서약이 그 시작이다. 그 행위가 계약이다. 해외이주를 구체적으로 실행에 옮기지 않더라도 가능성만으로도 사회계약서는 법으로 존재한다. 같은 원리로 국내에서 직업 학군 주거환경 등으로 이주하는 배경도 암묵적 사회계약이다. 이렇게 보면 지역을 상품으로 보고 그 지역을 선택하는 발투표는 상품매매계약의 행위이다.[185] 사회계약서는 상품매매계약서이다.

제 5 장

고전학파

후생지수

1. 계몽주의자들이 헌법의 메타를 인식하는 데 실패한 민주정치의 근본적 결함을 찾고자 하는 시도는 현대경제학의 노력에서 찾아볼 수밖에 없다. 법학, 정치학, 철학, 사회학이 실패한 이유는 개인과 사회의 관계를 분석하는 정밀한 연역과 귀납의 한계였기 때문이다.

2. 허치슨(F. Hutcheson)은 스코틀랜드 계몽주의의 시조이다. 최대다수최대행복이라는 명제는 그가 처음 던진 말이다. 그의 제자인 아담 스미스는 시장의 교환 원리를 제시하였다. 이후 많은 학자에 의해 보이지 않는 손의 정체를 밝혀냈다. 앞서 소개했듯이 경쟁시장의 균형이 최대다수최대행복이 성취되는 핵core이다. 이것이 경쟁균형이 만장일치 최대다수최대행복의 충분조건이라는 후생경제학 제1정리이다. (최대다수최대행복은 정확한 표현이 아니다).

3. 계몽학파가 여러 분야에 남긴 문제에 대한 인식과 도전은 경제학에서 먼저 일어났다. 시장이 정부와 달리 보이지 않는 손에 의해 최대다수최대행복을 성취할 수 있다는 사실이 밝혀진 가운데 불균등자원배분의 문제에 대한 도전이다. 앞서 언급했듯이 경쟁균형이 최대다수최대행복을 보장하는 원리는 시장참가자들의 현재 상태에서 자발적 교환의 결과이다. 참가자들의 현재 상태를 변경하면 또 하나의 최대다수최대행복이 보장된다. 연역을 해보면 참가자들의 상태는 무한할 수 있으므로 최대다수최대행복의 상태 또한 무수하다. 비결정이다.

4. 예를 들어 자본이 적게 드는 재화와 자본이 많이 필요한 재화를 교환하여도 쌍방 혜택을 얻는 것은 사실이다. 다시 말하면 하나는 자본이 많고 하나는 자본이 적은 이른바 '불균등' 자원분배의 문제이다. 자본의 분배에 대해서는 스미스의 보이지 않는 손도 해결책을 제시하지 못하고 있다. 소득분배도 마찬가지이다. 그러므로 각 소득분배 상태마다 각 최대다수최대행복이 존재한다는 것을 짐작할 수 있다. 그 가운데 최고의 최대다수최대행복을 찾는 일이 남았다. 부자를 희생하지 않고도 모두 좋아지는 소득재분배의 방법이 없을까. 다시 말하면 만장일치 민주적 방법의 재분배 문제이다. 그 도전은 시작도 하기 전에 이미 패배한다. 여기에 더하여 최고의 크기도 결정되지 않는다.

5. 후생경제학 제2정리에 의하면 최대다수최대행복이 경쟁시장균형이다. 경쟁균형이 만장일치 최대다수최대행복의 필요조건이다. 다시 말하면 하나의 소득분배 상태의 최대행복에서 또 하나의 소득분배 상태의

만장일치 최대행복으로 이동이 경쟁균형이 된다는 뜻이다. 이 이동은 시장이 스스로 하지 못하며 어느 소득분배가 최고 최대행복인지 모른다. 정책으로 가능할까? 이론은 실증이고 정책은 규범이다. 이론이 정책으로 번역되는 방법이 없다.

6. 스미스는 제어된 이기심이라는 강력한 개념으로 시장경제 원리를 발견하였지만 공적영역에 대해서는 이기심을 적용하지 않았다. 그는 정부를 믿지 않았고 정책도 믿지 않았다. 정부의 입법이 "끊임없이 졸라대는 소수들의 이권"을 더 챙긴다고 보았다. 후일 스티글러(Stigler 1971)에 의해 '포획설Capture Theory'로 발전하였다.[186] 협박과 부패가 소수들의 파당에서 초래된다. 다수결 절차 민주주의 법치가 정부 침해의 위험 아래 놓이는 원인이다. 포획설은 지대추구설과 함께 대의민주주의가 시장경제를 포획하는 설명이다.

7. 소득재분배 문제도 비슷한 입법의 문제를 안고 있다. 이 문제에 최초의 도전이 힉스(Hicks 1939)와 칼도어(Kaldor 1939)의 보상원리이다.[187] 예를 들 수 있다. 치즈 관세는 물리고 포도주 관세는 내린다고 하자. 치즈 소비자는 불리해지고 포도주 소비자는 유리하다. 포도주 소비자가 자신의 상태를 향상시키며 치즈 소비자에게 보상을 하는 방법을 생각할 수 있다. 포도주 소비자는 가격이 내려가 얻은 혜택의 일부로 보상을 하여 치즈 소비자가 관세 이전 보다 좋아진다면 둘 다 좋아지는 소득재분배이다.

그러나 치즈 소비자의 생각은 다를 수 있다. 관세인상을 반대하면서 관세인상으로 잃게 되는 손해의 일부를 포도주 소비자에게 관세 이후보다 좋아지도록 뇌물을 주어 서로 좋아지므로 관세입법을 막을 수 있다. 관세 변화의 보상과 관세 유지의 뇌물은 효과가 같아지므로 입법이 결정되지 않는다. 보상원리의 정책으로 만장일치 소득재분배는 결정되지 않는다. 다른 문제와 달리 소득재분배 문제는 만장일치를 요구한다.

8. 정책이 필요한 사항은 또 있다. 개인은 사적재화와 공적재화가 함께 필요하다. 공적재화 사용에는 세금을 내야 한다. 세금은 공적재화의 사용가격이다. 세금이 싸면 공적재화의 수요가 증가되고 세금이 비싸면 그 반대이다. 개인들의 세금부담이 합쳐져 공적재화 = 정부재화의 수요가격이 된다. 문제는 개인들이 도로(공적재화)의 필요성을 정직하게 표현하지 않는다는데 있다. 다른 사람들의 세금으로 도로가 건설되어도 세금을 피한 사람이 그 도로를 무료로 사용하는 것을 막을 수 없기 때문이다. 무임승차free rider의 문제이다. 공적재화의 수요결정은 불가능하다. 앞서 언급했듯이 이것은 개인들의 계약위반이다.

9. 앞서 말했듯이 효용utility은 만족을 일으키는 능력이고, 만족satisfactions의 합이 세속적 행복이다. 세속적 행복happiness의 최대화가 개인 경제활동의 목적이다. 벤담(Bentham 1789)은 개인들 행복의 집계를 후생welfare이라고 불렀다. 후생은 복지 또는 웰빙well-being의 다른 말이다. 피구(Pigou 1920) 이전에는 후생 또는 후생경제학이라는 말을 거의 사용하지 않았다.[188] 경제학은 행복(만족)경제학이었다. 피구 이후 후생경제학이 되었다.[189] 여기서 문제되는 것이 세속적 행복의 집계였다. 그러한

집계가 가능한가?

10. 집계가 가능하지 않다면 이를 우회하는 방법을 고안할 수 있다. 스미스 이후 경쟁균형이 최대다수최대행복임을 증명한 사람은 파레토(Pareto 1896)이다.[190] 그는 벤담처럼 개인의 행복을 집계하지 않고도 분권적인 각자의 행복이 경쟁균형에서 최대가 된다는 사실을 발견하였다. 이름하여 파레토최적이다. 그러나 집계를 우회하였다 하여도 근본문제는 해결하지 못했다. 경쟁균형이 파레토최적이라는 증명은 최대행복의 충분조건이지 필요조건은 아니므로 최대다수최대행복이 경쟁균형이라는 필요조건이 요구된다. 다시 말하면 경쟁균형은 무수히 많은 만큼 최대행복의 경쟁균형 또한 무수히 많다. 그 가운데 최고최대행복을 찾아내는 필요조건이다. 필요조건이 요구하는 최대행복을 얻기 위해서는 개인행복의 집계가 필요하다.

11. 개인은 자신의 소득으로 자신의 행복을 최대로 하려 한다. 개인소득을 모두 합치면 국민소득이다. 개인의 행복을 집계하려는 힉스(Hicks 1939), 버그슨(Bergson 1938), 사무엘슨(Samuelson 1941)의 시도는 개인처럼 국가도 국민소득으로 국민 모두의 집계된 행복을 최대로 하려는 목적에 있다.[191] 문제는 집계된 국민행복이라는 것이 존재하느냐?

12. 국민행복을 사회적 후생지수 또는 사회적 복지지수라 부른다. 후생지수를 최대로 하는 개인의 후생분배가 집계문제를 해결하려는 또

하나의 우회로 대두되었다. 힉스-칼도어의 소득분배의 문제에서 후생분배의 문제로 변수전환 하였다. 이러한 지수가 존재하느냐? 다시 말하면 수많은 최대다수최대행복 가운데 최고최대다수최대행복의 존재 문제이다. 힉스-버그슨-사무엘슨의 사회적 후생지수는 무수히 많을 수 있다는 것으로 판명되었다. 말을 바꾸면 결정되지 않는다.

13. 네기쉬(Negishi 1960)가 가중치를 부여한 사회적 후생지수를 발견하였다.[192] 다시 말하면 모든 개인의 가중후생지수를 집계한 사회적 후생지수인데 그 가중치 결정원리의 발견이다. 첫째, 앞서 〈시장의 제2법칙〉의 $\lambda_i m_i = P$에서 개인 i의 조회계수 λ_i의 역수임이 밝혀졌다. 그러나 이 가중치의 측정문제가 대두된다. 둘째, 모든 사람의 행복지수를 집계한 가중평균이 사회적 후생지수라면 그것은 누구의 후생지수이냐? 가중평균 키가 누구의 키인가를 묻는 것과 같다.

초인의 후생지수이냐?[193] 집계에 포함되지 않은 어떤 법 위의 자의 것이냐? 전능하신 하나님의 후생지수이냐? 모든 국민을 공평하게 관망하는 중립적 관망자 이른바 자비로운 독재자benevolent dictator의 후생지수이냐? 경제계획자social planner의 것이냐? 국민의 대의기관인 의회의 것이냐? 국민이 선출한 대통령의 후생지수이냐? 독재자의 후생지수이냐? 자비로운 독재자란 존재하느냐? 이 문제 역시 초인의 행복지수를 집합에 포함해도, 포함하지 않아도 성립한다. 사회적 후생지수란 내용 없는 공허이다.

롤스

1. 사무엘슨 후생지수, 네기쉬 후생지수, 벤담 후생지수, 내쉬 후생지수 모두 가중치 결정문제에서 벗어나지 못하였다. 하나의 특별한 후생지수가 롤스(Rawls 1971)에 의해 제시되었다.[194] 그는 사회에서 가장 불리한 계층에게 유리한 후생지도를 고안했다. 그리고 사회가 이 후생지도를 받아주기를 기대하는 두 가지 원리를 제시하였다. 다시 말하면 일종의 사회계약이다. 그의 근거는 로크, 루소, 칸트의 사회계약에서 자유와 함께 정의justice를 발견하였다는 그의 주장에 있다.[195] 그가 생각한 정의가 고전적 정의인지 사회적 정의social justice인지 불분명하다. 이에 대해 하이에크(1976)의 반박이 있다.

> 내가 믿기에 사회적 정의는 도깨비불이다. 사람들을 현혹시켜 과거 문명에 주었던 영감을 포기하게 만든다. 불행히도 이 불분명한 소망은 선의를 행동에 옮기는 사람들을 자극하는 강한 족쇄가 되고 결국은 실망하게 만들 것이다. … 전통적인 윤리 가치 - 자유가 번성하는 데 필요불가결한 분위기를 파괴하고 말 것이다.[196]

롤스의 정의는 권리와 권리의 충돌을 조정하는 정의가 아닌 것 같다. 그것은 역지사지의 원리이다. 현재의 자신의 처지와 가장 어려운 사람의 처지를 바꾸어 생각하는 공정성의 원리이다. 그러나 그것은 〈그림 II-3〉의 세계가 보인 것처럼 교환을 저지할 수 있는 공정성의 원리임이 드러났다.

2. 칸트는 사회에서 개인의 위치와 관계보다 개인 자체를 탐구하였다. 도덕적 이성적 인간이다. 칸트의 개인은 선험적 주체이다. 흄의 감정 주인, 벤담의 감성 주인과 달리 이성이 주인이다. 그러나 여기에 무연고적 자아가 주어진다. 곧 각 개인은 다른 개인과 연고가 없다.

칸트는 선험적 주체로서 무연고자가 시장에서 어떻게 행동하는지 일반적으로 사회가 어떻게 연결되는지에 대해 설명하지 않았다. 이것을 롤스가 시도하였다.

칸트를 계승한 롤스의 도덕적 이성적 인간은 두 가지 품성을 지닌다. 합리성과 공정성이다. 칸트가 표현한 하나의 독일어 단어Vernunft를 두 개의 영어로 분해한 것이다. 롤스가 가상한 원래의 위치original position에서 도덕적 인간은 가언명법으로 합리성 하에, 정언명법으로 공정성 하에 움직인다. 합리성은 도덕적 인간이 지니는 선의 능력이고 공정성은 정의 능력이다. 합리성으로 개인의 행동을, 공정성으로 무지의 베일veil of ignorance를 설정하여 양자를 합하여 원래의 위치에서 이루어지는 계약이 공정성으로서의 정의이다.

3. 롤스 정의의 원리는 두 가지이다. 첫째, 자유의 원리이다. 개인이 무지의 베일에 가려서 지위, 재산, 학식, 성별, 종족, 종교, 능력, 종교 등 개인을 정의하는데 생각할 수 있는 모든 것에서 동일하다. 이것이 원래의 위치이다. 이런 가상 상태에서 개인 결정에 가장 중요한 개인의 덕목이 기본적 자유라는 정의이다. 여기서 말하는 자유의 원리는 I권에서 분석한 자유의 법칙에 의한 자유의 원리와 아무 상관이 없다. 차라리 평등의 원리가 어울린다.

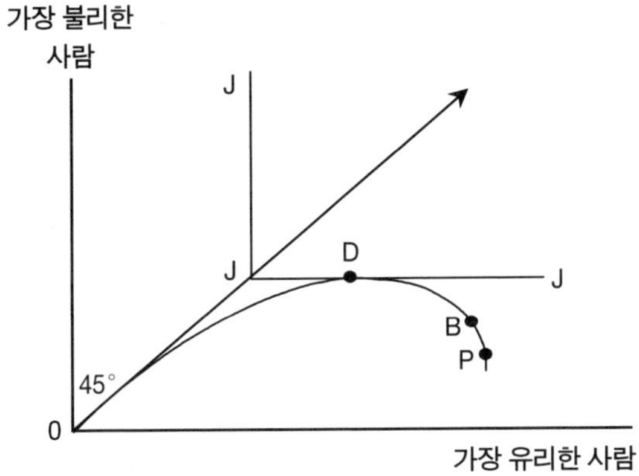

〈그림 II-5〉 정의의 원리 [Rawls, 2001, p.62]

둘째, 최대최소의 원리이다. 자기중심적 개인은 무지의 베일로 자신의 미래를 전혀 예측할 수 없는 상황에서 위험회피 하는 태도는 어쩌면 자신도 그리 될지 모르는 가장 불리한 사람에게 혜택이 가도록 사회적 불평등의 허용을 자유로운 의사결정으로 할 것으로 예상된다. 이것을 평등의 원리에 대한 차등의 원리라고 불렀다.

〈그림 II-5〉에서 세로축은 가장 불리한 사람의 소득, 가로축은 가장 유리한 사람의 소득을 나타낸다. 원점은 모두에게 기본재화가 평등한 원래의 위치이다. 원래의 위치에서 출발한 두 사람 사이에 형성되는 분배의 양상이 볼록함수 ODP이다. 그 모습이 두 사람 사이의 차등의 원리를 구성한다. B점은 두 사람의 만족의 합이 최대가 되는 점이다. 곧 [소득의 합 = 불리한 계층의 소득 + 유리한 계층의 소득]의 직선이 볼록함수 ODP의 최고점에서 접하는 점이다. 이 점에서 두 무리의 최대다수최대소득이 달성된다. 최대다수최대행복을 주창한 벤담의 점이다.

D점이 가장 불리한 사람의 소득이 최대가 되는 재분배점이다. 곧 점 D에서 가장 불리한 사람의 추가Δ되는 소득은 영이다. (Δ소득 = 0). 곡선 ODP에서 불리한 사람의 소득이 최대가 되었으므로 더이상 증가할 수 없다. 두 사람 사이의 보편적 합의가 이루어진다는 평등의 원칙이다.

4. 롤스는 현재 자원분배를 평가하는 것을 거부하고 원래의 위치에서 무지의 베일에 놓인 이 개인은 자기중심적으로 정의의 두 가지 원리를 입법한다. 그러므로 롤스의 문제의 목적은 무지의 베일과 원래의 상태의 초기조건 아래에서 가장 불리한 계층의 소득을 최대(Δ소득 = 0)로 하는 보편적 합의의 사회계약이다.

목적: 불리한 계층의 Δ소득 = 0.

제약조건 1: 분배의 볼록함수

제약조건 2: 초기 조건 = 무지의 베일 + 원래의 위치

제약조건 3: 정의 원리 = 평등 원리 + 차등 원리 = 자유의 원리 + 최대최소 원리

제약조건 4: 개인=유리한 개인 +불리한 개인

제약조건 5: 레이온티프 효용함수

제약조건 1은 분배의 볼록함수이다. 제약조건 2는 일종의 시초이며 시작점이다. 시초에서 정의는 스스로 시초이다. 처음부터 결정불가능성이 대두된다. 제약조건 3은 [정의 원리 = 평등의 원리 + 차등의 원리]의

중첩형식일 수밖에 없다. 중첩형식을 가르는 메타의 숨은 손이 필요하다. 그것이 롤스가 도입한 특별한 [레이온티프] 효용함수 JJJ이다. 그림에서 직각의 선이다. 효용함수가 목적이 되는 것이 보통이다. 롤스는 다른 제약조건과 함께 불리한 계층의 소득을 극대화하는 목적을 달성하는 제약조건으로 정의하였다.

평등 원리의 근거는 칸트의 의무론이다. 차등 원리는 롤스가 칸트의 선험주체에 경험주체를 추가한 것이다. 두 원리의 분리형은 모순처럼 보이지만 일체형으로 보면 모순이 아니다. 그러나 [정의의 원리 = 평등의 원리 + 평등의 원리 아님]에서 평등의 원리 아님 ≠ 차등의 원리가 일반적이다. 그 이유는 정의는 자유에서 파생되어 자유처럼 인과가 없는 시초의 법칙을 따르기 때문이다. 곧 [평등의 원리 아님 = 차등의 원리 + 숨은 손]이 일반적이다. 따라서 [정의의 원리 = 평등의 원리 + 차등의 원리 + 숨은 손]의 일체형이 되어야 한다. 제약조건 4에서 하나의 개인은 유리한 사람과 불리한 사람으로 분리되기 전의 일체형이다. 일체형의 인간에게 정의 원리가 혼합형이 될 수밖에 없다. 이 형식은 I권 〈정의 8〉의 [원형자유 = 평등의 자유 + 차등의 자유]와 유사하다. 이때 이 중첩형식을 구분하기 위해서도 숨은 손이 필요함을 논증하였다.

5. 경험적으로 소득의 원천인 재능의 결과를 어떻게 귀속시켜야 하는가. 롤스의 정의의 원리에 의하면 재능의 결과는 사회의 공동재산이다. 나와 나의 소유를 구분해서 보면 나는 칸트의 선험주체일 수 있으나 나의 소유는 나의 경험의 결과이다. 하나의 사회조직에서 발휘하는 재능이 다른 사회조직에서도 동일하게 발휘한다는 보장이 없다. 분배의 정의도 재

검토해야 한다고 주장한다.

> 그 분배는 원리로서 잘못된 것이기에 버리지만 어쨌든 대답을 줄 수 없다. 정의의 원칙이 결속된 행위에 관계된 사람들 사이에 불평이 없다면 그 결속된 행위와 제도가 만족하는 핵심적 제약을 규정한다. 이 제약이 만족스럽다면 결과적인 분배는 무엇이 되었든 공정으로 수용할 수 있다.[197]

무지의 베일로 인한 필요한 정보의 부재는 자기의 직관이 자기성찰의 균형reflective equilibrium으로 이끌고 자기심사하고 자기수정 하여 보편적 합의universal consent에 도달한다. 그것이 D점이다. 이로써 원래의 위치에서 이웃을 위하는 길이 곧 나를 위하는 길이 된다. 그러나 롤스의 체계에서도 보편적 합의의 결정기구가 보이지 않는다. 의회에서 결정하는가? 다수결 또는 만장일치로? 무엇보다도 어떠한 방식을 동원하든지 보편적 합의라는 것이 존재하는가? 다시 말하면 롤스는 칸트가 개인의 인식론에 머무른 것을 개인과 개인 사이의 관계로 발전시킨다는 뜻을 품었는데 여기서 반드시 대두되는 보편적 합의의 존재에 대해서 만족할만한 결과를 내지 못했다.

> 여기서 우리는 어려운 질문에 봉착한다. 그것은 사람들의 집합(말하자면 의회의 의원들)의 행동이 다른 것도 아닌 법이라는 측면에서 어떤 기본적 규범이 있어야만 한다는 것이다. 무엇이 이들을 의원으로 인정하는가? 무엇이 이러한 성명을 결의나 제안이나 단순히 연극의 연습이 아닌

> 정말로 법으로 인정하는가? 등등. 어떠한 법률체계라도 그에 앞서는 어떠한 기본적 규범, 하트가 "인정의 규칙"이라 부르는 것, 이 있어야만 한다는 점은 분명하다.[198]

롤스가 인용한 하트(Hart 1961)가 말하는 "인정의 규칙rule of recognition"이란 켈젠의 기본규범Grundnorm을 발전시킨 개념이다. 법이 법으로 인정받게 되는 가장 기본적인 근거를 가리킨다. 하트도 켈젠처럼 법의 근거에서 윤리를 제거하였다. 아래에서 소개하는 〈애로우 불가능성 정리〉에 의하면 그러한 것은 존재하지 않는다.

인정의 규칙이 발견된다 해도 또 하나의 비결정이 기다리고 있다. [정의의 원리 = 평등의 원리 + 차등의 원리]의 구분비율의 비결정이다. 〈그림 II-5〉에서 곡선 OP와 45도선 사이의 비율이다. 롤스도 알고 있었다.

> 그 비율이 부정의인지 어떤지 판단할 기준이 우리에게 더 이상 없다. 실제 비율이 [알려진다해도] 그것은 우리를 곤란하게 만들지 모른다. 그것은 자기성찰의 균형이 깨지는 것과 같다.[199]

6. 롤스가 생각한 합리적인 인간은 앞서 소개한 대로 자기중심적solipsist이다. 무지의 베일에서 자신 이외에 다른 사정을 고려할 수 없기 때문이다. 이들의 사회계약의 목적은 정부조직이 아니다. 자기중심적 사람들이 처한 가상적인 사회이다.

이 사회에서 자기중심 사람의 정의관이 갖는 자기조회 구조가 결정불가능을 일으킨다. 외부와 단절된 무지의 베일이 둘러싼 원래의 위치에서 다른 참고가 없는 [나는 나의 중심]일 수밖에 없다. 이 정의도 내부에서 자기조회이다. 1회 복제는 [나는 나의 중심의 중심]이 된다. 따라서 이 역시 둘로 자기분할 할 수 있다. [나는 x의 중심]과 [x는 나의 중심]이다. 여기에 x를 가장 어려운 사람으로 정의하면 롤스의 정의의 원리가 설명될 수 있다.

문제는 무지의 베일에 가린 원래의 위치에서 자기 직관에만 의존하는 자기중심의 개인은 모두 동일하기 때문에 한 사람으로 취급할 수밖에 없다는 점이다. All is One. One is All. 〈그림 II-5〉의 원점이다. 롤스의 무지의 베일은 모든 사람을 똑같은 복제인간 A = A(S)로 본다. 복제인간은 두 가지 원리의 입법에 대해 만장일치일 수밖에 없다. 그러나 그 만장일치의 자기조회 구조는 자기증식은 가능하지만 메타의 눈으로 가장 불리한 계층과 그렇지 않은 계층의 자기분할은 기대할 수 없다.

7. 두 번째 문제는 롤스가 "모든 사람은 하나로 간주해야 하며 어떤 사람도 그 이상을 간주해서는 안 된다."라고 요약되는 벤담의 최대다수 최대행복의 원리가 개인을 무시하였다고 비판하는 데에서 자신의 정의론을 출발하였으나 그의 이론에도 역시 개인이 매몰되고 말았다.

무지의 베일에 가린 채 원래의 위치에서는 모두 한 사람이 되기 때문이다. 이 모습이 일체형의 인간이다.

세 번째 문제는 "진리가 너희를 자유롭게 하리라"는 [진리 = 자유]의 등식에서 무지는 자유에 반대개념이다. 그러나 롤스는 자유의 원리의 자유를 구분하지 않았기에 중첩형식의 원형자유가 비결정이 되므로 무지의 베일도 비결정일 수밖에 없고 그 결과 원래의 위치의 증명도 불가능하다. 롤스 자신도 최대최소의 기준만으로는 평등뿐만 아니라 불평등도 야기할 수 있다는 사실을 인식하였다. "더 밀도 있는 분석이 …또 다른 개념의 정의가 더 합리적이라는 점을 보일 수 있다."[200]

8. 샌델(Sandel)이 롤스에서 분석적으로 한 걸음 더 나아갔다. 나의 재능의 결과가 사회의 공동재산이라면 그 결과물을 나의 소유로 삼을 자격이 문제가 된다. 여기에 재능, 자아, 소유, 자격 사이에서 구분의 문제가 대두된다. 그 문제가 해결되었다고 하여도 구체적으로 첫째, 누구와 나누어야 하는가. 둘째, 무연고자의 정체성이란 무엇인가. 셋째, 공동체의 분리는. 넷째, 무연고자란 개인의 매몰이 아닌가. 특히 마지막 지적은 롤스가 반대하는 공산주의와 차이가 없어졌다는 데 문제가 있다. 풀어 말하면 첫째는 공동자산 시장의 부재의 문제이다. 나머지는 모두가 하나이고 하나가 모두라는 명제와 내부적으로 모순된다. 개인의 구분이 없어진 복제인간들 세상에서 재능, 자아, 자격의 구별은 무의미하다.

9. 칸트와 달리 롤스의 정의론에 핵심 가운데 하나가 불확실성이다. 무지의 베일에 싸인 원래의 위치에서 정의의 원리를 입법할 수 있게 하는 것은 개인이 어떠한 사회적 지위에 놓이는지 모른다는 불확실성의 전제이다. 이 개인이 X가 될 불확실성을 도입해 보자.

〈그림 II-4A〉와 〈그림 II-4B〉를 다시 참고하면 원래의 위치에서 무지의 베일에 싸인 개인은 장차 Z상태에서 X가 될 조건부확률 $P(X \mid Z) = P(X \cap Z)/P(Z)$와 Z상태가 아님에도 X의 조건부확률 $P(X \mid -Z) = P(X \cap -Z)/P(-Z)$를 도입할 수 있다. 이번에는 X에게 Z상태가 발생할 조건부확

률 P(Z | X) = P(X∩Z)/P(X)와 X에게 Z가 발생하지 않을 조건부확률 P(-Z | X) = P(X∩-Z)/P(X)를 도입할 수 있다. 그러면 P(X | Z)P(Z) = P(Z | X)P(X) = P(X∩Z)와 P(X | -Z)P(-Z) = P(-Z | X)P(X) = P(X∩-Z)가 성립한다. 여기서 Z가 일어날 확률 P(Z)와 일어나지 않을 확률 P(-Z)의 합은 P(Z) + P(-Z) = 1이다. 세 개의 식으로부터 P(X | Z) = a[P(Z)P(X | Z) + (1-P(Z))P(X | -Z)]. 여기서 a = P(Z | X)/P(Z)이다. 곧 a는 Z상태의 원인이 X일 조건부확률 P(Z | X)와 X와 상관없이 Z상태가 일어날 확률 P(Z)의 비율이다. 조건 없이 Z가 발생할 사전확률과 발생하지 않을 사전확률은 사전적으로 알려지지 않는다. 아무 사전적 조건 없이 발생하는 확률은 초기조건이다. 이 사전확률은 주어지지 않는다. 이 확률은 선험적이다.

초기조건에 대한 사전적 무지의 경우 보통 반반의 확률이라고 가정하여 사전적 확률에 0.5를 부여하면 P(X | Z) = P(Z | X)[P(X | Z) + P(X | -Z)]가 롤스가 말하는 X의 조건부확률이 된다. Z상태에서 X의 조건부확률은 상태 Z에서 X의 확률과 Z가 발생하지 않을 상태의 X의 확률의 합에 비례한다. 확률이 지배하는 실제 불확실성의 세계에서 X가 되는 롤스의 보편적 합의의 존재는 초기조건의 부재로 설명하기 어렵다. 초기조건이 없다는 것은 사후확률도 비결정이고 공정에 의한 정의도 비결정이다.

제 6 장

신고전학파

애로우

1. 이상 본 대로 모든 인간 집단의 의사 결정성이 논리적으로 제시되지 않고 있다. 로크의 경우 사회계약으로 정부가 조직되고 다수결에 의해 사회문제를 결정한다. 그러나 그 다수결의 대의성에 대해서는 기술이 없다. 그가 말하는 사회적 합의 개념도 공허하다. 몽테스키외의 사회적 미덕 역시 마찬가지이다. 몽테스키외는 추첨을 일부 생각하였다. 홉스의 리바이어던에서는 절대 권력자가 의사결정자이지만 그의 결정원리는 부재이다. 루소의 일반의지의 정체도 설명되지 않는다. 칸트의 보편적 도덕법칙, 롤스의 보편적 합의 모두 결정되지 않는다. 벤담의 최대다수의 범위도 결정되지 않는다. 헤겔의 역사법칙은 인과법칙이므로 자유를 설명하기에 부족하다.

2. 스미스의 시장기구에 공적재화까지 포함한 보이지 않는 손의 결정기구가 없다. 그를 계승한 힉스-칼도아의 보상의 원리의 보이는 손도 실

패하였다. 버그슨-사무엘슨의 사회적 후생지수도 실패하였다. 이 실패는 시장기구의 기초가 개인의 가치이고 공공영역의 기초가 사회적 결정이라는데 있다. 개인의 가치와 공공의 판단은 어울리기 어렵다. 말을 바꾸면 개인의 가치를 존중하는 공공의 판단은 존재하지 않는다.

3. 시장이 경쟁상태일 때 파레토 최적상태에서 최대다수최대행복이 달성된다는 후생경제학의 정리는 매일의 생활에서 일어날 수 있다. 이 글을 쓰는 이 순간에도 수천만 개의 상품의 수천만 개의 가격이 자발적으로 일사불란하게 결정되는 것을 보면 알 수 있다. 그 누구도 이 가격결정을 지시하지 않는다. 수천만 개의 시장에서 수천만의 수요와 수천만의 공급이 만나는 수천만의 균형이 수천만 개의 가격을 형성한다. 이 현상이야말로 방법론적 개인주의이다.

4. 이에 대하여 시장경제를 부정하는 구 소련경제의 실상은 차라리 희화적이다. "시장이 없어서 정부가 사드린 모피가 정부 창고에서 썩어가고 있는 이유는 가격계산부에서 정한 가격이 비싸서 그것을 인수하려는 업체가 없기 때문이다. 이를 해결하고자 경공업부가 가격계산부에 두 번씩이나 가격 인하를 요청하였으나 아직 대답을 듣지 못한 상태이다. 놀랄 일도 아니다. 가격계산부의 직원들은 모피 가격 이외에 2,400만 개의 상품가격을 새로 계산하느라 너무 바쁘고 시간이 없기 때문이다."[201]

5. 시장경제의 문제는 개인만족의 집계의 어려움이다. 그러한 집계가 존재하느냐? 앞서 힉스, 칼도어, 사무엘슨 등의 시도가 이 질문에 대한

대답을 찾고자 한 노력이다. 개인들의 의사를 집계하는 사회적 후생지수의 존재의 어려움을 우회하는 방법으로 애로우(Arrow 1950)가 생각한 것이 사회적 선호순서이다. 개인에게 존재하는 선호순서를 사회적으로 확장한 것이다. 투표는 선택후보에 대한 선호에 따라 순서를 정하는 수단이다. 일반화하면 그것은 크게는 정부의 의사결정에서 시작하여 각종 위원회의 의사결정에 이르기까지 선택후보 가운데 하나를 다수결에 의해 선택하는 의사결정이다. 그러나 앞서 모두에서 밝힌 것처럼 다수결의 결정성 문제를 차치하더라도 투표에 의한 개인들의 의사의 집계도 불가능하다는 것이 알려졌다. 이것이 투표의 모순이다.

6. 앞서 I권이 소개한 〈코우스 정리〉의 깨끗한 강물의 예로 돌아가자. 세 가지 가능성이 제시된다. 공장이 물을 오염(1번), 주민의 반대(2번), 공장과 주민의 계약(3번). 제안 X = (1번〉2번〉3번), 제안 Y = (2번〉3번〉1번), 제안 Z = (3번〉1번〉2번). 제안 X, Y, Z의 3가지 가운데 하나를 A', A'', A'''의 3명이 선택한다고 하자. 선호순서는 다음과 같다.

A' X〉Y〉Z (X는 Y보다 좋고 Y는 Z보다 좋다)
A'' Y〉Z〉X (Y는 Z보다 좋고 Z는 X보다 좋다)
A''' Z〉X〉Y (Z는 X보다 좋고 X는 Y보다 좋다)

이 경우 X〉Y〉Z〉X의 무한순환이 발생하므로 아무것도 결정되지 않는다. 이것이 투표의 모순이다. 일찍이 드 보르다(de Borda 1781)와 콩도르세(Condorcet 1785)가 발견하였지만 오랫동안 잊혀졌다.

> 사회적 선택은 협조와 상호조정의 결과가 아니라, 하나의 결정이 불가피하게 또 하나의 결정을 가져오는 합계일 뿐이다. 결국 최후의 결정은 내부의 필요성 때문이지 전체의 이해와는 아무 상관이 없다.[202]

투표의 모순의 이유 역시 그 구조가 자폐적 자기완결에 출발점으로 회귀하는 자기조회이기 때문이다. 여기서 눈여겨보게 되는 선호순서가 세 번째 사람이다. 첫 번째 사람 A'은 선호 X가 가장 높고 나머지가 차례대로 낮아진다. 하나의 정상 X에서 하산하는 모습이다. 두 번째 사람 A"은 선호 Y가 가장 높다. 산에 비유하면 제일 낮은 X에서 시작하여 정상 Y에 오른 다음 Z로 내려간다. 선호지도가 봉우리가 하나인 산의 모습이다. 세 번째 사람 A'''은 산중턱 X에서 시작하여 낮은 계곡 Y를 거쳐 높은 Z로 오른다. 선호지도가 계곡의 모습으로 그의 선호지도는 다른 두 사람의 선호지도와 달리 높은 곳이 두 군데double-peak이다. A'''는 A"의 반대이다.

7. 위의 예에서 세 번째 사람 A'''은 첫 번째와 두 번째 사람과 비교할 때 쌍봉double-peak의 선호체계가 상대적으로 비정상이다. 블랙(Black 1948)에 의해 그 중요성이 알려졌다. 이 상대적인 비정상을 배제하면 모순이 사라지고 투표에 의한 대의는 존재한다. 블랙이 발견한 단봉single-peak의 선호체계이다. 그러나 결정사항이 복합적일 때에는 단봉선호체계도 비결정이 된다. 이것을 악용하는 것이 선별적 선거제도이다. 예를 들어 나치스 하에 아리안이 아니면 선거에서 차별 당하였다.

8. 이 예가 특수한 경우라고 생각하면 오산이다. 예를 들어 100원을 3명에게 분배한다고 하자. X = (50, 20, 30), Y = (30, 50, 20), Z = (20, 30, 50). 그러면 투표의 모순에 걸린다. 분배방식을 바꾸어 X' = (33.3, 33.3, 33.3)이라 하자. 그러면 이 분배는 Y' = (50, 50, 0)보다 못하고, 이것은 다시 다른 분배보다 못하게 된다.

9. 문제의 쌍봉은 제외하고 단봉만으로 구성된 투표의 결과로 다수결의 균형이 존재한다는 것이 알려졌다. 역으로 말하면 쌍봉이 있는 한 어떠한 투표제도도 바람직한 결과를 기대할 수 없다. 그러므로 단봉과 쌍봉 등 선호지도의 제약 없는 투표제도의 결정성의 조건을 찾으려는 탐구의 질문은 다음과 같다. 선호지도의 순환 없이 균형을 보장하는 최소의 다수결 크기는 무엇인가. 투표자들의 선호지도가 크게 다르지 않다는 조건 아래 64퍼센트가 대답이다.[203]

10. 또 하나의 투표의 문제를 제시할 수 있다. 예를 들어 100명의 노동조합에 3가지 제안이 주어졌다. X안 = 사용자가 제시한 임금의 수용. Y안 = 사용자가 제시한 임금 제안의 거절과 초과노동 거절. Z안 = 사용자제안의 거절과 파업. 3가지 선택에 대한 100명의 선호도는 다음과 같다.

1명 X〉Y〉Z (X는 Y보다 좋고 Y는 Z보다 좋다)
49명 Y〉Z〉X (Y는 Z보다 좋고 Z는 X보다 좋다)
50명 Z〉X〉Y (Z는 X보다 좋고 X는 Y보다 좋다)

이것은 앞서 제시한 3명 사이의 투표의 모순과 동일한 형태이다. 다만 각 경우의 사람 수만 다르다. 49명과 50명의 공통점은 Z〉X이다. 둘이 합쳐 Z를 받아드릴 수 있으나 Y를 선호하는 49명이 반대. 둘이 합쳐 Y를 받아드릴 수 있으나 Z를 선호하는 50명이 반대. 두 경우 모두 과반수가 모자라므로 아무것도 결정되지 않는다. 그러면 과반수 결정을 위해 50명이 1명에게 접근한다. 둘 사이의 공통점은 X〉Y이다. 1명이 양보하면 Z가 결정된다. 그러나 양보하지 않으면 과반수에 못 미쳐 아무것도 결정되지 않는다. 이래저래 100명의 대의는 존재하지 않는다. 최후의 방법이 있다. 과반수를 얻으려면 50명이 1명의 의사를 존중하면 된다. 50명은 Z를 포기하고 차선책으로 X〉Y를 받아드리면 1명의 선호순서에 의해 X〉Z가 성립한다. 이 선호순서는 1명에게서만 발견된다. 이 사람이 독재자이다. 독재자가 없으면 100명의 대의는 존재하지 않는다.

11. 투표에 의존하는 민주주의 의사결정도 이와 흡사하여 다수의 정치적 정강 가운데 하나를 선택하는 방법은 다수결이다. 앞서 다수결의 비결정성 문제를 떠나서 이제 정강 X, Y, Z 가운데 하나를 선택하는 경우를 생각하자. 누구든지 수락할 수 있다고 생각하는 자명한 공리 다섯 개를 제시한다.

공리 1. X가 Y보다 좋고 Y가 Z보다 좋으면 X가 Z보다 좋다.
공리 2. 모든 투표자의 모든 선호순서에 제약이 없다.
공리 3. 모든 투표자가 X를 Y보다 좋아하면, 사회적으로도 X가 Y보다 선호된다.

공리 4. 임의의 두 후보에 대한 모든 선호순서는 외부와 독립적이다.

공리 5. N-1명 투표자가 X를 Y보다 좋아하고 나머지 1명 투표자가 Y를 X보다 좋아하면, 사회적으로 Y를 X보다 좋아하지 않는다.

공리 1은 의사결정이 X, Y, Z 사이에서 무한순환의 투표의 모순을 막는다. 개인의 선호순서에서 무한회전이 일어나지 않는 무모순의 합리성을 집단에게 적용한 것으로 비결정을 제거하는 장치이다.

공리 2는 정강의 선택은 종교, 윤리, 관습, 풍속, 여론 등이 아니라 오직 투표자의 선호에만 의존한다는 뜻이다. 앞서 A, A', A" 세 사람의 경우에 마지막 사람 A“의 상대적인 비정상의 선호지도도 포함시킨다. 모든 투표자에게 차별 없이 부여하는 보통비밀투표가 그 예이다. 공리 2는 투표자의 다양성을 의미한다. 간단한 예를 들어본다. 3가지 제안 X, Y, Z를 앞에 놓은 2명을 생각하자. 선호지도의 경우의 수는 36가지이다. 이 36가지 선호지도 모두를 참고한다. 이 가운데 몇 개를 제한하지 않는다. 앞서 첫 번째 투표의 모순의 세 사람 가운데 나머지 두 사람의 선호지도와 모습이 다른 세 번째 사람의 선호지도도 배제하지 않는다.

공리 3은 36가지 가운데 몇 개만으로 설명할 수 있다. 첫 번째, 2명 가운데 1번의 선호순서는 X〉Y〉Z이고 2번의 선호순서는 X〉Y〉Z이다. 만장일치의 경우이다. 두 번째, 1번의 선호순서가 X〉Y〉Z인데 2번의 선호순서는 X〉Z〉Y인 경우. 1번과 2번의 공통 선호순서는 모두 X〉Y이므로 사회적으로도 X〉Y라는 의미이다. 다수결의 경우이다. 공리 3은 만장일치뿐만 아니라 다수결까지 포함하는 파레토 원칙이다. 파레토 원칙은 다음의 투표원칙을 요구한다.

공리 4는 모든 투표자의 투표를 1회로 제한한다. 재투표로 서열이 바뀌는 것을 금하는 것이 목적이다. 그러나 필라델피아에서 열린 미국연방헌법 제정회의에서는 전날 의결된 결의를 번복할 수 있었다. 127일 동안 회의에서 각 주의 대표들은 하고 싶은 발언의 기회를 제한 없이 허락받았다. 수없이 번복되던 결의는 마침내 최종 결의에 도달하였다. 또 하나 논리적으로 생각할 수 있는 투표의 문제가 있다. 앞서 언급한 [투표하자는 제안을 투표하자는 제안]의 자기조회이다. 하나의 의제를 투표에 부치자는 의제를 투표에 부치자는 의제를 투표에 부치자는 의제…∞는 결정되지 않는다. 이에 반하여 공리 4는 대부분의 투표에서 받아드린다. 이것은 일부러 투표자가 속셈을 감추고misrepresentation 전략적으로 투표한 다음 다시 투표하는 것을 방지하기 위함이다. 여기에 더하여 투표자는 다른 투표자의 영향을 받지 않는다.

공리 4는 공리 2와 함께 사회적 의사결정이 투표, 명령, 전통, 윤리, 종교 가운데 오직 투표에만 의존한다는 의미이다. 명령은 군대의 결정방법이다. 전통과 윤리는 전통사회의 의사결정으로 오랜 역사적 유산이다. 종교는 영적세계의 결정이다. 투표에는 1인1표의 정치적 투표, 1주1표의 주식회사의 투표, 1원1표의 시장의 투표가 있다. 1원1표는 이미 I권에서 본 것처럼 시장기구에서 경제적 의사결정으로 논의하였다. 1주1표의 주식회사 의사결정을 연구하던 애로우가 1인1표의 정치적 투표의 결정문제로 방향을 바꾸게 된 계기가 되었다.[204] 다시 말하면 애로우의 공리 4는 어떠한 위원회를 포함하여 결정기구에 해당한다. 민주주의의 모든 결정기구에 해당한다.

공리 5는 독재자의 출현을 허용하지 않는다. 독재자 출현금지 공리이다.

이상 5가지 공리 하에 애로우(Arrow 1950)의 결론은 "우리가 사람 사이에 효용(만족)의 비교가 가능하지 않다고 가정하면, 개인의 선호가 사회적 선호로 확대될 수 있는 유일한 방법, 모든 사람의 선호순서를 만족시킬 수 있는, 방법은 강제하거나 독재하는 방법뿐이다."[205]

애로우 불가능성 정리: 합의된 모든 공리를 만족시키는 사회적 의사결정은 불가능하다.

다섯 가지 공리 하에 사회적 의사결정은 불가능하다. 애로우 불가능성 정리는 투표의 모순의 정밀한 일반화이다. 민주주의가 국민주권이고 그 권리의 행사는 1인1표 투표이다. 결정불가능으로 다수결 투표 행사의 명분이 불분명해졌다. 사회적 선호만을 생각할 때 자폐적 자기완결 자기조회 민주주의에 독재자의 출현은 불가피하다. 헌법은 그의 헌법이다. 임의적이고 재량의 헌법이다.

따름정리: 합의된 모든 공리를 만족시키는 방법은 독재자의 인정이다.

12. 애로우 독재자의 기원은 앞서 보았듯이 홉스(Hobbes 1651)의 절대 권력자 리바이어던까지 거슬러 올라갈 수 있다. 그 절대 권력자는 법 위에 군림한다. 홉스는 스미스처럼 개인의 이기심을 그의 논거의 시작으로 삼았다. 그러나 홉스는 스미스가 발견한 이기심에서 파생되는 공

감의 중요성을 인식하지 못했다.

인간에 대한 홉스의 정의 A = X(E) 및 X = A(E)와 다르게 A = X(S) 및 X = A(S)의 정의는 스미스의 것이다. 그 결과가 홉스에게 인간은 A = A(E)이고 스미스에게 인간은 A = A(S)이다. 전자는 공포와 같은 인간의 단점을, 후자는 공감과 같은 인간의 장점을 강조했다. 스미스는 공감을 앞세웠지만 동시대 고드윈(Godwin 1793)은 남의 장점 보다 자신의 단점을 더 사랑한다고 하며 스미스의 공감을 부정하였다.[206]

13. 애로우 보다 앞서 나이트(Knight 1935)가 이미 자치의 윤리적 차원에서 홉스뿐만 아니라 그 이래 모든 주장에 대해 비관적 견해를 표명하였다.

> 사회적 질서와 발전의 가장 심대한 문제는 … 준법이다. 속임수를 방지하는 것이다. 내가 알기로는 이 문제에 대한 지적 해결이 없다고 본다. 참여자들이 알면서도 파국으로 치닫도록 비합리적이 아니라면 다툼을 해소하는 반대의견의 사회적 기구가 있을 것이다. 그렇지 않으려면 사회는 힘에 의해 유지해야만 한다. 밖에서. 독재자는 그가 지배하는 사회에 속하지 않는다. 이러한 사회를 윤리적 측면에서 사회라고 부를 수 있을까.[207]

나이트의 글은 첫째, 사회에는 지적 해결이 없다. 둘째, 그 해결이 독재이다. 셋째, 독재는 윤리적 사회가 아니다. 나이트는 애로우의 불가능성정리를 예고하고 있다.

14. 애로우 불가능성 정리의 증명을 수험생 선발의 예로 대신할 수 있다.[208] 세 명의 수험생 A', A", A'"를 생각하자. 이 가운데 한 명을 민주적으로 선발하는 것이 목적이다. 이들은 먼저 선발기준에 대하여 합의된 5가지 조건 아래 10번의 시험을 친다. 10번의 시험을 모두 선발기준에 사용해야 하는가? 아니면 그 가운데 단 한 번 유일의 시험으로 결정해야 하는가?

조건 1. 성적에 있어서 A'가 A"보다 높고, A"가 A'"보다 높으면, A'는 A'"보다 높다.

조건 2. 성적 이외에 다른 사항은 고려하지 않는다.

조건 3. 모든 시험에서 A'가 A" 보다 높으면 A'가 선발된다.

조건 4. A'와 A" 사이의 서열은 다른 학생을 빼거나 추가되어도 변함이 없다.

조건 5. 아홉 번의 시험결과를 무시하고 한 번의 시험결과로 선발하지 않는다.

이상 5개의 조건은 애로우의 5개의 공리와 1대1의 비유이다. 이 조건들은 누구든지 받아드릴 수 있다고 여기는 사항이다. 조건 1은 무한회전의 투표의 모순을 막는 조건이다. 조건 2는 오직 시험으로만 선발한다는 것이다. 추천서나 수상경력 등은 배제된다. 모든 시험을 평가하므로 가장 높은 성적 몇 개와 가장 낮은 성적 몇 개를 제외하지 않는다. 앞서 쌍봉의 선호체계의 세 번째 사람 A'"을 배제하지 않는 합의의 연장이다. 조건 3을 거꾸로 보면 A"의 선발에 그가 모든 시험에서 A'"보다 높을 필요는 없다는 뜻이다. 다시 말하면 조건 3은 A"가 선발되는 필요조건이지 충분조건이 아니다. 10회 시험에서 7회만 높아도 된다. 조건 4는 수험생 가운데 임의의 두 수험생 사이의 서열은 재시험으로 바뀌는 것을 피한다. 또 몇 명의 수험생을 추가하거나 제외하여도 서열은 바뀌지 않는다. 이상 5가지 조건 하에서 수험생 하나를 선발할 수 있느냐? 모든 조건을 지키며 1명을 선발하는 것은 불가능하다. 학생 수가 많으면 많을수록 결정은 더 어려워진다. 동점이 많아질 확률이 높아지기 때문이다. 어째서 단 한 번의 시험으로 선발하는지 현실의 관행이 설명된다. 이것은 조건 5에 어긋난다. 한 번의 시험이 아니라면 아무것도 결정되지 않는다.

15. 이 예를 더욱 확대하면 수많은 예선전의 성적에도 불구하고 단 한 번의 시합으로 승부를 결정하는 올림픽 기록이 이에 속한다. 수많은 전투의 승리에도 불구하고 전쟁에서 패배하는 것도 마찬가지이다. 이러한 예들은 의사결정이 평균이 아니라 마지막 기록에 의해 결정된다는 것을 의미한다. 이것이 경제학에서 말하는 한계의 개념이다. 가격이 평균이 아니라 한계에 의해 결정되는 것은 법칙이다.

16. 이번에는 투표수가 아니라 투표자가 좋아하는 선호강도를 감안한다고 하자. 앞서 공리 1-5는 원래 선호에 관한 것이다. 예를 들자. 투표자가 A', A", A'''의 3명이다. 제안은 X, Y, Z, W의 4가지이다. 투표자의 선호순서는 아래와 같다.

A' X 〉 Y 〉 Z 〉 W

A" X 〉 Y 〉 Z 〉 W

A''' X 〉 Z 〉 W 〉 X

투표수로 보면 X가 과반수로 결정된다. 그러나 동일한 투표자의 선호도를 다음과 같이 숫자로 표시할 수 있다고 하자.

	X	Y	Z	W	
A'	10	9	8	7	X 〉 Y 〉 Z 〉 W
A"	10	9	8	7	X 〉 Y 〉 Z 〉 W
A'''	7	10	8	9	Y 〉 Z 〉 W 〉 X
합계	27	28	24	23	X 〉 Y 〉 Z 〉 W

선호도로 보면 Y가 선택된다. 문제는 선호도를 숫자로 표시하는 방법을 아무도 모른다는 것이다. 또 하나의 문제는 네 개의 제안 가운데 하나를 취소하면 선호지도가 달라질 수 있어 선호순서에 영향을 줄 수 있다. 이것은 애로우 공리 4에 어긋난다. 다시 말하면 공리 4의 위반으로 Y가 결정된 것이다.

17. 애로우 공리 3과 4가 외부효과를 배제하고 있다. 애로우 불가능성 정리는 한 마디로 그 전제에서 메타 부재의 구조이다. 그만큼 자유의 법칙으로 설명이 가능하다. 〈애로우 공리 2〉는 [우리는 우리의 의사결정자] 또는 [우리는 우리의 사회적 판단자]의 자폐적 자기완결 자기조회

A = A(S) 구조이다. 자폐적 자기완결 자기조회 구조는 〈보조정리 2〉에 의해 비결정이다.

18. I권의 〈공리 2〉의 A = A(S)를 거시적으로 확대하면 [국민은 국민의 복종재이다. 다수결에 의한 법 C는 국민의 일부 γA가 만든다. C = γA(M). 그렇게 만든 법은 찬성하지 않은 국민도 존중해야 한다. A = C(M)이다. A에 대하여 대입하면 다수결은 C = γC(M)(M)이다. 주어와 목적어를 바꾸면 C = γC(S)(S). 애로우 불가능성 정리에는 1인왕국의 자유의 법칙이 없으므로 이것은 I권의 〈입법의 제6법칙〉처럼 C = C(γS)(S)로 쓸 수 없어서 〈입법의 제6법칙〉도 성립하지 않는다. 애로우 불가능성 정리의 C = γC(S)(S)는 비결정구조이다. 곧 자기증식으로 C = $\gamma^N C(S)^{2N}$가 되어 비결정적이다. 마주 보는 두 개의 거울에 거듭 되비친 C의 크기가 점차 작아져서 영에 점근하는 현상에 비유된다. 정리하면 애로우 체제에서 다수결 입법은 결정불가능이다. 이에 비하면 미시구조를 갖는 I권 〈입법의 제7법칙〉의 C = C(γS)(S)는 결정구조이다.

19. 애로우 불가능성 정리는 민주주의 대의 결정의 비결정성 정리이다. 민주주의 대의의 비결정은 국민이 자기결정으로 폭주할 수 있음을 뜻한다. 자폐적 자기완결 자기조회는 제어장치가 없기 때문이다. 루소의 기록이 음미할 만하다.

> 만일 신들이 된 백성들이 있다면 이 백성들은 민주정체로 통치해 나갈 것이다. 그렇게 완벽한 민주정체는 인간에게 적합하지 않다.[209]

민주정체의 정의는 [입법부는 입법부의 입법자]이다. 이 자폐적 자기완결 자기조회 구조가 무모순성의 일관성, 결정성의 존재성, 불완전성의 안정성을 요구함을 제1장에서 증명하였다. "완벽한 민주정체가 인간에게 적합하지 않다는" 루소의 통찰력이 이 증명과 맞아 떨어진다. 앞서 언급했듯이 애로우의 독재자는 앞서 나이트(Knight 1935)에 의해 예견된 바 있다.

20. 시장은 사적재화의 교환기구이다. 공적재화까지 포함하는 포괄적 결정기구를 생각해 보자. 개인은 자신의 한정된 자원을 자신이 원하는 재화 사이에 배분하여 자신의 선호를 최대화하려 한다. 이 원리를 확대하면 사회는 사회가 갖고 있는 한정된 자원을 사적재화와 공적재화에 배분하여 사회적 선호를 최대화하려 한다. 문제는 방금 보았듯이 사회적 선호도가 존재하지 않는다는 것이다. 사회적 선호를 사회적 후생이라고도 부른다. 애로우 불가능 정리는 사회적 후생의 결정이 불가능하므로 사회복지 역시 그 결정이 불가능하다는 의미이다. 정부의 복지정책의 이론적 근거가 없다. 독재의 복지정책이 대체한다.

켈젠

1. 켈젠의 순수법학은 애로우 공리 2의 예가 될 수 있다. 곧 사회적 선택은 윤리와 독립적이다. 서구 근대화에 탈종교를 촉구하는 시대 조류의 영향을 받아서 정치와 법체계에서 종교적 색채를 벗겨내는 시도를

하였다. 켈젠(Kelsen 1925)의 순수법학은 법실증주의이다.[210] 켈젠이 보기에 제1차 대전 전후를 중심으로 당시 종교적 색채에 광범위하게 의존하는 독일정치사상은 시대에 뒤떨어진 것이다. 우려되는 것은 절대윤리관이 권위적 독재의 길을 연다고 보았다.

2. 애로우 공리 2는 자폐적 자기완결이다. 자폐적 자기완결 자기조회에 시작점을 외부에서 삽입시켜 인위적으로 만들어 주는 메타가 지도자이다. 켈젠의 순수법학의 문제가 바로 이것이다. 그는 자연법주의자들을 공격한다. 첫째, 자연법주의자들이 법과 윤리의 연결이 필요하다고 믿는 것은 순진한 것이다. 그들은 실정법 뒤에도 무엇이 있느냐 질문하는데 그들은 결코 절대 진리나 절대 정의를 발견하지 못할 것이다. 둘째, 자연법주의자들은 윤리를 절대적인 것으로 믿는다. 그 같은 절대 윤리는 존재하지 않으므로 자연법주의는 옳지 않다. 또한 자연존재로서 인간개념으로 인간의 윤리개념을 중개할 수 없다라는 칸트의 판단력 비판이나 무어(G. E. Moore)의 유명한 자연주의 오류와 상통한다. 자연주의는 자연과 자유를 연결하는 메커니즘을 갖고 있지 않기 때문이다. 셋째, 모든 실정법은 실증주의 법이다. 실정법의 내용은 법의 권력을 실제 보유한 사람이 그 권력을 심은 것이다. 넷째, 법실증주의 뒤를 받치는 것은 권력이다. 그 밖은 무한대이다.

요약하자면 첫째가 실정법의 비결정성 문제이다. 둘째는 윤리가 비결정성 문제를 해결한다고 믿지만 그런 것은 없다. 셋째와 넷째가 독재이다. 한 마디로 법의 비결정성을 권력으로 해결하는 것이다. 켈젠은 실정법의 비결정성을 인식하고 있었다.

3. 앞서 벨라마퀴가 자연법의 존재에 관하여 묻는 것을 보았다. 켈젠에 의하면 비결정이라는 것이다. 법실증주의는 그 공백을 권력으로 대체한다. 법실증주의는 대체로 5가지로 분류된다.[211] 첫째, 법은 신이 아니라 인간의 명령이다. 둘째, 법은 윤리와 상관이 없다. 셋째, 법의 탐구는 이성의 논리이다. 법의 기원을 역사적이고 사회적으로 탐구하지 않는다. 윤리의 배경으로나 사회적 기능으로도 탐구하지 않는다. 넷째, 법체계는 상대적으로 자폐적이다. 법의 사법적 행정적 적용에 있어서 사회적 목표, 정책, 윤리적 표준을 최소화한다. 다섯째, 윤리적 판단은 과학적 방법이나 이성적 토론으로 방어되지 않는다. 법실증주의의 기원은 홉스이다.[212]

4. 켈젠의 순수법학이론은 개인의 자유를 우선시하는 자유주의를 국가권력의 제한으로 보았다. 이것은 아무래도 헤겔의 전통에서 한 걸음 더 나아간 것이다. "개인의 자유가 어떻게 국가의 전면에 나서야 하는지"를 관찰하고 "민주주의를 자유주의로부터 해방하는 추세"를 환영하였다.[213] 그의 순수법학은 국가와 법질서의 일치이다. 이른바 기본적 자유란 존재하지 않는다. 입법부의 권한에는 한계가 없다. 심지어 사법부와 집행부의 구분도 부정한다. 이를 부정하는 것은 순진한 자연법사상에 불과하다. 전통적인 법치주의를 배격했다. 법실증주의는 1920년대 독일을 풍미하고 여러 나라 특히 일본법학계에 영향을 주었다.

5. 켈젠에 의하면 법체계 안에서 각 규범의 적법성은 그 내용이 아니라 그보다 한 단계 상위 규범의 기준에 따라 제정되었는가에 있다. 그 한 단계 상위 규범은 그보다 한 단계 더 상위 규범의 기준에 달렸다.

이러한 규범의 계형(사다리)은 최고의 규범인 기본규범Grundnorm까지 계속된다. 그러나 기본규범의 적법성을 판단할 규범은 없다. 기본규범은 모든 규범을 포함하는데 기본규범도 규범체계에 속하므로 [기본규범은 기본규범의 시초]이기 때문이다. 기본규범은 하위 규범 안에도 밖에도 속한다. 이것은 자폐적 자기완결 자기조회의 형식으로 비결정이다. 비결정성은 순환론이다. 앞서 I권에서 켈젠의 순수법학이 순환론의 비결정이라는 사실을 지적한 이가 미삭(Misak 1990)이라고 썼다.(I권 p.127).

6. 켈젠 법이론의 비결정성은 비슷한 시기에 수학에서 제기된 집합이론으로 설명할 수 있다. 2계규범은 1계규범들의 집합이다. 곧 2계규범 = (1계규범' 1계규범" …). 3계규범 = (2계규범' 2계규범" …), 등등 … N계규범 = (N-1계규범' N-1계규범", …). 이 연속계열에서 N계규범이 기본규범이라면 그 이상의 규범이 없으므로 결정되지 않는다. 기본규범이 결정되지 않으면 그 이하 모든 규범도 결정되지 않는다.

나아가서 켈젠의 법체계는 모순이다. 마지막 기본규범은 자신보다 하위계규범들을 원소로 삼는다. 기본규범은 하위규범이 아니므로 이 집합에 속할 수 없다. 그러나 이 집합은 자신의 원소가 아닌 규범만 포함하니 자신의 원소가 아닌 기본규범 자신도 이 집합에 포함하여야 한다. 결국 기본규범은 자신의 원소이기도 하고 아니기도 하다. 곧 [기본규범은 기본규범의 시초]는 [기본규범 = 기본규범 + 기본규범 아님]의 중첩형식이다. 이것은 켈젠 당시 알려진 집합들의 집합이라는 모순이다.

7. 켈젠은 자신의 순수법학의 비결정성을 인정하였다.[214] 그는 헌법

의 적합성은 규범의 계형에서 그 결정성은 헌법당국의 경험적 의지에서 찾았다. 헌법당국의 정체는 무엇인가? 관료권력 아니면 독재자이다.

> 전제정치 국가에도 어떤 질서는 있다. 그것이 법질서가 아니라고 부정하는 것은 순진하다. … 임의의 의지라고 해석하는 것은 모든 결정을 하고, 하위 조직의 행동을 조건 없이 결정하며, 한번 선포된 규범을 언제든지 무효하거나 신설하는 귀족정체나 할 수 있는 법적 가능성에 불과하다. 그러한 조건은 불리한 경우라도 법의 조건이다. 좋은 면도 있다. 현대 법치국가에서 독재를 요구하는 것이 흔한 것이 이를 분명하게 보여준다.[215]

켈젠의 법이론은 "독재자를 위한 길잡이"가 되었다는 비판을 면치 못했다.[216] 결국 사회주의 국가의 실현은 "법치국가 실종[비결정성]에 장애물을 모두 제거하고 파시즘과 볼세비즘의 국가의지의 승리의 문을 열었다."[217] 홉스 리바이어던의 단일의지 one will, 루소의 일반의지 general will, 독재자의 임의의 의지 arbitrary will도 법치주의의 결정성이라는 점은 수긍하지 않았다. 반자유주의는 국가는 법에 제약받으면 안 된다는 실증주의를 수용했다. 켈젠은 말했다. "자유와 재산의 확실한 연관을 찾는 시도는 실패했다."[218] 그에게 법치란 국가를 법의 포로로 만드는 것이다. 켈젠의 순수법학이론은 법체계 비결정성의 문제를 사회주의 독재자로 극복하려 하였다. "자유주의와 전체주의식 민주주의 사이에 적대적 긴장은 사실상 자유주의와 사회주의 사이의 적대감이지 두 종류 민주주의 사이의 적대감이 아니다."[219]

슈미트

1. 슈미트(Schmitt 1934)의 초기 사상인 가톨릭 대표주의representation은 애로우 공리 2가 배제하는 예가 될 수 있다.[220] 그럼에도 흥미로운 점은 슈미트의 결론이 독재자의 등장을 옹호한다는 점이다. 슈미트의 출발점은 반실증주의 법과 정치이론이다. 이른바 정치적 신학political theology이다. 켈젠의 순수법학과 대척점에 있다. 가톨릭교회가 근대 이성주의 형식과 비이성주의 내용이 가져오는 위험을 모두 피할 수 있다고 주장한 그는 가톨릭교회가 근대사회의 작동이 가져올 불길한 힘, 곧 넓은 정신세계를 압도하려는 좁은 경제와 기술의 물질세계에 대항할 수 있다고 주장하였다. 말하자면 법에 정신세계를 끌어드리려는 그의 법철학은 법에서 법 이외의 요인을 제거하여 순수법학을 주장했던 켈젠과 대조된다.

2. 슈미트의 가톨릭 대표주의는 근대의 탈종교화와 충돌을 일으켜 예상치 못한 길을 걷게 될 수 있다. 슈미트는 결국 낡은 가톨릭 신화 대신 근대의 새로운 신화를 받아드려 개인숭배의 독재자를 추앙하게 된다. 가톨릭 이태리에서 무솔리니의 등장이다. 신화주의 대표주의 재현은 파시즘으로 근대 현상이 되었다. 애로우 공리 2가 배제한 종교가 새로운 신화적 사회적 선택을 했다는 역사적 사례가 흥미롭다.

> 정치행위가 사회적 발전법칙을 묵인하는 것 이상도 아니라고 믿는 사람은 누구든지 … 무솔리니처럼 사회주의에서 파시즘으로 변하고 …슈미

트처럼 정치적 가톨릭주의를 버리고 국가사회주의로 전향하게 된다.[221] 슈미트는 켈젠과 크게 다름에도 불구하고 그들은 정치와 윤리의 관계에 있어서 적절한 분석을 제공하는데 실패하였다. 그럼으로써 마침내 그들은 불길한 형태의 결정주의에 이서하고 말았다.[222]

3. 슈미트가 로마가톨릭주의는 자유주의의 이성주의와 낭만주의의 비이성주의의 균형을 유지한다고 본 것[223]을 형식화하면 [로마가톨릭주의 = 자유주의 + 낭만주의 = 이성주의 + 비이성주의]이다. 마지막 등호의 이성주의와 비이성주의는 분리형으로 보면 서로 모순이다. 이것이 무모순이 되려면 I권의 〈보조정리 1〉에 의해서 [이성주의 = 이성주의 + 비이성주의 = 비이성주의 = 로마가톨릭주의]가 되어야 한다. 이 중첩형식이 성립하려면 I권의 〈보조정리 2〉에 의해 가톨릭주의는 비결정이어야 한다. 비결정을 결정으로 전환하는 것은 가톨릭교회에게는 교황이고 슈미트에게는 독재자의 새 신화뿐이다.

4. 그것은 가톨릭교회의 수장이 교황이듯이 법체계의 꼭대기에 이른바 "주권 독재sovereign dictatorship"를 선택할 수밖에 없는 구조이다. 결국 켈젠의 탈종교화 순수법학이든지 슈미트의 비순수법학이든지 그들 사이에 커다란 괴리를 보임에도 국가의 법체계는 그 결정성을 위해서 시작점이 필요하다는 논리적 귀결만 확인할 따름이다. 슈미트의 헌법이론은 III권으로 미룬다.

프랭켈

1. 제1차 대전으로 독일 왕정을 이어 등장한 민주정부가 바이마르 공화국 정부이다. 바이마르 헌법의 목적은 자유이다. 바이마르 법체계는 세 가지 문제를 안고 있었다. 첫째, 헌법의 비결정성 문제, 둘째, 법체계의 임의성, 셋째, 법원의 구성원인 구시대 인물들의 재량주의 옹호. 나치스 등장으로 미국으로 망명하기 전 사회주의 법학자였던 프랭켈(E. Fraenkel)은 바이마르 법체계의 세 가지 허점을 보완하기 위하여 무산자 자연법주의를 주장하였다.

> 사회적 약자가 법의 임의성 앞에 가장 무력하다. 국가권력에 억압 받는 계층의 첫 번째 반응으로 법원이 임의적 결정에서 벗어나길 요구한다. 자신들의 처지를 똑바로 직시하면서 노동계급은 법원의 재량을 제한하기 위해 싸운다. 법원 결정의 공식화를 이끌어낸다.[224]

2. 프랭켈은 노동자를 위한 변호사로써 법에 대한 무산자들의 인식이 그들 나름대로 자연법이었다고 판단하였다. 그들은 자연법이 무엇인지 모르지만 매일의 생활이 그들에겐 자연법이라고 보았다. 그것이 그의 무산자 자연법이다. 메타가 없는 실증법주의가 아니라 평등주의 색채가 가미된 합리적 자연법의 이상형을 주장하였다. 프랭켈은 미국에서 체류하는 동안 이성적 자연법 전통인 미국연방헌법의 수월성에 존경을 보냈다. "미국[연방헌법]은 서양이 만들어낸 최고의 걸작이다." 여기서 프랭켈이 이 책의 관심 내에 들어온 이유는 그가 미국 체류 중에 제2차 대전을 맞이하였고

해방된 한국에 미군정의 법률장교로 내한한 바 있다는 데 있다.

비교헌법

1. 켈젠의 순수법학과 슈미트의 가톨릭대표주의는 서로 정반대에서 출발했지만 모두 헌법의 목적으로서 자유는 사라지고 지도자가 하사하는 헌법에 복종하는 구조로 바뀌는 공통점으로 끝났다. 〈그림 II-6〉에서 첫 번째와 두 번째의 자유와 신을 시초로 설정한 법체계와 달리 세 번째의 독재헌법은 시초가 독재자이다. [독재자는 독재자의 시초]. 그러나 지금까지의 다양한 분석에 의하면 독재자의 정당성은 어디에도 없었다. 말하자면 숨은 손이 없는 체제이다. [독재자는 독재자의 시초]에서 독재자는 인민의 집합에서 벗어나도 포함되어도 모순이라 함은 앞서 증명하였다.

자유헌법	흠정헌법	독재헌법
자유는 자유의 시초	신은 신의 시초	???
자유	신	지도자/어버이수령
국민[헌법 밖 부분복종자]	왕[헌법 밖 존재]	당
자유헌법	흠정헌법	독재헌법
국민[헌법 안의 완전복종자]	신민[헌법 안 존재]	인민[헌법 안 복종자]

〈그림 II-6〉 자유헌법, 흠정헌법, 독재헌법의 비교

2. 그나마 슈미트의 법체계가 흥미로운 것은 법체계의 신을 두었으나 왕권신수설의 왕을 독재자 무솔리니로 대체하였다는 점이다. 무솔리니의 권력은 교황청과 라테라노 조약으로 이탈리아 가톨릭교회의 지지를 획득한 데에서 나온 것이다. 〈그림 II-6〉은 I권의 〈그림 I-1〉과 〈그림 I-3〉의 거시적 연장이다.

여기서 [국민 → 자유헌법 → 국민]의 원리는 자폐적 자기완결 자기조회의 자기순환으로 비결정의 무한대 구조이다. 비결정을 결정으로 변환시키는 한 방법이 [자유 → 헌법 밖 부분복종자 → 자유헌법 → 헌법 안 완전복종자]이다. 헌법체계에서 신을 제거한 자유헌법 체계이다.

> 많은 사람들이 신을 말하는 것은 사회를 움직이는 가치 또는 규범의 전통을 의인화한 것이다. 신을 의인화한 종교 질서의 원천은 경험세계 밖이라고 여기지 않고 그 세계의 특징 그것의 일부만이라도 투영 또는 그림으로 묘사하기에는 너무 복잡한 특징이기에 단지 개인 의지라고 추상화하는 전통으로 여긴다. 그렇다면 분명하게 내놓은 신비주의를 미신이라고 제외하는 이 시대 이 '사회'에서 이 의지라는 것을 발견하려 하지 않을까? 이 질문이야 말로 우리의 문명의 존속에 달려 있다.[225]

하이에크가 말하는 의지가 자유에 기원을 둔 대의이고 그 표현이 자유헌법 체계이다. 이 자유헌법 체계와 대척점에 있는 방법이 지도자가 하사하는 독재헌법에 복종하는 [지도자 → 당 → 독재헌법 → 인민]의 구조이다. 그러나 지도자 자신 역시 이 체계의 시초이므로 공적영역에서, 곧 국가 차원에서 [지도자는 지도자의 복종자]의 자폐적 자기완결 자기조회 구조가 될 것이다. 그는 무제약자이다. 지도자의 정의는 다음과 같다.

스스로 다스리지 않는 인민을 대신 다스리는 사람

이 문장은 앞서 소개한 "스스로 입법하지 않는 국민의 입법을 대행하는 입법자" 및 "스스로 수염을 깎지 않는 세비야 사람의 수염을 깎아주는 세비야의 이발사"와 동일한 구조이다. 첫 문장에서 입법자는 국민에 속하고 둘째 문장에서 이발사는 세비야 사람에 속하므로 모순문장이 된다. 지도자의 정의가 모순이 되지 않으려면 지도자는 인민이 되어서는 안 된다. 그는 인민 위에 존재하는 자이다. 헌법 밖에 군림하는 자가 되지 않으면 안 된다. 그 순간 그는 하늘이 점지한 인간이 되거나 니체의 초인이 되어야 한다. 그러나 니체의 초인이 무슨 시초인가? 초인은 어떻게 결정되는가?

이 정치체제가 무한순환에서 벗어나는 유일의 방법이 독재자가 법 밖에 존재자가 되어야 한다는 것이다. 이것은 나를 받지 않겠다는 클럽에 가입하겠다는 것과 같다. 이것을 뒤집으면 나를 받겠다는 클럽에는 가입하지 않겠다는 것과 같다. 그러나 "스스로 다스리지 않는 인민을 다스리는 지도자"의 문장은 모순이므로 이 방법도 모순이 된다. 그가 유한한 사람인 이상 문장에 포함되어도 포함되지 않아도 모순이 되기 때문이다. 곧 이 문장에 포함되면 스스로를 다스리지 않는 인민이 되고 그러면 스스로를 다스리지 않는 자신을 다스리는 지도자가 된다. 모순이다. 포함되지 않으면 지도자는 스스로 다스리는 사람이 되는데 문장 밖에 있는 자신을 다스릴 수 없다. 모순이다.

이 문장에서 지도자가 문장 밖에 있는 모순의 경우 [지도자는 지도자의 통치자]로 비결정이다. 전형적인 자폐적 자기완결 자기조회 문장이다. 법에서 벗어나 있으므로 메타가 없는 독재자는 스스로 독재자가 될 수밖에 없다. 곧 [독재자는 독재자의 시작]은 비결정이다. 이것은 그가 법 밖에 있으므로 법의 보호를 받을 수 없어서 국민저항의 목표가 된다는 뜻이기도 하다. 법의 보호를 받지 못하는 사람은 법적으로 국민이 아니다. 메타가 없는 지도자는 불가능하다. 자유가 메타가 되어야 하는 필연성이다.

3. 사르트르는 공산주의 동조자이면서 자유freedom를 사회의 최고의 덕목으로 삼았다. 그는 신의 존재가 부정되는 시대에 자유를 그 자리에 놓았다. 공산주의와 신이 양립할 수 없듯이 공산주의와 자유도 양립할 수 없다.

4. 국왕은 왕권신수설로 교회의 견제라도 받았으나 지도자에게는 견제가 없는 구조이다. 그러므로 투표에 의한 지도자이거나 무력에 의한 지도자에 대신하여 추첨제도를 차선책으로 생각할 수 있다는 것은 다수결 제도도 합의사항이라는 점이 분명하다. 추첨제도를 처음 주장한 사람은 홉스이지만[226] 몽테스키외도 이를 이었다.

> 추첨에 의한 선임이 민주정의 본질이다. 추첨은 아무도 손상시키지 않는 선출방법이다. 그것은 각 시민에게 조국에 봉사할 수 있다는 기대를 갖게 한다.[227]

정부의 합법적 권한이란 한 개인이 타인에게 손상을 입히는 행위에 대해서만 행사되어야 한다.[228]

5. 롤스가 가난한 사람의 행복을 최대의 목적으로 삼는 데 대하여 지도자의 행복을 최대의 목표로 삼는 민주주의에서는 니체의 초인 후생지수가 대표한다. 지도자라는 독재자의 후생지수이다.

지도자가 독재자로 가는 경로는 간단하다. 애로우 불가능성 정리의 공리 2의 선호의 다양성을 단일성으로 교체하여 공리 3의 다수결을 만장일치로 바꾸면 된다. 선호지도의 다양성으로 만장일치는 그 비용이 너무 크다. 그 비용을 줄이는 방법이 선호의 단일성이다.

민주주의

1. 그 첫 번째 민주주의가 종교 민주주의이다. 영국에서 개신교와 가톨릭의 싸움에서 크롬웰이 이끄는 개신교가 승리하고 가톨릭은 패배하였다. 승리한 개신교 민주주의가 민주주의에 부정적인 영향을 남겼다. 프랑스혁명이 가져온 폭도 민주주의는 그 부정적인 면을 한층 심화시켰다. 현재도 형식상 민주주의로 포장된 종교민주주의가 성행한다. 애로우 공리 2와 공리 3의 왜곡이다.

2. 두 번째 민주주의는 교도민주주의이다. 민주주의 문제가 개인의 가치와 집단의 결정과 상충에 있으므로 개인의 가치를 하나로 통일시키

는 교도작업이 조직적으로 시행된다. 개인의 창의성은 존중되지 않는다. 지도자의 가치에 방해될 뿐이다. 애로우 공리 2의 왜곡으로 비결정이 결정으로 바뀐다.

3. 세 번째 민주주의 방법이 파시즘 민주주의이다. 일치단결이란 뜻을 가진 파시즘은 글자 그대로 만장일치를 끌어내기 위해 아리안 민족이라는 말을 곡해하였다. 파시즘 민주주의에서 아리안 민족에 속하지 않은 주민은 추방되거나 집단수용소에 가거나 죽임을 당하였다. 이들을 제거한 나머지 아리안의 만장일치 민주주의에서 애로우 공리 2는 깨지며 불가능성은 가능성으로 바뀐다. 독일이 낳은 저명한 경제학자 좀바르트는 히틀러가 하나님의 계시를 받은 사람이라고 믿었다. 그는 법체계에 시작이 필요하다는 명제는 최소한 알고 있었던 셈이다. 변형된 왕권신수설이다.

> [히틀러]총통, 우리의 총통, 그는 우주의 총통인 하나님에게서 명령을 받는다. 우리는 총통이 어떻게 하나님에게서 지시를 받는지 알 길이 없다. 그러나 그것은 부정할 수 없는 사실이다.[229]

4. 네 번째 민주주의는 무산자 공산당 민주주의이다. 백성을 계급으로 분류하여 무산자 계급에 속하지 않으면 박해받았다. 만장일치를 끌어내기 위함이다. 대표적으로 알바니아에서는 한때 거의 1백 퍼센트 만장일치 찬성률을 기록하였다. 이 역시 애로우 공리 2와 공리 3을 왜곡한 결과이다. 오스트리아 국민투표가 99.7 퍼센트의 찬성으로 국가를 히틀

러에게 양도하였다.

첫째, 이 왜곡으로 러셀의 함정에 빠지는 공산주의는 생산요소로써 자본재 존재의 독립적 근거를 부정한다. 그것은 노동에 귀속할 것을 자본이 착취한 것으로 본다. 노동의 산물이고 생산요소는 노동 하나 뿐이라는 주장이다. 공산주의 이론에는 단일계급인 노동만 존재한다. 그러므로 [노동자는 노동자의 입법자, 집행자, 심사자]나 [노동은 노동의 유일 생산수단]은 피할 수 없는 자폐적 자기완결 자기조회 구조이다. 무제약 무한대의 결정불가능 구조이다. 메타가 없기 때문이다. "종교는 아편이다."라며 신의 존재도 부정하므로 최초의 메타를 구할 논리가 없다. 이 구조가 결정되려면 독재자의 등장뿐이다. 공산주의에서 무산자 독재는 필연적이다.

둘째, 공산주의에서 [무산자는 모든 것의 결정자]이다. 모든 것에 무산자도 포함되므로 [무산자는 무산자의 결정자]의 자폐적 자기완결 자기조회 구조가 성립한다. I권의 〈보조정리 1〉에 [무산자 = 무산자의 결정자 + 무산자의 결정자 아님]의 중첩형식이 된다. 쌍대표현은 [무산자 아님 = 무산자의 결정자 아님 + 무산자의 결정자 아님의 아님 = 무산자의 결정자 아님 + 무산자의 결정자]이다. 무산자가 아닌 것은 독재자뿐이다. 따라서 [독재자 = 독재자의 결정자 + 무산자의 결정자]가 되어 독재자의 출현은 필연이다.

그러나 그 독재자의 출현도 러셀 모순의 함정을 피하지 못한다. "스스로 다스리지 않는 인민을 대신 다스리는 유일의 사람"이라는 독재자의 정의는 자기모순이다. 공산당의 모순은 일당독재에서도 발견된다. 공산주의는 일당독재 제도이다. 공산주의사회에서 [공산당 의사는 모든 의사의 우위]이다. 모든 의사 안에 공산당 의사가 포함되므로 [공산당 의사는 공산당 의사의 우위]도 성립한다. 기호표현으로 A = A(S)이다. 그러나 공산당 의사가 모든 의사의 안이므로 모든 의사에서 공산당을 제외한 모든 의사의 우위이다. 곧 [공산당 의사는 공산당 의사의 우위]와 [모든 의사는 모든 의사의 우위]이다. 곧 공산당 의사는 모든 의사에 포함해도 제외해도 전형적인 자폐적 자기완결 자기조회 형식이다. I권의 〈보조정리 2〉에 의해 비결정이므로 결정이 되려면 독재자가 불가피하다. 또 〈보조정리 1〉에 의해 [공산당의사 = 공산당의사 + 공산당의사 아님]의 중첩형식이다. 공산당의사가 찬성이라면 찬성 아님도 존재한다. 찬성아님 = 반대 + 기권이다. 곧 [공산당의사 = 찬성 + 반대 + 기권]의 중첩형식이다. 공산당 이외에 반대의사를 가진 반대정당이 있어야만 한다. 앞서 지킬박사의 붕괴의 예처럼 반대의사를 허락하지 않는 공산당은 이성의 혼란으로 붕괴되고 만다.

셋째, 마르크스의 이른바 과학적 공산주의는 예정조화설에 바탕을 두고 역사를 하나의 법칙으로 설명한다. 이것은 인과의 법칙이다. 인과율을 따르지 않는 자생적 자발적 자유의 법칙과 상통하기 어렵다. 공산주의 아래에서 자유가 억압될 수밖에 없는 이유이다.

넷째, 자본주의와 비교할 때 공산주의에는 3대투표제도 곧 회사의 1주1표제도, 시장의 1원1표제도, 정치의 1인1표제도가 없다. 1주1표 주주주권제도에 대한 공격이 자본재의 부정, 1원1표 소비자주권제도에 대한 공격이 화폐 또는 시장의 부정, 1인1표 국민주권제도에 대한 공격이 보통비밀선거의 부정이다. 자본주의 3대투표제도는 현실세계에서 자유표현의 방법이다. 역사적으로 자본주의와 자유주의에 대한 공산주의 공격은 차례대로 3대투표제도로 모아졌다.

마지막이면서 가장 중요한 다섯째, 경제학에서 한계혁명을 일으킨 제본스(Jevons 1871)와 멩거(Menger 1871)의 저서가 출판되자 마르크스(Marx 1867) 자신이 자신의 자본론을 완전히 포기하였을 것으로 보인다.[230] "그렇다면 그의 추종자들은 마르크스만큼 현명하지 않음이 분명하다." 마르크스 사후 뵘바베르크의 자본론 3권 출판(1884)으로 자본의 정체가 확실하게 드러나면서 마르크스의 자본론은 이론적으로 패배하였다.

눈에 띄는 것은 뵘바베르크의 또 하나의 저서(1896)가 불러일으킨 논쟁에서 마르크스 체제의 자폐성the close of the system을 지적했다는 점이다.[231] 그 후 마르크스 이론의 패배는 사무엘슨의 논문(Samuelson 1958)으로 확고해졌다. 마르크스 이론의 목관에 마지막 못을 박았다.

5. 애로우 공리 2의 왜곡은 투표권의 제약이다. 사람 또는 국민을 투표권을 행사할 수 있는 자격으로 왜곡한다. 이 왜곡 하에 사람의 정의가 투표권이다.[232] 이 제약 아래에서는 투표권이 재산권과 생명권보다 앞선다. 국가의 정의는 투표권 사람의 구성이다. 히틀러의 아리안만 투표권을 행사하는 독일 시민이다. 그러나 어떻게 왜곡한다 한들 만장일치도 비결정의 속성으로 결정된 만장일치는 임의적 임시변통에 불과하다는 사실을 간과하고 있다.

6. 이상의 모든 종류의 민주주의는 헌법의 메타=숨은 손을 찾는 데 실패하였다. 그 결과 민주주의는 역사에 부정적인 인상을 남겼다. 민주주의라는 말이 영어권에서 사용하기 시작한 것은 16세기 초이다. 그리스

어의 백성과 정부의 합성어이다. 처음부터 서로 어울리는 의미는 아니었다. 17세기 크롬웰 시대에 와서 그 의미는 전쟁을 의미하였다. 보수주의자들은 무뢰배라고 불렀고 급진주의자들은 그 무뢰배를 이상적 대중이라 치켜세웠다. 후자는 공산주의 방향으로 흘러갔다. 식민지 미국에서 민주주의는 공포와 증오였다. 미국의 독립선언문이나 13주의 어느 문서에도 민주라는 단어가 없다. 연방헌법에도 없다. 건국의 아버지들도 민주라는 단어를 사용하기를 주저하였다.

> 민주정치를 지지하는 것도 어쨌든 민주정치가 파벌의 폭위라고 하는 위험한 해악에 기울어지는 것에 생각이 미칠 때 민주정치의 성격이나 장래에 대해서 깊은 위구심을 가지지 않을 수 없게 된다.[233]

헌법제정자들은 민주라는 말을 혐오하였다. 민주당원 제퍼슨은 그의 대통령 취임연설에서 민주당이라는 말을 자제하였다. 잭슨민주주의 시대를 열었다는 잭슨 대통령도 개인적으로는 민주주의를 경원하였다. 링컨의 게티즈버그 연설문에도 민주라는 단어가 보이지 않는다. 윌슨이 제1차 세계대전에 참전하면서 민주주의를 전제주의로부터 지킨다는 명분에 이르기까지 민주주의는 보편적으로 대접받지 못했다.

7. 영국에서 20세기 전반기에도 교육받은 시민들은 민주나 민주주의라는 단어를 받아드리기를 주저하였다.[234] 마태 아놀드가 『교양과 무질서 1875』를 쓰던 당시 영국을 휩쓴 민주주의라는 것은 일정한 양식이 없고 기준도 없는 것이어서 그 결과 무질서가 될 수밖에 없었던 탓이다.

귀족은 거만상태, 중산층은 속물상태, 하층은 미개상태로 구분된다. 교양만이 이러한 상태를 극복할 수 있다고 주장한다. "영국의 역사는 자유의 역사이지 민주의 역사가 아니다."[235]

8. 간혹 정치가나 정치철학자 가운데 자유를 제대로 알기 위하여 민주주의를 먼저 시행해야 한다고 주장하는 사람들이 있다. 또는 민주주의의 시행을 통하여 자유를 신장시킨다고 말하기도 한다. 민주주의 의사결정의 불가능성을 알면 할 수 없는 발언이다. 다음은 그에 대한 경종이다.

> 정치가들은 흔히 국민들이 자유를 알 때까지 자유로워서는 안 된다는 것을 금언으로 간직한다. 이는 수영을 할 줄 모르는 사람은 그가 수영을 배울 때까지 물에 들어가서는 안 된다는 바보의 얘기와 같다. 만일 사람들이 현명하고 선량하게 될 때까지 자유를 기다리라는 말은 노예상태로 영원히 기다리라는 말이다."[236]

9. 이미 살핀 대로 민주주의 원리는 자유주의 원리와 다르다. 심지어는 적대적이다.[237] 유한한 민주가 무한의 자유를 침해하기 때문이다. 민주주의의 길이 자유의 길이라고 여기는 사람은 목적과 수단을 혼동하는 사람이다.[238] 앞서 본대로 민주주의는 입법과 집행에 관한 정치적 판단과 결정에 도달하기 위한 정치적 수단이므로 그 자신 목표가 될 수 없다.[239] 민주주의와 자유주의는 원리가 다른 만큼 그 정체 또한 크게 다르다. 보통사람들에게는 혼란으로 이 둘을 동일이라고 여기는 경향이 있다.[240] 무엇보다도 민주주의는 대의의 결정성이 핵심이지만 자유주의는 무한대

무제약의 비결정성이 핵심이다.

10. 민주주의는 정부권력의 한계를 오로지 다수만의 의결에 한정한다. 자유주의는 정부권력의 한계를 다수의결 이상으로 주창한다. 다수의 소수지배를 막을 방법이 없기 때문이다.

다수에 의한 정부만으로는 부족하다. 다수의 정부가 성립하려면 독립된 여론이 필수적이다. 그 이유는 소수의견이 다수의견이 될 수 있는데 민주주의의 효과가 나타나는 데에는 시간이 걸리기 때문이다. 다수의견은 항상 소수의견을 청취해야 한다는 것이 민주주의의 제약조건이다.

무엇보다 다수만으로 정부권력의 지배가 성립되지 않는 것은 애로우 〈불가능성 정리〉와 센의 〈불가능성 정리〉가 뒷받침한다. 다수에 의한 입법은 의무입법만으로 족하고 그것도 결정조건에 의해 제약된다. 의무입법 밖은 비결정조건에 의해 제약된다.

따라서 민주주의가 무엇을 법으로 만들까 질문할 때 자유주의는 무엇을 법으로 만들어야만 할까 질문한다. 민주주의에서 다수에 의한 법은 법이다. 절차민주주의에서 입법의 제한이 없다. 자유주의에서는 만들어서는 안 되는 법이 있다. 금지입법이다.

> 정부가 스스로 그의 강제적 힘을 [금지입법으로] 제한하는 한 민주주의는 효과적이다. 민주주의가 자유를 확보하는 수단이라면 개인의 자유는 민주주의가 작동하는데 필수조건이다. 최상의 민주주의는 제한 정부형태이지만 그것이 무제한으로 변하면 [민주주의는] 부적당하다. 무소불위의 정부를 지지하고 그러한 민주주의를 주창하는 자는 민주주의의 멸망

을 재촉하는 자이다.[241]

11. 앞서 살펴본 계몽주의 이후 모든 분야에는 공통점이 있다. 특히 앞서 우리의 관심을 끈 경제학, 정치학, 철학의 공통점은 무엇이든 '시초'를 주제로 삼는다는 점이다. 계몽주의 이전 시초는 하나님이 독점하였다. 또는 하나님의 대리라는 교황과 국왕이 독점하였기 때문에 시초의 문제가 없었다.

계몽주의 이후 경제의 출발은 소비자이고 끝도 소비자, 정치의 출발은 주권자이고 끝도 주권자, 도덕철학의 출발은 도덕가이고 끝도 도덕가이다. 소비자의 결정은 소비자를 위한 것이고, 주권자의 결정은 주권자를 위한 것이며, 도덕가의 결정은 도덕가를 위한 것이다. 모두 인과와 선후가 없는 원의 무한순환 구조이다. 당연히 자폐적 자기완결 자기조회 구조의 결정불가능의 공통점을 안고 있다. 내 머리 내가 못 깎는다. 그러나 숨은 손 = 메타에 의한 자기분할로 차원을 넓혀갈 수 있다.

12. I권을 다시 보면 자폐적 자기완결 자기조회 구조의 시초는 부단한 숨은 변수의 변환 능력이 강조된다. 그 변화는 자폐적 자기완결 자기조회 시초에 내재하는 법칙이 외부메타 = 숨은 손과 조우에서 일어났다. 외부자유가 자폐적 자기완결의 시초인 나의 자유를 참견하자 나의 권리가 태어났다. 외부권리가 나의 자폐적 자기완결 권리를 참견하자 정의가 태어났다. 자유, 권리, 정의는 헌법 내부의 개념이다. 민주헌법은 법체계의 시초답게 자폐적 자기완결 구조이다. 국민이 국민을 위해 만든다. 국민이 시초이고 국민이 끝이다. 이것이 애로우 불가능 정리이다. 민주헌

법이 자신의 존재를 증명하려면 숨은 메타가 필요하다. 계몽주의 이래 모든 사회사상은 숨은 손 = 메타를 인식하는 데 실패하였다. 이 책이 처음부터 일관되게 사용하는 개념이 숨은 손 = 메타인데, 메타는 경제학의 용어로는 외부효과이다.

독재자

1. 사회적 후생지수나 사회적 선호순서가 존재하지 않는다는 것이 밝혀졌다. 대의가 존재하지 않으므로 전체를 대신하여 판단하는 단일의 유기체organic가 존재하지 않을까? 그 유기체에도 합리적 가치판단 능력이 있을까? 다시 말하면 질문은 유기체의 사회적 판단기구가 존재하는가이다. 뒤집어 표현하면 단일 사회적 판단기구로 대표되는 유기체의 존재 여부이다. 대답은 부정적이다. 의회 결정의 적합성도 증명되지 않는다. 이 틈새를 악용하여 메우는 정치적 행위가 독재이다.

2. 애로우(Arrow 1967)는 이 유기체를 의인화하여 하나의 개인으로 보고, 개인이 그의 판단기구에 의해 대표되듯 유기체 역시 그의 사회적 판단기구social judgement mechanism에 의해 대표된다고 보았다. 그는 한 명의 공직자의 판단체제를 생각하였다.[242] 공직자 독재이다. 드센 비판은 불가능성 정리의 증명에 있는 것이 아니라 그 의미에 모아졌다.

애로우의 문제는 루소의 견해와 매우 공통적이다. 매우 교활한 위험이라

고 지적할 만하다.[243]

바람직한 것은 자비로운 독재자benevolent dictator이다. 그러나 그 같은 사람의 존재를 부케난(Buchanan 1983)은 의심하였다. "그 같은 환관이 있을까?"[244] 이 유기체는 최고판단기관이다. 판단의 시초가 메타 없이 스스로 결정할 수 있을까? 개인의 임의적 결정에 불과하다.

자생적 질서가 의지하는 일반 규칙의 목표는 추상적 질서이지 그 누구도 모르고 내다 볼 수도 없는 구체적 규칙이 아니다. 이에 대하여 조직을 지배하는 명령의 규칙은 조직을 장악한 자가 구체적으로 설정한 결과를 목표로 삼는다.[245]

3. 설사 선의의 독재자benevolent dictator가 존재한다고 하여도 그가 모든 사람을 대신하여 의사결정 하는데 필요한 정보를 확보하는 것은 불가능하다. 버크(Burke 1790)가 『프랑스혁명의 성찰』에서 정확히 기술했듯이 사회체제가 복잡하기 때문에 한 사람이 모든 것을 파악하기엔 불가능하다.[246] 한때 시장사회주의market socialism의 계산 논쟁에서 이미 증명되었듯이 수많은 소비자 선호와 수많은 생산자 기술의 정보를 선의의 독재자라도 확보하는 것은 불가능하다. 설사 확보된다고 하여도 그 정보의 도움으로 결정되는 가격은 시장가격이 아니다. 이에 대한 하이에크(Hayek 1945)의 비평이 부정적이다.

합리적 경제 질서를 만들려고 애쓸 때 우리가 해결해야 할 문제는 무엇인가? 통상적인 가정 하에서 그 대답은 간단하다. 만일 우리가 모든 관계되는 정보를 확보한다면, 만일 우리가 어떤 주어진 선호체계에서 논의를 시작한다면, 그리고 만일 우리가 관계되는 모든 수단과 그에 관한 완전한 지식을 갖춘다면, 문제는 순수 논리에 불과하게 된다. 대답은 그 가정 속에 내재한 가장 최고의 사용에 있다. … 그러나 그것은 사회가 당면한 경제적 문제가 아니다. … 그 이유는 경제적 계산에 필요한 데이터가 한 사람에게 결코 주어지지 않는다는 것이다.[247]

4. 민주주의는 다수결을 따른다. 그러나 지금 보았듯이 메타가 없이 다수결 의사가 존재하지 않는다. 민주주의 국가에서 정당이 우후죽순의 난립 속에서 대의가 성립되지 않는 무질서 현상의 경험이 바로 그것이다. 바이마르 공화국 첫 5년(1919-1924)에 130회 국회가 중단되어 대통령이 비상대권을 130회 사용하고 이러한 혼란 속에서 질서를 원하는 국민들에게 출현한 것이 히틀러이다.[248] 히틀러의 명칭 총통Fuhrer는 지도자라는 의미이다. 무소리니의 명칭 총통 Duce 역시 지도자라는 뜻이다. 히틀러의 『나의 투쟁』의 핵심이 이른바 왕을 대체한 지도자론이다. 지도자란 말하자면 시초(주인) 없는 무주공산의 법 체제에 주인이라고 자처하는 법 위의 존재를 일컫는다. "스스로 다스리지 못하는 인민을 다스리는 지도자"의 정의는 논리적으로 모순이다.

5. 공산당의 어버이Father 수령과 그의 무류설도 여기에 속한다. I권이 밝혔듯이 무류의 인간출현은 불가능하다. 가톨릭의 신부Father아버지의 권위 위에는 교회가 있고 그 위에 그것을 세운 베드로가 있고 베드로

위에는 하나님 우편에 앉아계신 예수가 있다. 예수는 하나님의 아들이다. 교황의 무류설과 신부 앞에 고해성사의 근거이다. 종교를 부정하는 공산당 위에서 어버이 수령의 권위는 어디에서 온 것일까? 그의 무류설은 어디에 근거하는가?

고해성사에 비유되는 자아비판의 근거는 어디에 있을까? 고해성사와 달리 자아비판은 비밀이 보장되지 않으며 고해자를 사실상 정신적으로 육체적으로 노예로 만든다. 표현의 자유와 침묵의 자유를 해친다. 무류설은 토론의 자유를 막는다. 자유는 불확실한 미래에 대한 인간의 무지를 극복하는 능력의 가치이고 무류설은 미래에 대한 한 개인의 확실성으로 어울릴 수 없는 독단이다. I권의 마지막에 무오류는 홀로 존재할 수 없음이 중첩형식에 의해 논증되었다.

6. 지구상의 모든 이른바 민주주의 독재국가의 독재체재는 애로우의 대의결정불가능성으로 설명되지만 그것은 20세기 후의 일이다. 그 전 정치사상가들이 온갖 불완전한 이론으로 합리화하고 있으며 그 모습이 다양하지만 지도자론이 공통점이다.

7. 독재체제는 수미일관의 정치체제의 외부메타가 무너져 이를 대체할 새로운 메타가 마련되기 전인 수미쌍관 무한순환의 정치체제 과도기에 외부메타로 등장하는 정치체제이다. 제1차 대전 이전 안도라나 산마리노 등 도시국가를 제외하고 공화국은 프랑스, 포르투갈, 스위스 등 3개뿐이었다. 나머지는 왕정이었고 제1차 대전으로 그들 왕정 가운데 무너진 왕정에서는 메타가 없어져 버린 자리에 대신 들어선 체제가 민

주주의로 포장한 새 메타의 독재체제이다. 1917년 레닌, 1922년 무솔리니, 1923년 케말 파샤, 1933년 히틀러, 1939년 프랑코 등의 등장이 그것이다.

8. 지도자론의 핵심은 애로우 불가능성 정리 공리 3의 다수결 제도 아래 공리 2의 [우리는 우리의 의사결정자] 또는 [우리는 우리의 사회적 판단자]의 자기조회 A = A(S) 구조가 시작점도 끝점도 없는 무한순환이라는 점에 있다. 무한순환 구조에 시작점으로 쐐기를 박는 행위가 지도자의 개입이다. 그러나 지도자의 정당성은 어디에도 없다. [지도자는 지도자의 시작]은 자폐적 자기완결 자기조회이다. 국민이 선택한다 해도 그 역시 애로우 불가능성 정리의 희생자일 뿐이다. 애로우 공리 4도 자폐적 자기완결 자기조회 공리이다. 이 공리는 애로우 불가능성 정리를 증명하는데 핵심인데 외부효과 곧 외부메타가 결여되었다. 자폐적 자기완결은 애로우 공리 3에도 나타난다. 이것은 흔히 파레토 공리라고 부르는데 외부효과의 부재를 가정한다. 곧 메타의 부재이다.

제 7 장
새고전학파

부케난

1. 로크, 몽테스키외, 루소, 스미스 등의 계몽학파에서 힉스-칼도우 등의 보상원리, 버그슨-사무엘슨의 사회적 후생지수, 롤스의 정의 후생지수, 애로우의 사회적 선호순서의 신고전학파까지 섭렵하였다. 특히 신고전학파는 애로우 불가능성 정리로 집대성되었다.

2. 신고전학파의 핵심은 고전학파의 사회적 후생지수에서 관찰의 대상을 이동시킨 사회적 선호순서이다. 그것은 애로우 불가능성 정리로 요약된다. 이 정리를 다시 보면 애로우 공리 2, 공리 3, 공리 4는 다수결 투표의 공리이다. 이 가운데 불가능성 정리에 크게 영향을 미치는 조건은 애로우 공리 2이다. 사회적 의사결정을 오직 투표자의 선호투표에만 의존한다는 것은 자폐적 자기완결 자기조회 구조이다. 애로우 공리 2를 달리 표현하면 투표에 의존하는 [우리는 우리의 의사결정자]이다. 이것은 자폐적 자기완결 자기조회 A = A(S)의 자기통치 비결정 구조이다.

3. 애로우가 증명하려는 것이 사회구성원의 사회적 의사 또는 사회적 선택이므로 [우리는 우리의 의사결정자]이다. 이것을 [우리는 사회적 판단의 의사결정자]와 [사회적 판단은 우리의 의사결정자]로 자기분할을 일으킬 수 있다. 전자는 사회적 판단이라는 것이 있다면 우리가 결정한다는 뜻이고, 후자는 사회적 판단이 우리를 결정한다는 의미이다. 여기서 [사회적 판단은 사회적 판단의 결정]의 자폐적 자기완결 자기조회 구조가 유도된다. 그러므로 사회적 판단은 결정되지 않는다. 이것이 애로우 불가능성 정리의 재해석이다. 불가능을 가능하게 만들려면 숨겨진 손이 필요하다. 그것을 부케난(Buchanan 1975)은 사회적 의사결정의 비용에서 찾았다.[249]

4. 국민생산의 상당 비율이 정부지출이다. 현대국가는 그 비중을 높여왔다. 정부는 비용이다. 법과 제도, 법과 질서는 비용이다. 대의를 구하는 투표행위도 비용이다. 외부효과가 비용이고 법이다. 앞서 사회적 대의의 가능성을 구하려는 모든 시도에는 비용과 외부효과 개념이 결여되어 있다. 비용을 고려하지 않는 법과 정부에 관한 분석에 핵심이 빠진다. 그 분석은 이미 보았듯이 결정불가능에 빠진다. 이제 사회적 후생지수와 사회적 선호순서에서 이동하여 사회적 비용으로 대의의 존재를 설명한다.

5. 앞서 설명했듯이 권리는 자유와 자유의 충돌, 정의는 권리와 권리의 충돌에서 발생한다. 자유에 대한 간섭의 자유가 메타 곧 외부효과이고, 권리에 대한 간섭의 권리 또한 외부효과이다. 외부효과는 곧 비용이

다. 그것은 법으로 표현되는데 법은 공적재화public goods이다. 공적재화로써 법은 혜택이 비용을 능가하여 존재한다. 악법은 외부비효과의 공적폐품public bads이다. 그의 존재는 혜택보다 손해를 크게 만든다.

6. 사회적 의사결정에 외부효과의 역할을 설명하기 위해 I권의 〈코우스 정리〉의 예로 돌아간다. 공장의 영업행위는 주민에게 영향을 미친다. 이는 주민에게 외부효과이다. 강변 주민들은 깨끗한 물의 권리를 확보하려면 그 행동을 위한 주민들의 합의가 필요하다. 여기서 두 가지 비용이 발생한다. 첫째, 수질상태 증명의 정보비용, 주민합의를 이끌기 위한 홍보비용, 공장을 상대하는 대표기관의 설치비용 등의 일인당 결정비용 C은 주민 가운데 합의인구 N가 많을수록 증가한다. 다시 말하면 주민수가 많을수록 합의를 이끌어내는데 투입하는 시간과 자원은 증가한다.(그림 II-7A). 둘째, 수질이 좋아진다고 예상하는 무임탑승자가 발생한다. 무임

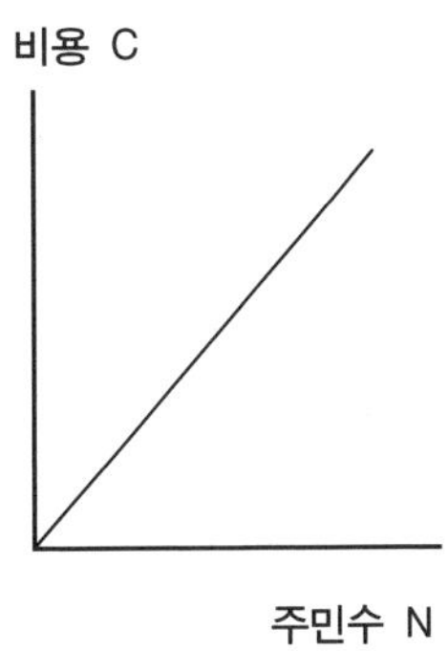

〈그림 II-7A〉 비용증가

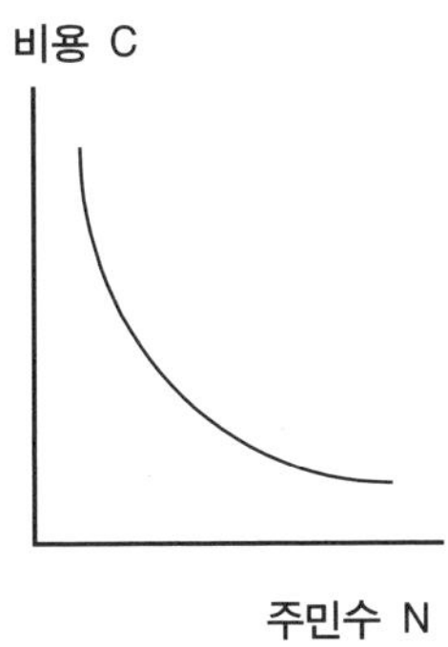

〈그림 II-7B〉 비용감소

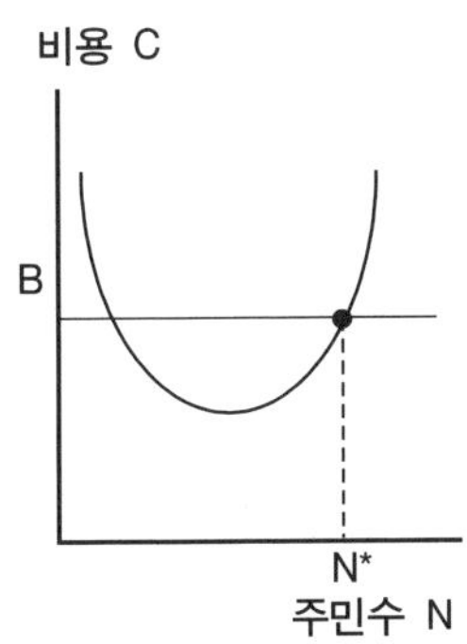

〈그림 II-7C〉 최적비용의 결정

탑승자가 많을수록 외부비용은 증가한다. 말을 바꾸면 무임탑승자 적어지고 합의인구가 많을수록 일인당 외부비용은 감소한다.(그림 II-7B). 두 비용을 합치면 U자형의 비용곡선이 된다.(그림 II-7C). 한편, 수질이 좋아져서 얻는 일인당 혜택 B가 일인당 비용 C를 넘어서는 합의인구가 주민수의 과반수를 넘으면 주민합의에 의한 수질법이 제정된다. 〈그림 II-7C〉에서 그것은 N*명이다. 이것이 합의에 의한 법의 원리이다.

7. I권에서 법의 출현을 자유의 자기증식, 자기분할, 자기합성으로 설명하였다. 이 구조에서 메타의 역할이 중요하다. 메타가 외부효과이다. 그 구조가 C(A) = C(S) + C(M)이다. 법이 정의하는 나 A는 법의 복종자 S이며 동시에 법의 주인 M이다. 법체제에는 비용이 발생한다. 법 C를 법체제의 비용, S를 합의, M은 반대로 대체할 수 있다. 법체제의 비용 C을 담당하는 나 C(A)의 내부는 찬성자 C(S)이며 동시에 반대자 C(M)이다. 개인의 식에 주민수를 감안하여 확대하면 비용부담의 주민 C(N)은 법체제 비용의 찬성자 C(S)와 반대자 C(M)로 나뉜다. C(N) = C(S) + C(M)이다. 여기서 S + M = N이다. 찬성의 이유는 혜택이 비용을 초과하기 때문이고, 반대의 이유는 비용이 혜택을 초과하기 때문이다. 일인당 비용으로 환산하면 C/N = C(S/N) + C(M/N)이 된다. 찬성자가 많을수록 1인당 외부비용은 감소하고(그림 II-7A) 1인당 결정비용은 증가한다.(그림 II-7B). 1인당 총비용은 U자형이다.(그림 II-7C). 1인당외부비용x찬성자 수 = 총고정비용이고 1인당결정비용x찬성자 수 = 총가변비용이다. 총비용 = 고정비용 + 가변비용이다.

8. 경쟁균형에서 가격을 마주하는 개인은 가격의 수용자이고 동시에 가격의 결정자였다. P(A) = P(S) + P(M). 경쟁시장에서 가격은 곧 비용이다. 따라서 C(A) = C(S) + C(M)이다. 개인의 집계가 시장참여자 N이다. 따라서 C(N) = C(S) + C(M).

9. 만장일치가 아닌 합의에 의한 법은 파레토 원칙에 위배된다. 그러나 하나의 사안에 대한 선택이 다수인 투표와 달리 하나의 사안의 비용함수는 하나뿐이다. 비교할 수 있는 다른 비용함수가 없으므로 독점적 결정이 될 수밖에 없다. 다시 말하면 계획을 수행할 것인가 아닌가의 선택의 문제이다. 〈그림 II-7C〉에서 혜택이 비용을 초과하지 못하면 합의는 실패한다.

10. 헌법제정과 그 비용의 관계를 인식한 사람이 해밀턴(Hamilton 1789)이다. 연방헌법을 제정하고 그에 수반하는 비용을 염려하는 당시 13주를 설득할 필요가 생겼다. 그것이 바로 연방정부가 가져오는 비용을 초과하는 혜택이었다.

> 내가 현재 생각하는 연방 헌법안에 대한 반대 가운데 뭔가 중요성을 가지고 있는 최후의 보루라면 그것은 연방정부의 비용에 관한 것이다. … [그러나] 미국시민의 대부분은 연방이 그 정치적 행복의 기초임을 충분히 이해하고 있다.[250]

신헌법 제정에서 발생하는 새로운 비용은 생각한 것보다 훨씬 소액이며

더구나 어느 정도의 절약 항목에 의해서 상쇄된다.[251]

해밀턴의 고백에는 헌법제정 비용 결정의 어려움이 들어있다. 사회적 합의의 부재 하에 비용에 관한 사회적 합의가 어떻게 도출될 수 있을까? 이 역시 자폐적 자기완결 자기조회의 문제에서 벗어나지 못한다.

노직

1. 자유지상주의자 노직이 이전의 자유주의 사상가들과 다른 점은 두 가지이다. 첫째, 개인이 모여 국가를 만드는데 그 기초로 사회계약이라는 은유를 전제하지 않았다. 둘째, 개인을 효용(만족을 일으키는 능력)의 소유자가 아니라 권리의 소유자로 보았다.

2. 노직은 법의 출현보다 국가의 출현이라는 근본문제에 도전하였다. 그의 최소국가론은 자유지상주의자들의 찬사를 받았다. 노직은 보이지 않는 손으로 최소국가의 출현을 설명한다. 예를 들어 보호라는 상품을 파는 수많은 회사들 가운데 하나의 지배적인 회사 -회사국가-처럼 떠오른다. 국가가 없는 상태에서 자유방임 경쟁시장은 보이지 않는 손의 산물이다. 구매자들은 보호를 받는다. 국가는 여러 경쟁자를 제치고 출현한 자연독점의 산물이다.

3. 그 자연독점 국가의 공급이 개인의 권리이다. 앞서 권리는 자유의

평등이라 하였다. 그것은 자유와 자유의 충돌이 낳은 결과물로써 소극적 자유이다. 권리의 보편적 평등한 배분의 근거이다. 노직은 여기에 하나를 추가하였다. 권리의 공정한 배분이다. 공정과 평등 -공평-이 그를 효용주의자들과 다르게 만들었다. 그 배경은 권리의 소유자인 개인을 수단이 아니라 목적으로 삼으라는 칸트의 주장이다. 개인이 목적이 되는 차원은 메타윤리meta-ethics의 세계이다.[252] 노직은 자유를 정치적 경제적 차원에서 윤리의 차원으로 끌어 올렸다.

노직은 권리의 근거를 대지 못했다. 그가 내세운 근거는 개인에게는 목적이 되게끔 하는 무언가가 있다는 것이다. "개인이 선택하는 총체적 개념에 의해 그의 생활을 영위하는 능력, 그 무언가가 그에게 있다."[253]

이때 문제가 되는 것이 배분의 방법이다. 국가가 깊이 관여하는 것은 공평한 배분이 될 수 없다는 데에서 최소국가 이론이 떠오른 것이다. 여기까지 고전적 자유주의의 야경국가와 차이가 별반 없다. 그러나 중요한 차이가 벌어진다. 고전적 야경국가는 권력의 분산이 핵심이다. 고전적 자유주의는 권리와 권리의 충돌에 국가가 정의를 중재한다. 그를 토대로 재산의 재분배의 논리가 등장할 수 있다. 노직은 그것을 국가의 월권으로 본다. 만일 그 재산이 공정하게 취득한 것이라면 국가는 그에 대해 정의를 앞세워 간여할 수 없다. 노직의 재산권은 로크의 전통을 이었다. 그의 최소국가란 자유를 제약하는 최소의 조건의 국가이다.

4. 두 가지 문제가 제기된다. 그 회사-국가의 보호비용을 지불하는 화폐의 결정과 그 회사-국가의 지배구조의 결정원리이다. 그 구조는 자폐적 자기완결 자기조회의 비결정이 본질이다. 노직의 최소국가에서도

비결정의 문제는 여전하다. 이 문제가 노직 이전에 이미 확실하게 드러난 것이 〈센의 불가능성 정리〉이다. 노직의 최소국가에서는 개인의 자유를 제약하는 조건이 최소이다. 이 최소국가가 의사결정을 선호에 따라 다수결로 결정한다. 곧 애로우 불가능성 정리의 공리 3의 파레토 원칙이다. 센(A. Sen 1970)은 두 가지 조건 곧 자유의 최소제약조건과 파레토 원칙을 만족시키는 사회적 의사결정이 불가능함을 증명하였다.[254]

5. 노직의 회사-국가 모형은 회사의 의사결정을 연구하던 중 사회적 선택문제로 연구방향을 돌린 애로우를 생각나게 한다. 애로우는 학위논문의 주제로 힉스(J. Hicks)의 『가치와 자본 1936』을 확대하려 하였다. 주주들의 목표는 기업이윤의 극대화인데 미래에 관한 각자의 예상이 다르므로 투자결정에서 다른 투표행위로 나타난다. 투표에 의한 의사결정 문제에 봉착한 것이다. 애로우는 회사의 투자결정이나 사회의 의사결정이나 모두 비결정 문제가 상존하고 있음을 깨달은 것이다.

제 8 장
자유인

개인주의 대 구성주의

1. I권의 〈보조정리 5〉는 자유인의 정리이다. 그것은 〈정의 6〉과 〈정의 7〉에서 유도된 A = C + F = H이다. 이 책에서 개인은 제약 없는 자유인에서 출발한다. 그는 최적화의 선택을 하는 자유인이기 이전에 교환하는 자유인으로 정의한다. 그러므로 사회적 선택도 그에게는 다소 생소하다. 경제행위를 선택행위보다 교환행위에 더 무게를 둔다. 자급자족의 개인은 생산자이면서 소비자이다. 곧 [개인 = 생산자 + 소비자]의 중첩형식이다. A = A(S) = A(S) + A(-S)가 자급자족에서 벗어나 A' = A'(S) = A'(S) + A'(-S)와 교환으로 진화하려면 제3자가 필요하다. 시장의 중개인이 그에게 메타이다. A = A'(S)와 A' = A(S)로 분화된다. A는 A'의 생산자가 되고 A'는 A의 생산자가 된다. 이 분할은 시장의 중개를 전제로 한다. 이것이 가능하려면 자기증식, 자기분할, 자기합성의 자유가 보장되어야 한다. 그것이 메타의 역할이다. 메타를 만나면서 자유와 자유의 교환, 권리와 권리의 교환, 정의와 정의의 교환이 그를 사회에서 제어된con-

strained 자유인으로 변모시킨다. 이 과정에서 의견과 의견의 교환이 선행한다. 이 교환이 여론, 그런 것이 존재한다면, 의 기초가 된다.

2. 개인주의에 따르면 사회조직은 계약이다. 로크, 부케난 등이 여기에 속한다. 구성주의에 따르면 사회조직은 발명품이다. 고드윈, 콩도르세, 루소, 헤겔, 케인스, 애로우 등이 여기에 속한다. 전자는 제어된 이기심self-interest과 공감의 제어된constrained 인간 사이의 계약이다. 후자 특히 고드윈(Godwin 1793)은 제어된 이기심self-interest과 제어되지 않은 이기심selfish을 혼동하였다. 그에게 이기심selfish란 남의 장점보다 자신의 단점을 옹호 내지는 선호하는 것으로 그러한 제어되지 않은unconstrained 인간으로 인해 사회는 점점 부패해 간다고 주장한다. 전자의 사상이 미국독립, 후자의 영향이 프랑스혁명에 기여하였다. 전자는 미국연방헌법에 기초한 공화정치, 후자는 폭력 속에서 나폴레옹의 전제정치를 낳았다고 본다. 나폴레옹의 황제등극은 교황에 승인이 필요 없는 스스로 왕관을 쓰는 행위였다. 말을 바꾸면 왕권신수설의 절차를 거부한 황제가 되었다. 그의 권위는 어디에서 연유한 것일까. 국민투표에서 왔다. 국민투표에 의한 국민의 의사라는 것이 존재한다면.

3. 이 책은 제어된 균형의 인간을 설정한다. 그 근거는 자유가 자기변환, 자기합성, 자기증식, 자기분할의 자기심사자인 공평한 관망자의 능력을 드러나게 하고, 자유를 본원구조와 쌍대구조 양측에서 메타가 관망하도록 만든다고 보기 때문이다. 그리고 자기합성이 다시 하나로 종합한다. 그 결과 제어된 개인은 자기입법, 자기집행, 자기심사 하는 이성고유

의 참된 입법가치로써 자유를 제일의 덕목으로 믿는다. 반대로 제어되지 인간은 그가 지키는 자기법칙이 없으므로 그런 사람만으로 조직된 사회는 존재하기도 존속하기도 어렵다. 앞서 인용한 나이트의 말대로 윤리적인 사회일까?

4. 사회적 대의 존재 여부는 기본적으로 인간을 바라보는 관점에 있다. 개인과 사회의 관계를 바라보는 관점은 두 가지이다. 자유인의 개념이 핵심이다. 제어된constrained 개인인가 아니면 제어되지 않은unconstrained 개인인가. 전자는 $A = C + F = H$에서 $C \neq 0$이고 후자는 $C = 0$이다. 스미스는 인간을 이기심과 공감의 균형의 제어된 복합체라고 보았다. 고드윈(Godwin 1793)은 인간을 이기심과 공감의 불균형 사이에서 제어되지 않은 인간형으로 보았다.

5. 애로우 불가능성 정리는 지금까지 어떠한 도전에도 견뎌왔다. 논리적으로 거부할 수 없다. 그러므로 애로우 이후 논쟁은 두 줄기로 갈라진다. 이 책은 공리적axiomatic 탐구이므로 어느 줄기에도 속하지 않는다.

하나는 개인들의 의사가 조화되는 시장에서 개인의 행동이다. 개인은 시장에서 제어된constrained 이기심을 따른다. 균형 잡힌 인간이다. 개인의 가치와 사회적 의사결정은 병존할 수 없으므로 방법론적 개인주의methological individualism를 택한다. 앞서 본 대로 개인 하나하나의 경제행위는 경쟁시장에서 최대다수최대행복을 이끌어 낸다. 개인 하나하나가 수많은 시장의 균형을 결정하는 것이 현실이다. 개인이 모여서 결정되는 것은 시장의 가격결정뿐이다. 방법론적 개인주의는 이 확실한 현실의 관찰 경험을 기반으로 하여 집단의 문제에 시장방식으로 접근한다.

다른 하나는 시장균형은 결정되지만 때로는 각 시장의 상호연관이 제대로 작동하지 않아 불균형상태로 남게 된다. 이것이 실업으로 나타난다. 이 불균형을 해소하려면 시장의 기능만으로는 성공할 수 없으므로 시장의 외부메타가 필요하다. 그것이 정부의 시장개입이다. 사회적 의사결정은 존재하지 않으므로 소수의 정책자들의 판단에 맡기도록 하자는 것이다. 구성주의자 합리주의constructivist rationalism는 구성의 모순에 근거한다. 개인에게 좋거나 올바른 것이 전체에 좋거나 올바르다고 할 수 없다. 그 증명이 애로우 불가능성 정리이다. 그러나 이에 대한 반박의 예가 부케난의 비용접근이다.

6. 이 책의 분석틀로 설명하면 미시차원의 [개인 → 자기입법 → 개인]과 거시차원의 [국민 → 헌법 → 국민]의 관계에 대한 이견이다. 미시차원과 거시차원의 간극은 모든 학문 분야에서 발생한다. III권(헌법의 원리)의 주제이다.

7. 전자는 작은 정부를 주장하고 후자는 거시정책을 옹호한다. 그럼에도 구성주의에는 독재자를 용인하는 위험이 상존한다. 구성주의의 단점은 소수의 정책가가 의사결정에 필요한 수많은 정보를 확보하고 이해할 수 있겠는가이다. 하이에크(Hayek 1935)에 의하면 수많은 소비자들의 선호정보와 수많은 생산자들의 기술정보를 무슨 수로 알겠는가?[255] 1940년대 랑게(Lange 1935)와 러너(Lerner 1934, 1937)의 유명한 시장사회주의계산 논쟁의 핵심이 바로 이 점이다.[256] 설사 가능하다 하여도 그

것은 시장가격이 아니고 시장가격의 그림자가격에 불과하다.

전자는 개인행위의 원리로 거시적 집단행위도 설명한다. 사적영역에서 제어된 이기심의 자유의지에 의해 행동하는 하나의 개인이 거시적 집단에서는 다른 원리에 의해 행동하지 않는다는 가정이다. 사회적 의사결정의 공통점은 투표제도이다.

후자는 개인차원과 집단차원에서 개인의 서로 다른 행동원리를 합리화하지 못한다. 예를 들면 시장에서 행위와 정치에서 행위를 하나의 원리로 설명하지 못한다. 그 결과 시장은 1원1표 투표의 경쟁제도로, 정치는 1인1표 투표제도의 모순 때문에 독점(제도)로 설명할 수밖에 없는 완성되지 않는 논리를 극복하지 못했다.

8. 거시정책의 단점은 그것이 제대로 제어되지 않으면unconstrained 계획경제로 확대될 위험성이 있다는 것이다. 제2차 대전 후 탄생한 수많은 국가가 채택한 정책이다. 그것은 사회주의로 가는 길이라는 것이 하이에크의 지적이다. 제어되지 않는다는 것은 계획의 규모의 한계가 정해지지 않는다는 뜻이다. 여기에도 금지영역이 있다. 그것은 무엇인가?

사회주의

1. 사회주의라는 용어가 등장한 것은 1831년이다. 좀바르트(1938)에 의하면 그 후 약 100년 간 261개의 서로 다른 의미가 탄생하였다. 좀바르트는 이것을 다시 12개로 분류하였는데 이러한 난삽 속에서도 논의를

위해 세 가지로 요약하였다.[257] 공통점은 사유재산 제한, 계획경제, 평등 사회 건설이었다.

2. 좀바르트가 말하는 사유재산 제한은 생산요소, 사회주의자들이 말하는 생산수단의 사회화이다. 생산수단에는 자본재와 노동이 있는데 자본재는 일상어로 말하면 기계와 토지이다. 자본재와 자본은 다르다. 자본은 회계장부에 기재되는 화폐적 개념이다.

소비재는 사유화를 인정하여 소비재시장에서 수요와 공급으로 상호 작용으로 가격이 결정된다. 소비재의 수요가 경제활동의 시작으로 보면 생산요소시장은 파생수요derived demand의 시장이다. 소비재시장에서 소비재 수요가 증가하였다고 하자. 이것은 자본재와 토지의 수요를 증가시켜 이들 가격의 변화를 불러일으킨다. 그러나 사회주의 국가에서는 이들 시장이 존재하지 않기 때문에 소비재시장의 변화에 반응할 수 없다. 소비재 수요는 증가하는데 추가적인 소비재를 만드는데 추가로 필요한 자본재의 공급이 적절하게 반응을 하지 않으므로 소비재가격이 뛰거나 소비재가격을 통제하면 소비재가 부족하게 된다. 이것이 사회주의 국가의 만성적인 소비재 부족 현상이다. 말하자면 소비재시장과 자본재시장의 인위적 단절이 사회주의 경제의 요약이다. 소비재 수요는 변하는데 그에 따른 자본재시장의 배분이 따라가지 못한다.

3. 이 문제를 타개하기 위하여 계획부와 가격계산부가 자본재와 토지의 가격을 계산한다. 이것이 좀바르트가 말하는 계획경제이다. 그러나 가격계산부는 시장정보가 없기 때문에 시행착오로 계산할 수밖에 없다.

시행착오의 기준은 자본재와 토지시장이 있는 자본주의 체제를 가상한다. 이것이 시장사회주의의 요체이다. 소비재 수요는 변하는데 시행착오 계산이 따라가지 못한다.

4. 1920년대 시장사회주의계산 논쟁이 바로 이것이다. 세 가지가 지적된다. 첫째, 가격계산부가 보이지 않는 소비자 욕구의 변화에 관한 정보를 얻는 것은 불가능하다. 둘째, 가격계산부가 생산자의 기술개발과 습득과 창의성의 변화에 관한 정보를 확보하는 또한 불가능하다. 셋째, 자본주의 시장이 존재하지 않으면 참고기준으로 이용할 기준이 존재하지 않으므로 시장사회주의는 불가능하다. 평등사회건설도 불가능하다.

5. 사회주의는 자본재와 토지의 가격이 형성되지 않으므로 소비재의 생산비용을 계산할 수 없다. 비용은 기회비용으로 회계장부에 기재할 수 없어 보이지 않는 비용을 포함한다. 그런 면에서 비용은 사후적으로만 드러나는 것이 아니라 기회가 있는 경우에는 예상을 포함하는 사전적 개념이다. 주관적으로 관계된 본인이 아니면 다른 사람은 계산이 불가능하다. 계산논쟁에서 말하는 가격은 그림자가격일 뿐 시장가격이 아니다.

6. 시장의 주요기능 가운데 하나가 기업의 적정규모 결정이다. 코우스(Coase 1960)가 정확하게 논증했듯이 자유 시장경쟁은 기업의 규모 곧 한계를 정한다. 만일 시장이 아니라면 무엇이 기업의 규모를 정하겠는가. 계획부나 가격계산부가 수많은 기업의 규모를 정할 수 없음은 자명한 일이다.

7. 앞서 계몽주의 이후 경제의 출발은 소비자이고 끝도 소비자, 정치의 출발은 주권자이고 끝도 주권자, 도덕철학의 출발은 도덕가이고 끝도 도덕가라고 하였다. 그 매개변수를 추가하면 [소비자 → 시장 → 소비자], [주권자 → 헌법 → 주권자], [도덕가 → 정언명령 → 도덕가]의 구조이다. 이 가운데 [소비자 → 시장 → 소비자]의 구조는 자본재시장이 매개체이다. 곧 [소비재 → 자본재시장 → 소비재]이다. 사회주의에는 자본재시장이 없으므로 [소비자 → 계획부 → 소비자]의 구조가 대체한다. 시장사회주의 논쟁에서 쟁점은 계획부가 자본재시장을 대신할 수 있는가. 결과만 보더라도 사회주의 경제에는 자본재시장이 존재하지 않고 자본재에 대한 기회비용도 계산이 불가능하므로 이윤의 개념이 없다. 이윤이 발생하는 자유 시장경제에 비하여 생산비용이 그만큼 저렴해야 마땅하지만 현실은 오히려 비싸다.

8. [소비자 → 자본재 → 소비자]는 〈보조정리 2〉에 의하면 비결정이다. 이 비결정을 결정으로 전환 시키는 메타가 시장이다. 곧 [소비자 → 자본재시장 → 소비자]이다. 반면 사회주의는 [소비자 → 자본재 → 소비자]의 비결정을 결정으로 전환시키는 메타가 자본재생산을 주관하는 계획부이다. 계획부와 가격계산부가 중심이 되는 관료권력의 사회이다.

> 개인이 책임지지 않는 [사회주의] 사이비 경쟁제도에서 결정하는 주체는 기업가가 아니라 기업가의 결정을 승인하는 관료이다. 그 결과 책임의 평가와 제어되지 않은 추진과 관련된 관료[허가장]제도의 모든 어려움이 발생한다.[258]

> 이 견해[사회주의]에 의하면 문제는 시민이 아니라 관료와 협의하는 것이 아니라는 점이다. 관료도 시민의 사적 자격으로 판단하는 것이 아니라 결정된 가치가 그에게 주어진다. 관료는 중립이기를 기대한다. 그의 임무는 집단주의자 결정의 규칙에 의해 주어진 다른 사람들의 가치를 실행하는 것이다.[259]

중립적 관료제도가 불가능한 것은 그것이 자폐적 자기완결 자기조회 구조이기 때문이다. 관료는 모든 사람의 승인자이다. 모든 사람에는 관료 자신도 포함되므로 [관료는 관료의 승인자]가 된다. 그는 "시민의 사적 자격으로 판단"도 할 수밖에 없다.

앞서 보았듯이 자폐적 자기완결 자기조회 구조의 사회가 비결정이기 때문에 "사유재산은 절도"라고 선언한 사회주의자 프로우동(Proudhon 1848)은 "사회주의는 아무 것도 아니며, 절대로 아무 것도 아니었으며, 절대로 아무 것도 아닐 것이다.'라고 단언하였다.[260] 비결정의 사회는 관료사회이다. 사회주의는 결정되지 않기에 결정되는 방법이 곧 독재라는 주장을 우회한 말이다. 사회, 공산, 민주는 모두 비결정이다. 그 결과 관료권력의 허가장 제도가 사회주의 사회의 권력이다. 사회주의란 범위가 정해지지 않은 허가장제도이다.

9. 관료권력의 허가장 제도는 구 소련경제 스스로의 보고서에서 그 실상을 엿볼 수 있다.

> 시장이 없기 때문에 정부가 사들인 모피가 정부창고에서 썩어 가고 있는

> 이유는 가격계산부에서 정한 가격이 비싸서 그것을 인수하려는 업체가 없기 때문이다. 이를 해결하고자 경공업부가 가격계산부에 두 번씩이나 가격을 내려줄 것을 요청하였지만 아직 대답을 듣지 못한 상태이다. 놀랄 일도 아니다. 가격계산부의 직원들은 모피 가격 이외에 2,400만 개의 상품가격을 새로 계산해야 하기 때문에 너무 바쁘고 시간이 없기 때문이다.[261]

가격에 대하여 자유주의 경제학자 폰 미제스와 논쟁을 벌인 사회주의 경제학자 오스카 랑게는 자유 경쟁시장에서 발견되는 가격이 사회주의경제에도 적용될 수 있는 이른바 시장사회주의를 이론적으로 보여주었다. 지금 보았듯이 시장경제에서는 그 가격이 시장에서 결정되지만 사회주의에서는 사람이 계산한다는 점이다. 그러나 시장은 매 순간 수천만 개의 가격을 계산한다. 사람이 계산하는 데에는 많은 시간이 걸리고 그 사이에도 가격은 재차 삼차 변한다. 앞서 [소비자 → 자본재 → 소비자]의 비결정을 결정으로 전환시키는 메타가 자본재생산을 주관하는 가격계산부의 관료들인데 이들 자신이 소비자이다. 그러므로 [소비자 → 자본재 → 소비자]의 비결정 구조는 변함이 없다. 사회주의경제에서 가격은 비결정이며 인위적으로 계산된 가격은 임의적 임시변통의 가격이다.

제 9 장
자유 민주주의

금지입법

1. 앞서 금지입법의 필요성을 논하였다. 금지입법이 결여된 입법이 모순의 구조임이 밝혀졌다. 여기서는 다른 각도에서 재론한다. 법이란 무엇인가? 몽테스키외가 정의하였다. "법은 가장 광의에서는 사물의 본질에서 유래하는 필연적 관계"이다.

사물의 본질은 두 가지이다. 자연의 인과율과 자유의 자생율이다. 자유의 자생법칙이 입법의 전범이 됨과 동시에 필연의 인과관계인 제약의 중첩형식이 되어야 함을 의미한다. 그러므로 질문은 법의 한계로 전환된다.[262] 법은 하나의 제한된 면적이다. 그것은 외연과 내연의 제약이다. 외연에서 보면 법체계에서 면적의 상위법 위에 또 하나의 면적의 상위법은 법의 수직위계 어딘가에서 멈추어야 한다. 그것이 제한된 헌법이다. 내연에서 보면 법면적의 외연의 외연은 수평조직 어딘가에서 멈추어야 한다. 그것이 금지입법이다. 법의 외연과 내연의 범위의 합이 제한된 헌법 + 금지입법이다.

금지입법은 자유헌법민주주의와 절차민주주의를 가르는 기준이다. 자유헌법민주주의에는 "자유를 정의하고 입법에 대한 헌법의 한계를 법원이 해석한 권리장전과 헌법이 있다." 권리장전은 입법부의 금지입법 목록의 첫 번째이다. "입법부는 이러이러한 법은 제정할 수 없다."를 입법부 스스로 금지하는 입법이다. 개인의 자유를 보장하는 권리장전의 중요성은 하나의 신념이 되었다. 제퍼슨은 권리장전이 결여된 헌법을 상상하였다.

> 권리장전[금지입법]을 빼놓은 헌법이 국민에게 끼치는 불편은 영구적이며 사람들을 정신적으로 육체적으로 괴롭히는 것으로 교정되지 않습니다. 이와 같은 불편은 점점 악화의 길로 들어서는 것이라고 생각합니다. … 입법부에 의한 학정이 가장 두려운 것이 아니겠습니까.[263]

> 권리장전 … 곧 종교의 자유, 출판의 자유, …, 인신보호의 영원한 확립, 국법에 의한 심판제도 등에 대해서 미사여구를 사용하지 않고 명백하게 규정되어야 합니다. … 올바른 정부라면 이것[권리장전]을 거부하거나 또는 헌법조문의 수정에 맡기는 일이 없이 [헌법에] 명기해야 합니다.[264]

이에 대해 절차민주주의는 "적절한 절차로 입법의 헌법적 제한이 없이 다수결이 법이 된다. … 정치적 권리가 민주주의 정의의 일부라는 강조 속에서 사상과 표현의 자유, 양심의 자유, 또는 인신보호령과 같은 법치 하의 자유 등 비정치적 자유를 거부하는 입법을 금지하는 장치가 없다."[265] 미국만이 권리장전의 중요성을 생각한 것이 아니다. 독일도 권리장전의 그 중요성을 알고 있었다.[266]

2. 부케난의 비용접근에 권리장전을 포함하는 대의의 존재가 여전히 보이지 않는다. 법제정의 한계가 정해지지 않는 단점을 안고 있기 때문이다. 비용과 혜택의 정보가 정확하지 않은 상태에서, 또는 그에 대한 정보를 독점한 정부 아래에서 비용과 혜택의 측면만으로 대의가 결정되는 것은 독재자 혹은 독재집단의 출현을 막기 어렵다. 법제정의 비용은 어떻게 계산하며 그로 인해 얻는다고 기대하는 단기적 혜택은 그렇다 해도 장기적 혜택은 어떻게 알 수 있겠는가. "지옥으로 가는 길은 선의지로 포장된 도로이다." 미래에 대한 인간 지식과 예지의 한계를 지적한 이 속담을 칸트의 선언과 비교하면 흥미롭다. "이 세계 안에서 뿐만 아니라 이 세계 밖 어디에서도 우리가 아무런 제한 없이 선으로 간주할 수 있는 것은 오직 선의지뿐이다."

3. 비용접근은 많은 경우 과반수 결정과 상충될 수 있다. 대통령과 국회의원 선거에서 과반수를 얻지 못하고 당선되는 경우가 그렇다. 이것은 혜택이 비용을 초과한다면 어떠한 법도 제정할 수 있다는 작은 예에 불과하다. 절차만 적법하면 법이 된다는 법치주의 입법의 허점이다.[267] 가장 비극적인 예가 국가의 합법적 양도 양수이다. 식민지시대의 유산이다. 그것이 현실화된 것이 내각이 결의형식으로 대한제국을 일본에 양도한 사건이다. 그 과정의 절차행위보다 그 양도행위 자체가 금지사항이어야 하였다. 오스트리아도 의회의 의결을 국민투표로 확정 시켜 히틀러에

게 양도하였다. 칸트는 국가의 양도를 금하는 금지조항을 영구평화헌법에 제시하였다. 현재 오스트리아 헌법은 국가의 양도를 영구히 금지하고 있다. 강력한 금지입법이다.

4. 앞서 칸트의 4가지 금지준칙 곧 덕의무의 권리 금지준칙, 합목적의 목적 금지준칙, 자살금지준칙, 거짓약속금지준칙의 예에서도 모순을 피하여 성립하는 보편법칙이 금지준칙의 보편법칙이었다. 이 논리를 I권 〈입법의 제1법칙〉의 보편입법의 결정에 적용할 수 있다. 법체계에서 [보편입법은 보편입법의 시초]는 비결정이다. I권의 〈보조정리 1〉에 의해 이것은 [보편입법 = 보편입법의 시초 + 보편입법의 시초가 아님]의 중첩 형식이 된다. 여기서 보편입법이 결정되려면 보편입법의 시초가 아님이 금지입법이 되어야 한다. 곧 [보편입법 = 보편입법 + 금지입법]의 형식이다. III권(헌법의 원리)의 주제이다.

5. 금지입법은 정치적 자유에도 필요조건이다. 자유란 임의적 통치에서 벗어나는 능력이다.[268] 금지입법의 실마리는 칸트 이전 홉스에서 찾아볼 수 있다. 그는 법과 권리를 구별하는 기준을 제시하였다. 본질적으로 권리는 자유이고 법은 의무이다. 권리는 해야 하는 자유와 하지 말아야 하는 자유이다.[269] 해야 하는 자유는 남에게 피해를 주지 않는 집행의 자유이고 하지 말아야 하는 자유는 그러한 집행이 제어된 자유이다. 법은 해야 하는 의무와 하지 말아야 하는 금지 가운데 하나의 선택이다.

6. 애로우의 사회적 선택이론에 법제정의 한계에 대한 공리가 제시되

지 않고 있다. 헌법은 첫째, 입법부에게 조세권과 예산권을 부여하였다. 둘째, 입법부에게 입법권을 부여하였다. 절차에 따라 조세권, 예산권, 입법권을 전횡할 수 있다. 무제약의 법치주의는 자유에 해악이 될 수 있다. "민주주의가 제어되지 않은 다수의 뜻에 의한 정부의 전횡과 일치한다면" 민주주의가 아니다.[270]

> 군주제이든, 귀족제이든, 민주제이든 모든 정부는 규칙이 아니라 임의적으로 행동할 수 있다. 이것은 정부가 아니고 정부일 수 없다. 국민을 상대로 주권을 부적절하게 임의적 사용을 금지하는 법적 보호를 제공하는 정부가 아니다. 이 보호는 다만 여론과 도덕적 억제의 영향 하에서만 발견된다. 최고의 정부의 선이 이 차이를 만들어낸다.[271]

> 정부가 단기적이고 일반적이지 않은 분야에만 치우치지 말고 영속적이고 일반적인 규칙에 제어되어야 한다.[272]

헌법이 이 내용을 담아야 한다는 목소리이다. 정부는 임기응변의 입법을 지양해야 한다. 법은 만능이 아니다. 국민이 지킬 수 없는 법은 법이 아니다. 해악을 숨긴 입법도 피해야 한다. 국민의 이름으로 만든 헌법에 국민을 편 가르는 입법도 피해야 한다. 법이 할 수 있는 영역과 법이 할 수 없는 영역의 구획이 필요하다. 사회계약에 의해 법에 위임한 자유와 권리 및 위임하지 않은 자유와 권리의 구분이다. 전자가 위임받은 의무입법이고 후자가 위임받지 않은 금지입법이다.

7. 질문은 세 가지이다. 첫째, 절차 민주주의 헌법 존재의 결정성. I권의 〈기본질문 1〉이다. 둘째, 절차 민주주의 헌법 형식의 일관성. I권의 〈기본질문 2〉이다. 여기에 추가하여 셋째, 헌법 범위의 불완전성. 절차 민주주의 헌법의 한계인 제한입법과 금지입법이 여기에 속한다. I권의 〈기본질문 3〉이다.

8. 절차 민주주의가 안고 있는 위험 가능성의 근본적 원인은 삼권분립의 헌법이 입법부에 조세권, 예산권, 입법권을 독점적으로 부여하는 데에서 찾을 수 있다. 앞서 지적한 대로 입법부는 집행부와 사법부뿐만 아니라 입법부 자신에 관한 입법권도 갖는다. 이것이 [입법부는 입법부의 입법자]이다. 자폐적 자기완결 자기조회의 A = A(S)는 결정불가능 구조이다. 절차 민주주의 형식만 갖추면 아무 법이라도 제정할 수 있다. 제정할 수 없는 입법도 가능하다. 임의적 입법이다. 매디슨과 해밀턴은 우려한다.

> 타부분과 비교하여 입법부의 헌법상의 권력에 광범위하고 엄격한 제한을 가하고 있지 않다. 그리하여 간접적 수단으로 입법부는 타부문에 대해 권력 찬탈을 비교적 용이하게 할 수 있을 것이다.[273]

> 입법권이 다른 권한을 압도하는 경향을 가지는 것에 대하여… 충분히 설명하였다. 순수 공화정 정부 아래 이러한 경향은 정말 억제할 수 없을 정도이다.[274]

[입법부는 입법부의 입법자]의 결정불가능을 결정가능으로 전환하여 절차 민주주의의 위험을 막으려면 입법부의 입법권에 대한 메타가 필요하다. 그것이 입법권에 대한 제한입법과 금지입법이다. 대표적 제한입법이 인신보호령이고, 대표적 금지입법이 종교에 대한 어떤 입법도 금지하는 정교분리의 입법이다.

> 하나의 핵심은 법원이 보호해야만 하는 기본적인 헌법상 자유의 부여이다. 이 자유는 민주주의 절차를 뛰어넘는 자유이다. 예를 몇 개 들면 양심의 자유, 기회의 공정한 균등, 인신보호령 같은 법치의 여러 요석 등이다.[275]

헌법 존재의 결정성 - 기본질문 1

1. 헌법존재의 결정성은 합목적성에 우선하는 원리이다. 입법부의 결정불가능 입법이 헌법 존재의 비결정성이다. 〈기본질문 1〉이다. 그러므로 입법부의 금지입법이 헌법 존재의 결정성의 필요조건이 되어야 하는 이유는 역으로 그 결정에 필요한 민주주의의 핵심인 대의가 실종인 것을 I권이 일곱 가지 법칙으로 증언하기 때문이다.

입법법칙 1: $\lambda' k' = \lambda'' k'' = \cdots = K$
입법법칙 2: $\lambda' r' = \lambda'' r'' = \cdots = R$
입법법칙 3: $\lambda' j' = \lambda'' j'' = \cdots = J$

입법법칙 4: $\lambda' g' = \lambda'' g'' = \ \cdots = G$
시장법칙 2: $\lambda' p' = \lambda'' p'' = \ \cdots = P$
시장법칙 3: $\lambda' p' = \lambda'' p'' = \ \cdots = M/Y$
도덕법칙: $\lambda' u' = \lambda'' u'' = \ \cdots = U$

여기서 도덕법칙을 제한 여섯 가지 법칙은 메타가 없는 민주헌법과 메타가 있는 자유헌법에 대한 차이를 드러낸다. 도덕법칙이 지키기 어려운 것은 메타가 없는 보편적 법칙 U가 결정되지 않기 때문이다. 메타가 없는 나머지 여섯 개 K, R, J, G, P, M도 모두 결정되지 않는다. 그 가운데 R, J, G, P, M은 K에 의존하므로 결국 모든 것은 헌법의 결정성 하나에 모아졌다. 인간의 삶을 규정하는 경험세계에서 헌법의 결정과 도덕세계의 보편적 법칙의 결정이 미완성이다.

입법법칙: $\lambda' k' = \lambda'' k'' = \ \cdots = K$
도덕법칙: $\lambda' u' = \lambda'' u'' = \ \cdots = U$

칸트의 유명한 금언 "오랫동안 그리고 거듭해서 생각하면 할수록 새롭고 더욱 커다란 감탄과 경외로 내 마음을 가득 채우는 것이 두 가지가 있다. '별이 총총한 내 머리 위의 하늘과 내 마음속의 도덕법칙'이 바로 그것이다." 하늘은 만유인력의 법칙으로 설명되고 칸트의 마음속은 도덕법칙으로 설명된다. 하늘은 인과율을 따르고 마음은 자생율을 따른다. 그러나 우주의 질서처럼 보편적 도덕법칙이 결정되는 원리는 보이지 않는다. 보편적 입법법칙의 결정원리도 미완성이다. III권이 분석한다.

2. 메타의 자유헌법이 헌법형이상학이다. 그러므로 헌법의 결정에 영향을 미치는 것이 헌법 형식의 일관성이다. 일관성이란 절차 민주주의에서 제정하는 헌법이 의무입법과 금지입법으로 구분되는 특성이다.

헌법 형식의 일관성 - 기본질문 2

1. 헌법제정의 목표는 두 가지. 자유를 보장하는 대의의 결정과 자유의 위협이 되는 독재 출현의 가능성을 차단하는 헌법의 제정. 자유의 확보는 I권이 논증한대로 권리 및 정의에 우선하는 원리이다. 전자는 법적자유 C의 결정, 후자는 사적자유 F의 확보. 전자는 국민주권 헌법의 결정, 후자는 입법권에 대한 국민주권의 우위. 전자는 의무입법, 후자는 금지입법.

이 목표를 분명하게 밝힌 것이 자유의 공리 [자유는 자유의 시초]와 개인의 공리 [나는 나의 복종자]가 발견한 자유의 법칙 H = C + F의 일관된 중첩형식의 진화이다. 앞서 말했듯이 일관성은 중첩형식 구조의 무모순이다. 개인이나 국가의 법체계는 여러 형태의 무모순의 중첩형식이다. I권의 요약은 다음과 같다.

공리 1: 자유는 자유의 시초

공리 2: 개인은 개인의 복종자

정의식 1: 자유 = 제약의 자유 + 무제약의 자유

정의식 2: 원형자유 H = 증명 안 자유 C + 증명 밖 자유 F

정의식 3: $H = C + F = C(S) + [\delta(S) + \epsilon(S) + \theta(S) + \mu(S) + \cdots\infty]$

정의식 4: 원형자유 H = 이성의 입법가능 안 자유 C + 이성의 입법가능 밖 자유 F

정의식 5: 원형자유 H= 입법부 보편입법가능 안 자유 C + 법부 보편입법가능 밖 자유 F

정의식 6: 원형자유 H = 법부자유 C + 사적자유 F

정의식 7: 원형자유 H = 법 안의 자유 C + 법 밖의 자유 F

정의식 8: 원형자유 = 평등 + 자유 = 평등의 자유 + 차등의 자유

정의식 9: 원형권리 H = 증명가능 안 법부권리 C + 증명가능 밖 사적권리 F

정의식 10: 원형정의 H = 증명가능 안 법부정의 C + 증명가능 밖 정의 F

2. 정의식 H = C + F에서 C = 0이면 무정부상태의 만인대만인투쟁의 사회가 되고, 반대로 F = 0이면 완전평등사회가 된다. 이것을 가르는 핵심이 이성으로 입법이 불가능한 사적자유이다. 그것이 법 밖의 자유로써 사적자유이며 증명불가능자유이다. 이런 측면에서 보면 리바이어던에서 완전평등사회에 이르기까지 법체계는 모두 일관성이다. 그것은 헌법을 일체형으로 볼 때 무모순성이다. 곧 [헌법 = 의무형식 + 의무형식 아님 = 의무형식 + 금지형식]에서 각각 별개는 모순이지만 혼합은 무모순이라는 〈보조정리 1〉의 덕택이다. 이것은 역으로 모든 법체계가 불완전하다는 뜻이다.

헌법 범위의 불완전성 - 기본질문 3

1. 이제 마지막으로 남은 질문은 H = C + F에서 C와 F를 구분하는 원리가 존재하느냐? 이것은 불완전성의 안정성 질문이다. 그러한 입법의 존재가 중요한 것은 H = C + F에 이르러 개인은 비로소 1인왕국의 사적 영역으로부터 나와 법 안으로 들어와 법 안의 시민이 된다는 데 있다. 법이 정의하고 존중하며 보호하는 선거권이 부여된 시민이다.

2. 사회계약의 측면에서 보면 〈정의 5〉의 자유의 법칙 H = C + F에서 C와 F는 각각 계약에 의해 정부에 위임한 자유 및 권리와 위임하지 않은 자유 및 권리이다. 전자가 위임받아 반드시 실행해야 하는 의무입법이고 후자가 위임받지 않아 반드시 해서는 안 되는 금지입법이다. 자유의 법칙 H = C + F를 다시 쓴 것이 앞서 〈보조정리 10〉이다. 헌법형식의 제한성이란 의무입법과 금지입법의 구분이다.

3. 개인의 측면에서 보면 의무입법이란 개인의 능력이 혼자서 할 수 없어 정부에 맡겨야만 하는 영역의 입법이고 금지입법이란 개인이 능히 혼자서 할 수 있어 정부에 맡기지 않아도 되는 영역의 입법이다. 일찍이 밀(J. S. Mill)이 『대의정치론 1861』에서 권고하였다.

> 그들[국민]은 [선택한] 통치형태가 그 목적을 달성하기 위해서 그들에게 요구하는 것을 자발적으로 행할 수 있어야 한다. 행한다는 말은 행하지 않는다는 것도 포함된 것임을 이해하지 않으면 안 된다. 그들은 수립된

> 정체를 유지하기 위해서 또는 그 정체가 그 목적을 달성하기 위해 필요한 행위의 조건과 아울러 자제의 조건을 발견하지 않으면 안 된다.[276]

이 글에서 밀은 의무입법과 금지입법의 필요성을 분명하게 인식하고 있다. 달성해야 하는 목적이 자유이고, 필요한 행위조건이 의무입법이고, 자제의 조건이 금지입법이다. 그에게 그의 후학 애로우나 부케난처럼 대의의 존재에 대한 의심을 기대할 수 없다. 다만 밀의 이러한 주장에는 대의정치를 마치 국민주권설의 정체 하의 국민이 아직도 모든 것을 전횡하였던 국왕이 없는 왕권신수설의 연장으로밖에 여기지 않는 태도에 대한 경종이다.

> 모든 것을 신의 뜻에 맡기듯이 모든 것을 정부에 맡겨 버리는 것은 모든 것에 대해서 아무것도 생각하지 않으며 불만의 경우조차 그 결과를 자연재해처럼 받아드리는 것과 같은 것이다.[277]

히틀러의 정권찬탈은 의무입법과 금지입법의 구분이 없는 절차적 민주주의 법치주의 입법이었다. 모든 것을 히틀러 개인에게 위임한 수권법이 그 예이다.

4. I권 〈정의 1-정의 9〉의 분수령이 되는 〈정의 5〉에서 입법불가능 자유는 시장 법칙의 영역의 자유이다. 보편입법 = 헌법도 입법할 수 없는 자유가 존재한다. “절차 민주주의를 뛰어넘는 자유”이다. 이 결과는 이성의 입법불가능 자유가 국민이 선출한 입법부의 입법권보다 우위라는 뜻

이다. 나머지 입법가능 자유는 입법법칙인데 [입법부는 입법부의 입법자]와 상충된다. 그 이유는 [입법부는 입법부의 입법자]가 자폐적 자기완결 자기조회이기 때문이다. 여기에 입법부의 입법가능 권한을 정의하는 금지입법의 이론적 근거가 마련된다.

정의식 11: 입법부 입법 H = 입법가능 입법 C + 입법불가능 입법 F
정의식 12: 입법부 입법 H = 의무입법 C + 금지입법 F
정의식 13: 입법부 = 대의결정가능 입법부 + 대의결정불가능 입법부

특히 〈정의 12〉의 금지입법의 근거 가운데 하나가 〈정의 11〉의 입법불가능입법이고 이것은 다시 I권 〈정의 3〉의 F = [δ(S) + ϵ(S) + θ(S) + μ(S) + …∞]이다. 무한대는 입법불가능의 영역이고 금지입법은 헌법 밖 사항이다. 곧 헌법의 메타가 될 수 있다. 〈정의 13〉는 양원제 입법부의 논리적 근거이다. III권에서 상술한다.

5. 이상 〈공리 1〉과 〈공리 2〉의 자폐적 자기완결 자기조회 형식이 변수변환형식을 취하는 〈정의 1-정의 13〉을 1개의 보조정리로 요약할 수 있다.

보조정리 13: 자폐적 자기완결 자기조회 형식 H = 기본형식 C +가변형식 F

6. 한 국가의 모든 입법은 입법부의 입법권한이다. 그 입법의 수직구

조 정점에 입법부의 자폐적 자기완결 자기조회 입법형식은 피할 수 없다는 사실이 명백하다. 〈공리 2〉의 자폐적 자기완결 자기조회의 [나는 나의 복종자]에게 메타가 부여된 모습이 〈그림 II-8〉이다. 자유의 법칙 H = C + F에서 자유인 H는 법 안의 법부자유인 C이며 동시에 법 밖의 사적 자유인 F의 양면을 갖고 있다.

사적자유는 입법불가능의 금지입법의 대상이므로 사적자유인으로써 나는 법 밖의 메타이다. 메타의 자격으로 나는 나를 위하여 법을 만들고 나는 그 법에 복종하는 법부자유인이 된다. 이 형식은 자기조회가 아니므로 자기순환에서 벗어나 결정될 수 있다. 법이 결정된다는 것은 〈정의 13〉의 다수결 의무입법의 조건이 갖추어지고, 여기에 자유의 확보를 위하여 금지입법이 추가됨을 의미한다.

[자유는 자유의 시초]자유
|
[법 밖의]사적자유인
|
법
|
[법 안의]법부자유인(시민)

〈그림 II-8〉 시민의 구문구조

그림의 [개인 = 사적자유인 + 법부자유인]의 중첩형식은 앞서 헤겔의 [자유의지 = 순수자유의지 + 제약자유의지]의 중첩형식과 유사하다. 다만 전자의 형식에는 법이 메타이고 후자의 형식에는 정신이 메타이다. 아담 스미스의 [나 = 나 + 내 속의 타인]도 중첩형식이다. 그에게 메타는 공감이다. 앞서 언급했듯이 사르트르의 [자아 = 즉자 + 대자]의 중첩형식도 유사하다. 그에게 메타는 예술이다. 여기서 멈추지 않는다. 법의 메타가 헌법인데 헌법의 메타는 무엇인가?

7. 헌법경제학에 있어서 〈기본질문 3〉의 탐구의 중요성은 부케난이 명료하게 요약했다. "다시 한번 동의의 중요성을 강조해야 하겠다. … 계약주의자의 주장의 결과가 비판을 불러오는 경향이 있다. 그러한 규칙이 역사적인 기원에 상관없이 어떻든 규칙[시대정신]은 존재하는데 그들의 주장은 현재 상태를 치장한 합리화에 지나지 않는다. 이 비판은 정면으로 받아야 한다. 현존하는 규칙을 동의 없이 바꾸려면 어떤 외부기준[외부메타]가 제시되어야만 한다. 동의의 너머[메타] 이외에 계약주의자들이 의지할 곳은 없다."[278] 그 이유는 "개인의 주장은 반드시 불확실하기 때문이다."[279] 이 책의 기호로 표시하면 A = A(S)→ K = K(S)의 관계이다. 이어서 부케난은 그 외부기준[외부메타]를 찾는 데 실패했음을 고백하고 있다. 그것이 헌법경제학의 "딜렘마"이며 그의 비관론이다.[280] 이 책은 〈기본질문 3〉의 탐구로 III권(헌법의 원리)에서 비관론을 극복하려 한다.

8. 그 비관론 극복의 실마리는 칸트의 암시에서 찾을 수 있다. 앞서 자유와 자기입법 사이의 순환에 대한 칸트의 인용문도 비결정 구조의 문제점에 대한 인식이다.

> 피할 수 없는 일종의 순환이 여기에 있음을 인정해야만 한다. 결과에서 보아 우리자신들을 도덕법칙들[자기입법]의 복종자로 인식하기 위하여

> 효율적 원인에서 우리 자신을 자유롭다고 가정한다. …우리 자신이 의지의 자유이기 때문이다. 자유와 자기입법은 모두 자율이다.[281]

이것은 [우리 → 자기입법 → 우리]의 자폐적 자기완결 자기조회 구조로서 비결정이다. 헤겔의 자아와 타아, 사르트르의 즉자와 대자에 비견되는 칸트가 희망하는 해법은 다음과 같다.

> 순수하고 따라서 실천 이성의 자기입법이 적극적 의미에서 자유이다. 그러므로 도덕법칙은 순수 실천이성의 자율, 곧 자유freedom이다. 이것이 그 자체 모든 준칙의 정식조건이다.[282]

순수하고 실천 이성의 자기입법이란 [나는 나의 입법자]이다. 이것은 자폐적 자기완결 자기조회의 구조이므로 I권의 〈보조정리 1〉에 의해 [나는 나의 입법자 = 나는 나의 입법자 + 나는 나의 입법자 아님]이 된다. 등호 우측의 제2항이 나는 나의 복종자이므로 [나는 나의 입법자 = 나는 나의 입법자 + 나는 나의 복종자]와 동일하다. 따라서 원인으로 인식하는 나는 결과의 나의 메타가 된다. 그러나 이것만으로는 부족하다. 다음 글이 보충한다.

> 우리에게 하나 남은 문제는 우리가 생각하는 자유란 우리 자신을 사전적으로 원인으로 보고 우리의 행동으로부터 우리 자신을 결과로 생각하는 것과 다른 견해가 있는지를 탐구하는 것이다.[283]

칸트가 말하는 적극적 자유Freiheit zu가 freedom이다. 〈그림 II-8〉와 비교하면 칸트는 자유를 시초로 보고 그 자체 준칙[자기입법]의 조건 아래 우리가 원인이며 우리가 결과라고 본다. 그 사이에 자기입법이 있다. 곧 [원인으로서 우리 → 자기입법 → 결과로서 우리]는 자폐적 자기완결 자기조회가 아니다. 칸트는 원인으로서 우리와 결과로서 우리를 구분하고 있다. 그 구분이 순환을 멈추게 하는 가능성이다. 결과의 우리가 원인의 우리에게 외부메타가 되기를 희망한다. 그리고 "다른 견해가 있는지를 탐구"하는 것이 외부메타의 숨은 손에 관한 탐구이다. 여기서 "자유란 …다른 견해"에서 다른 견해가 바로 자유를 지켜주는 숨은 손=금지입법이다.

민주헌법 대 자유헌법

1. 이상에서 살펴본 민주주의의 문제는 비결정성이다. 결정되는 제어장치가 없다는 점이 여러 민주주의가 임의의 민주주의임을 증언한다. 그것이 대표적으로 표출된 것이 입법부에 입법권을 부여한 민주헌법이다. 입법부는 어떠한 법도 제정할 수 있다는 [입법부는 입법부의 입법자]의 자폐적 자기완결 자기조회는 입법부의 입법 범위를 정의하지 않고 있다. 그 결과 예상할 수 있는 입법 가운데에는 입법할 수 없고 입법해서는 안 되는 결정불가능의 입법도 포함된다. 민주헌법 하에서 삼권분립만으로는 개인의 자유가 보장되지 않는다.

2. 자유헌법은 민주헌법에 제어장치를 부과한 헌법이다. 그 근거가 바로 민주헌법 자신의 개념이다. 절차만 합법적이면 민주헌법은 입법할 수 없는 입법도 할 수 있다. 이 민주헌법의 구조가 비결정성이 되지 않으려면 민주헌법을 [입법 = 입법가능입법 + 입법불가능입법]의 일체형으로 전환하면 가능하다. 따라서 [입법 = 의무입법 + 금지입법]의 중첩형식이다. 자유헌법은 민주헌법에 금지입법의 제어장치를 부과한 헌법이다. 헌법의 결정성을 위하여 삼권분립에 추가하는 숨은 손 = 금지입법은 모든 것에서 독립이며 그 스스로 시초가 되어야 하는 데 여기에 부합하는 것은 신과 영혼 이외에는 자유밖에 없다. 금지입법 = 자유가 개인의 자유를 보장하는 중요한 장치 가운데 하나이다.

3. 이것이 이 책의 초두를 장식한 "민주주의가 무엇을 법으로 만들까 질문할 때 자유주의는 무엇을 법으로 만들어야만 할까 질문한다."에 대한 해설이다. 뒤집어 말하면

민주주의가 무엇을 법으로 만들까 질문할 때
자유주의는 무엇을 법으로 만들어서는 안 되는가 질문한다.

자유에 관하여 민주헌법은 무제약이고 자유헌법은 제약이다. 민주헌법은 존재이고 자유헌법은 당위이다. 민주헌법은 실증이고 자유헌법은 규범이다. III권이 상술한다.

미주

1 프랑스 4공화국 헌법에 민주라는 단어가 한번 등장하는데 그것은 민주적 가정생활을 의미한다. 이 책에서 말하는 민주가 아니다.

2 하세베 야스오 · 스키타 아쓰시 지음, 김일영 · 아사바 유키 옮김, 헌법논쟁 민주주의 대 입헌주의, 논형, 2010, 12쪽.

3 Russell, Human Knowledge, Routledge, 2009(1948), p.276.

4 Hayek, The Constitution of Liberty, University of Chicago Press, 1960, p.106.

5 하세베 야스오 · 스키타 아쓰시 지음, 김일영 · 아사바 유키 옮김, 헌법논쟁 민주주의 대 입헌주의, 논형, 2010, 12쪽.

6 Kant, Concerning the Common Saying, 1793, in Wood, (ed.), Basic Writings of Kant, Modern Library, 2001, p.431.

7 Kant, Fundamental Principles of the Metaphysics of Morals, 1785, in Wood, (ed.), Basic Writings of Kant, Modern Library, 2001, p.207.

8 Keynes, A Treatise on Probability, Macmillan, 1921.

9 Hayek, The Constitution of Liberty, The University of Chicago Press, 1960, p.437.

10 Kant, Critique of Pure Reason, in Wood (ed.), Basic Writings of Kant, Modern Library, 2001, p.96.

11 Kant, Critique of Pure Reason, in Wood (ed.), Basic Writings of Kant,

Modern Library, 2001, p.97.

12 Unwin, The Probability of God, Three Rivers Press, 2003, p.206.

13 Unwin, The Probability of God, Three Rivers Press, 2003, p.197.

14 Godel in Encyclopedia of Philosophy: Goldstein, Incompleteness, Norton, 2005, p.26.

15 Wir müssen wissen und Wir werden wissen.

16 Goldstein, Incompleteness, Norton, 2005, p.239.

17 Edmonds, Wittgenstein's Porker, Harper Collins, 2001.

18 Ortega y Gasset, Invertebrate Spain, New York, 1937, p.125. Hayek, The Constitution of Liberty, The University of Chicago Press, 1960, p.442에서 재인용.

19 Madison, Federalist Papers, XLVIII.

20 McCosh, Realistic Philosophy I, 1887, p.30. Robinson, The Story of Scottish Philosophy, Exposition Press, 1961, p.268에서 재인용.

21 McCosh, Realistic Philosophy I, 1887, p.79. Robinson, The Story of Scottish Philosophy, Exposition Press, 1961, p.269에서 재인용.

22 Robinson, The Story of Scottish Philosophy, Exposition Press, 1961, p.276.

23 Haakonssen, The Science of Legislator: The Natural Jurisprudence of David Hume and Adam Smith, Cambridge University Press, 1981, p.24.

24 Hayek, Fatal Conceit, University of Chicago Press, 1988, p.144.

25 Hayek, Fatal Conceit, University of Chicago Press, 1988, p.144.

26 Hume, A Treatise of Human Nature, 1739, in Green and Grose, (eds.), Hume, Philosophical Works vol. II, Longmans, 1886, p.235, Hayek, The Fatal Conceit, University of Chicago Press, 1988, p.8에서 재인용.

27 Singh, The Code Book, Doubleday, 1999, p.168.

28 Hayek, The Fatal Conceit, University of Chicago Press, 1988, p.146.

29 예레미아 12:1-2.

30 Perlman, The Character of Economic Thought, Economic Characters, and Economic Institutions, University of Michigan Press, 1996, p.91.

31 Popper, "Prediction and Prophecy and Their Significance for Social Theory," Proceedings of the 10th International Congress of Philosophy, Amsterdam, 1948, p.90, Hayek, The Constitution of Liberty, The University of Chicago Press, 1960, p.444에서 재인용.
32 Mises, Human Action, Yale University Press, 1949, p.150.
33 Mises, Human Action, Yale University Press, 1949, p.150.
34 The only thing necessary for the triumph of evil is for good men to do nothing. (Edmund Burke).
35 Tocqueville, Democracy in America, Harper and Row, 1966(1835), p.5.
36 Tocqueville, Democracy in America, Harper and Row, 1966(1835), p.9.
37 Perlman, The Character of Economic Thought, Economic Characters, and Economic Institutions, University of Michigan Press, 1996, p.135.
38 Outram, The Enlightenment, Cambridge University Press, 1995.
39 Buchanan, Freedom in Constitutional Contract, Texas A&M University Press, 1977, p.31.
40 Jefferson, First Inauguration Address, 1801.
41 Buchanann and Tullock, Calculus of Consent, University of Michigan Press, 1962, p.256.
42 Waldfogel, "The Deadweight Loss of Christmas," American Economic Review, Dec., 1993, pp.1328-1336.
43 Rousseau, The Social Contract, 1762. Gourevitch (ed.), Rousseau: The discourse and other early political writings, Cambridge University Press, 1997, II, 9.
44 Kahneman and Tvresky, "Prospect Theory: An Analysis of Decision under Risk," Econometrica, 1979, pp.263-291.
45 Tocqueville, Democracy in America, Harper and Row, 1966(1835), p.35.
46 Hayek, Constitution of Liberty, University of Chicago Press, 1960, p.111.
47 Beckmann, A History of Pi, St. Martin's, 1971, pp.174-177.
48 The Digest of Justinian, University of Toronto-Roberts Library, 1985.

49 Tocqueville, Democracy in America, Harper and Row, 1966(1835), p.20.

50 Tocqueville, Democracy in America, Harper and Row, 1966(1835), p.15.

51 Hume, History of England, V, Liberty Fund, 1985(1762), p.280.

52 Lewis, An Essay on the Government Dependencies, London, 1841, p.16: Hayek, The Constitution of Liberty, University of Chicaco Press, 1960, p.453 에서 재인용.

53 Buchanan, The Limits of Liberty, The University of Chicago Press, 1975, Ch.6.

54 Locke, Two Treatises of Government, 1690, Cambridge University Press, 1991, p.96.

55 Rousseau, Social Contract, 1763, Gourevitch (ed.), Rousseau: The discourse and other early political writings, Cambridge University Press, 1997.

56 Blackstone, Commentaries on the Laws of England, I, 1765, p.44. Hayek, The Constitution of Liberty, University of Chicago Press, 1960, p.468에서 재인용.

57 Madison, The Federalist Papers, XLIX, Penguin, 1987(1788).

58 자치의 모순Paradox of Being Governed. Buchanan, The Limits of Liberty, The University of Chicago Press, 1975, Ch.6.

59 Rousseau, The Social Contract, 1762. Gourevitch (ed.), Rousseau: The discourse and other early political writings, Cambridge University Press, 1997, I, 5.

60 Pigou, (ed.), Memorials of Alfred Marshall, Macmillan, 1925, p.89.

61 Arrow, Social Choice and Individual Values, Wiley, 1951.

62 Feldman, Welfare Economics and Social Choice Theory, Martinus Nijhoff Publishing, 1980, p.191.

63 Mill, On Liberty, in The Basic Writings of John Stuart Mill, Modern Library, p.6.

64 Mill, On Liberty, in The Basic Writings of John Stuart Mill, Modern Library, p.6.

65 Rousseau, The Social Contract, 1762. Gourevitch (ed.), Rousseau: The discourse and other early political writings, Cambridge University Press, 1997, p.11.

66 Rousseau, The Social Contract, 1762. Gourevitch (ed.), Rousseau: The discourse and other early political writings, Cambridge University Press, 1997, IV.

67 Mill, On Liberty, in The Basic Writings of John Stuart Mill, Modern Library, p.6.

68 Hayek, The Constitution of Liberty, University of Chicago Press, 1960, p.104-5.

69 Russell, Human Knowledge, Routledge, 2009(1948), p.27.

70 Buchanan, Freedom in Constitutional Contract, Texas A&M University Press, 1977, p.49n.

71 Yourgrau, The Forgotten Legacy of Godel and Einstein, Basic Books, 2005, p.99.

72 Hayek, The Constitution of Liberty, The University of Chicago Press, 1960, p.446.

73 Hayek, The Constitution of Liberty, University of Chicago Press, 1960, p.464.

74 van Dülmen, Die Entdeckung des Individuums 1500-1800, Fischer, 1997. 반 뒬멘, 최운영 옮김, 개인의 발견, 현실문화연구, 2006.

75 Hobbes, Leviathan, Bobbs-Merrill, 1958[1651], p.227.

76 Hobbes, Leviathan, Bobbs-Merrill, 1958[1651], Ch.XIV-XV.

77 Hobbes, Leviathan, Bobbs-Merrill, 1958[1651], p.109.

78 Hobbes, Leviathan, Bobbs-Merrill, 1958[1651], p.110.

79 Ben Israel, Vindiciae Judaeorum, London, 1650, pp.33-34. Viner, Studies in the Theory of International Theory, New York, Crown Publisher, 1937, pp.100-137에서 재인용.

80 Hobbes, Leviathan, Bobbs-Merrill, 1958[1651], p.110.

81 Hobbes, Leviathan, Bobbs-Merrill, 1958[1651], p.112.

82 Hobbes, Leviathan, Bobbs-Merrill, 1958[1651], p.119.

83 Hobbes, Leviathan, Bobbs-Merrill, 1958[1651], p.130.

84 Hobbes, Leviathan, Bobbs-Merrill, 1958[1651], p.86.

85 Hobbes, Leviathan, Bobbs-Merrill, 1958[1651], p.107, p.108, p.110.

86 Hobbes, Leviathan, Bobbs-Merrill, 1958[1651], p.107.

87 Hobbes, Leviathan, Bobbs-Merrill, 1958[1651], p.142.

88 Hobbes, Leviathan, Bobbs-Merrill, 1958[1651], p.212.

89 Schrödinger, "Confession to the Fuhrer," in Yourgrau, World Without Time, 2005, p.77에서 재인용.

90 Hobbes, Leviathan, Bobbs-Merrill, 1958[1651], p.255.

91 Hobbes, Leviathan, Bobbs-Merrill, 1958[1651], p.23.

92 Hayek, The Constitution of Liberty, University of Chicago Press, 1960, p.433.

93 Hobbes, Leviathan, Bobbs-Merrill, 1958[1651], p.255.

94 Rousseau, The Social Contract, 1762, Gourevitch (ed.), Rousseau: The discourse and other early political writings, Cambridge University Press, 1997, I-1.

95 Hayek, The Constitution of Liberty, University of Chicago Press, 1960, p.181.

96 Hobbes, Leviathan, Bobbs-Merrill, 1958[1651], p.130.

97 Hobbes, Leviathan, Bobbs-Merrill, 1958[1651], p.107.

98 Hobbes, Leviathan, Bobbs-Merrill, 1958[1651], p.142.

99 Hobbes, Leviathan, Bobbs-Merrill, 1958[1651], p.251.

100 Salleron, Liberalisme et Socialisme du XVIII siecle a nos jours, 1978, 김병규 옮김, 자유주의와 사회주의, 법문사, 1982, 제2장: Proudon, Systems des contradictions economiques, ou philosophie de la misere, II, 1848. 김병규 옮김, 자유주의와 사회주의, 법문사, 1982.

101 Salleron, Liberalisme et Socialisme du XVIII siecle a nos jours, 1978, 김병규 옮김, 자유주의와 사회주의, 법문사, 1982, 제2장.

102 Hobbes, Leviathan, Bobbs-Merrill, 1958[1651], p.94.

103 Burlamaqui, The Principles of Natural Right, 1747, in Williams, (ed.), The

Enlightenment, Cambridge University Press, 1999, p.94.

104 Waldron, (ed.), Nonsense upon Stilts: Bentham, Burke and Marx on the Rights of Man, Methuen, 1988.

105 Locke, Second Treatise of Government, 1690, Harkett Publishing Company, 1980, pp.8-9.

106 Dahrendorf, Liberalism, in Eatwell, Milgate and Newman, (eds.), The New Palgrave, Vol. 3, Macmillan, 1987, p.173.

107 Locke, Second Treatise of Government, 1690, Harkett Publishing Company, 1980, p.70.

108 Locke, Second Treatise of Government, 1690, Harkett Publishing Company, 1980, p.29.

109 Locke, Second Treatise of Government, 1690, Harkett Publishing Company, 1980, p.76.

110 Kant, Concerning the Common Saying, 1785, in Wood, Basic Writings of Kant, Basic Books, 2001, p.424.

111 Locke, Second Treatise of Government, 1690, Harkett Publishing Company, 1980, pp.69-75.

112 Fowler and Mitchell, Shaftesbury, Anthony Ashley Cooper, 3rd Earl of, In Chisholm, Hugh (ed.), Encyclopedia Britanica, 24(11th ed.), Cambridge University Press, 1911, p.765.

113 Montesquieu, The Spirit of the Laws, Cohler, Miller and Stone (trans.), Montesquieu: The Spirit of Laws, Cambridge University Press, 1990(1748), p.151.

114 Kramnick, (ed.) James Madison, Alexander Hamilton, John Jay The Federalist Papers, Penguin Classics, 1987, p.57.

115 Hume, The Idea of Perfect Common Wealth, 1752, in Herman, How the Scots Invented the Modern World, Crown Publisher, 2001, p.220에서 재인용.

116 Holdsworth, A History of English Law, X, 1903, p.713. Hayek, The Constitution of Liberty, University of Chicago Press, 1960, p.467에서 재인용.

117 Rousseau, The Social Contract, 1762. Gourevitch (ed.), Rousseau: The discourse and other early political writings, Cambridge University Press, 1997, I, 4.

118 Rousseau, The Social Contract, 1762. Gourevitch (ed.), Rousseau: The discourse and other early political writings, Cambridge University Press, 1997, I, 3.

119 Rousseau, The Social Contract, 1762. Gourevitch (ed.), Rousseau: The discourse and other early political writings, Cambridge University Press, 1997, I.

120 Hume, Of the First Principles of Government, 1741, in Williams, (ed.), The Enlightenment, Cambridge University Press, 1999, p.227.

121 Rousseau, The Social Contract, 1762. Gourevitch (ed.), Rousseau: The discourse and other early political writings, Cambridge University Press, 1997, I, 4.

122 Rousseau, The Social Contract, 1762. Gourevitch (ed.), Rousseau: The discourse and other early political writings, Cambridge University Press, 1997, I, 7.

123 Man in civil society obeys himself alone.

124 Rousseau, Lettre ecrites de la Montagne, Letter VIII in The Political Writings of Jean Jacques Rousseau, II, in Vaughan, (ed.), Cambridge, 1915, p.235. Hayek, The Constitution of Liberty, University of Chicago Press, 1960, p.462에서 재인용.

125 Rousseau, The Social Contract, 1762. Gourevitch (ed.), Rousseau: The discourse and other early political writings, Cambridge University Press, 1997, III, 4.

126 Rousseau, The Social Contract, 1762. Gourevitch (ed.), Rousseau: The discourse and other early political writings, Cambridge University Press, 1997, I, 7.

127 Rousseau, The Social Contract, 1762. Gourevitch (ed.), Rousseau: The discourse and other early political writings, Cambridge University Press, 1997, II-9.

128 Rousseau, The Social Contract, 1762. Gourevitch (ed.), Rousseau: The discourse and other early political writings, Cambridge University Press, 1997, II, 11.

129 Rousseau, The Social Contract, 1762. Gourevitch (ed.), Rousseau: The discourse and other early political writings, Cambridge University Press, 1997, IV-2.

130 Rousseau, The Social Contract, 1762. Gourevitch (ed.), Rousseau: The discourse and other early political writings, Cambridge University Press, 1997, III, 3.

131 Priestley, An Essay on the First Principles of Government, and on the Nature of Political, Civil and Religious Liberty, 1768, in Williams, (ed.), The Enlightenment, Cambridge University Press, 1999, p.164.

132 Herman, How the Scots Invented the Modern World, Crown Publisher, 2001, p.85.

133 Herman, How the Scots Invented the Modern World, Crown Publisher, 2001, p.85: Robertson, History of Charles V, Sect. I, p.vii, in Smith, "Translator's Introduction," in Kant, Perpetual Peace A Philosophical Essay, London: George Allen and Unwin, 1903[1795], p.6에서 재인용.

134 Perlman, The Characters of Economic Thought, Economic Characters, and Economic Institutions, University of Michigan Press, 1996, p.308.

135 Smith, The Wealth of Nations, Canan (ed.), Methuen, 1904(1776), p.14.

136 Montesquieu, The Spirit of the Laws, Cohler, Miller and Stone (trans.), Montesquieu: The Spirit of Laws, Cambridge University Press, 1990(1748), p.25.

137 Cooke, "Adam Smith and Jurisprudence," Law Quarterly Review, LI, 1935, p.328: Hayek, The Constitution of Liberty, University of Chicago Press, 1960, p.434에서 재인용.

138 Gossen, The Development of the Laws of Human Intercourse and the Consequense Rules of Human Action, MIT Press, 1983(1854): Jevons, The

Theory of Political Economy, Macmillan, 1956(1871): Menger, Principles of Economics, Braumuller, 1950(1871): Marshall, Principles of Economics, Macmillan, 1890: Hicks, Value and Capital, Oxford, 1936.

139 그림자 가격이다.

140 Arrow, in Waldrop, Complexity, Simon & Schuster, 1992, p.45.

141 Smith, The Wealth of Nations, Canan (ed.), Methuen, 1904(1776), p.308.

142 Feldman, Welfare Economics and Social Choice Theory, Springer, 1984.

143 Smith, The Theory of Moral Sentiments, London, 1859(1759), in Robinson, The Story of Scottish Philosophy, Exposition Press, 1961, pp.103-104.

144 Smith, The Theory of Moral Sentiments, London, 1859(1759), in Robinson, The Story of Scottish Philosophy, Exposition Press, 1961, pp.103-104.

145 Rowley, Liberty and the State, Elgar, 1993, p.29.

146 Rousseau, The Social Contract, 1762. Gourevitch (ed.), Rousseau: The discourse and other early political writings, Cambridge University Press, 1997, V, 1.

147 Kant, Metaphysics of Morals, 1797.

148 Montesquieu, The Spirit of the Laws, Cohler, Miller and Stone (trans.), Montesquieu: The Spirit of Laws, Cambridge University Press, 1990(1748), Rousseau, The Social Contract, Gourevitch (ed.), Rousseau: The discourse and other early political writings, Cambridge University Press, 1997, I, 8.

149 Kant, Concerning the Common Saying, 1793, in Wood, ed., Basic Work of Kant, p.420.

150 Kant, Concerning the Common Saying, 1793, in Wood, ed., Basic Work of Kant, p.420.

151 백종현 옮김, 윤리형이상학, 아카넷, 2012, p.509.

152 백종현 옮김, 윤리형이상학, 2012, p.473.

153 Kant, Meredith,(trans.), Critique of Judgement, Oxford University Press, 2007(1790), p.33.

154 Kant, Fundamental Principles of Metaphysics of Morals, 1785, in Wood,

Basic Writings of Kant, Modern Library, 2001, p.207.

155 Act only on that maxim whereby thou canst at the same time will that it should become a universal law. A MAXIM is a subjective principle of action.

156 Hayek, The Fatal Conceit, The University of Chicago Press, 1988, p.20.

157 Kant, Fundamental Principles of Metaphysics of Morals, 1785, in Wood, Basic Writings of Kant, Modern Library, 2001, p.148.

158 Kant, Metaphysics of Morals, Cambridge University Press, 1991(1797), p.407.

159 Kant, Metaphysics of Morals, Cambridge University Press, 1991(1797), p.407.

160 Kant, Metaphysics of Morals, Cambridge University Press, 1991(1797), p.407.

161 Kant, Metaphysics of Morals, Cambridge University Press, 1991(1797), p.407.

162 Rawls, Lectures on the History of Moral Philosophy, Harvard University Press, 2000, pp.164-171.

163 Yourgrau, A World Without Time, Basic Books, 2005, p.109.

164 Russell, Human Knowledge, Routledge, 2009(1948), p.26.

165 Hume, A Treatise of Human Nature, Book I, Section I, p.229.

166 Hayek, The Constitution of Liberty, University of Chicago Press, 1978, p.197.

167 Kant, Fundamental Principles of the Metaphysics of Morals, in Wood, ed., Basic Writings of Kant, Modern Library, 2001, p.204.

168 Hayek, Constitution of Liberty, University of Chicago Press, 1960, p.153.

169 Hayek, Law, Legislation and Liberty: A new statement of the liberal principles of justice and political economy, vol.1, Rules and Order, Routledge and Keagan Paul, 1973, p.55.

170 The free will is the will that wills itself as the free will. Rawls, Lectures on the History of Moral Philosophy, Harvard University Press, 2000, p.336.

171 Hegel, Elements of the Philosophy of Right, Nisbet (trans.), in Wood (ed.), Cambridge University Press, 1991, p.398. Rawls, Lectures on the History of Moral Philosophy, Harvard University Press, 2000, p.337에서 재인용.

172 Rawls, Lectures on the History of Moral Philosophy, Harvard University Press, 2000, p.338.

173 Rawls, Lectures on the History of Moral Philosophy, Harvard University Press, 2000, p.338.

174 "The free will which wills the free will." Rawls, Lectures on the History of Moral Philosophy, Harvard University Press, 2000, p.338.

175 Rawls, Lectures on the History of Moral Philosophy, Harvard University Press, 2000, p.332.

176 Goldstein, Incompleteness, Norton, 2005, p.239.

177 Hayek, Fatal Conceit, University of Chicago Press, 1988, p.144.

178 Hegel, Elements of Philosophy of Right, Knox (trans.), Oxford University Press, 1967(1821): Arrow, "Values and Collective Decision Making," in Laslett and Runciman, (eds.), Philosophy, Politics and Society, Oxford: Basil Blackwell, 1967, pp.215-32.

179 Masaryk, The Making of A Nation, George Allen & Unwin, 1927.

180 Bentham, An Introduction to the Principles of Morals and Legislation, Hafner, 1948(1789): Hutcheson, A System of Moral Philosophy, Cambridge University Press, 2015(1755).

181 Rousseau, The Social Contract, 1762. Gourevitch (ed.), Rousseau: The discourse and other early political writings, Cambridge University Press, 1997, I, 6.

182 Rousseau, The Social Contract, 1762. Gourevitch (ed.), Rousseau: The discourse and other early political writings, Cambridge University Press, 1997, I, 7.

183 Smith, Lectures on Jurisprudence, Meek et al, (eds.), Oxford University Press, 1976(1763), pp.311-330, pp.401-407.

184 Trevilcock, The Limits of Freedom of Contract, Harvard University Press, 1977.

185 Bowen, "The Interpretation of Voting in the Allocation of Resources,"

Quarterly Journal of Economics, November 1943, pp.27-48.

186 Stigler, "The Theory of Economic Regulation," Bell Journal of Economics and Management Science, Spring 1971, pp.3-21.

187 Kaldor, "Welfare Propositions of Economics and Interpersonal Comparisons of Utility," Economic Journal, 1939, p.549: Hicks, "The Foundations of Welfare Economics," Economic Journal, 1939, p.696.

188 Pigou, Economics of Welfare, (4th ed.), Palgrave Macmillan, 2013(1920), p.11.

189 Little, A Critique of Welfare Economics, Oxford University Press, p.78n.

190 Pareto, Cours d'economie politique, 1896: Pareto, Manual of Political Economy, Montesano et al. (eds.), Oxford University Press, 1971[1906].

191 Bergson, "A Reformulation of Certain Aspects of Welfare Economics," Quarterly Journal of Economics, Feb, 1938, pp.310-34: Samuelson, Foundations of Economic Analysis, Harvard University Press, 1947, pp.219-28.

192 Negishi, "Welfare Economics and Existence of Equilibrium for a Competitive Economy," Metroeconomica, 1960, pp.92-97.

193 Little, A Critique of Welfare Economics, Oxford University Press, 1950, p.85.

194 Rawls, A Theory of Justice, Harvard University Press, 1971.

195 Rawls, A Theory of Justice, Harvard University Press, 1971, p.11.

196 Hayek, 1976, p.67.

197 Rawls, "Constitutional Liberty and the Concept of Justice," Nomos 1V, Justice, New York, 1963, p.102.

198 Rawls, Justice As Fairness, Harvard University Press, 2001, p.145n.

199 Rawls, Justice As Fairness, Harvard University Press, 2001, p.68n.

200 Rawls, "Some Reasons for the Maximum Criterion," American Economic Review, Proceedings, 1974, pp.141-46.

201 Shmelov and Ppopov, The Turning Point: Revitalizing the Soviet Economy, Boston: Doubleday, 1989, pp.130-131.

202 Hayek, The Constitution of Liberty, University of Chicago Press, 1960,

p.511.

203 Caplin and Nalebuff, "On the 64% Majority Rule," Econometrica, 1988, pp.787-815.

204 Rowley, Liberty and the State, Elgar, p.6.

205 Arrow, "A Difficulty in the Concept of Social Welfare," Journal of Political Economy, 1950, p.342.

206 Godwin, Enquiry Concerning Political Justice, University of Toronto Press, 1969[1793].

207 Knight, "Intellectual Confusion on Morals and Economics," International Journal of Ethics, Jan., 1935.

208 Bonner, Introduction to the Theory of Social Choice, Johns Hopkins University Press, 1986, p.59.

209 Rousseau, The Social Contract, 1762. Gourevitch (ed.), Rousseau: The discourse and other early political writings, Cambridge University Press, 1997, III, 4.

210 Kelsen, Allgemeine Staatslehre, Springer, 1925, Die philosophischen Grundlagen der Naturrechtslehre und des Rechtspositivismus, 1928, Vom Wesen und Wert der Demokratie, Scientia Verlag, 1981(1929), Dyzenhaus, The Gorgon Head of Power: Heller and Kelsen on the Rule of Law, in Caldwell and Scheuerman, (eds.), From Liberal Democracy to Fascism, pp.20-46에서 재인용: Kelsen, General Theory of Law and State, Harvard University Press, 1945.

211 Hart, "Positivism and the Separation of Law and Morals," Harvard Law Review, vol.71, 1958, p.601.

212 Hayek, The Constitution of Liberty, University of Chicago Press, 1960, p.181.

213 Kelsen, Vom Wesen und Wert der Demokratie, Scientia Verlag, 1981(1929), p.20. Hayek, The Constitution of Liberty, The Constitution of Liberty, University of Chicago Press, 1960, p.238에서 재인용.

214 Kelsen, Introduction to the Problems of Legal Theory, Paulson and Paulson,

(trans.), Clarendon Press, 1992[1934], p.56.

215 Kelsen, "Foundations of Democracy," Ethics, October 1955, p.100.

216 Heller, 1929, Gesammelte Schriften, vol.2, Tubingen Mohr, 1992, p.443.

217 Darmstadter, Die Grenzen der Wirksamkeit des Rechtsstaates, 1930. Hayek, The Constitution of Liberty, University of Chicago Press, 1960, p.239에서 재인용.

218 Kelsen, "Foundations of Democracy," Ethics, October 1955, p.94.

219 Kelsen, "Foundations of Democracy," Ethics, October 1955, p.95.

220 Schmitt, Political Theology Four Chapters on the Concept of Sovereignty, Schwab (trans.), MIT Press, 1985(1934).

221 Fraenkel, The Dual State: A Contribution to the Theory of Dictatorship, Shils, Lowenstein and Knorr, (trans.), Oxford University Press, 1944, p.130.

222 Caldwell and Scheuerman, From Liberal Democracy To Fascism, Humanities Press, 2000, p.81.

223 McCormick, Carl Schumitt's Critique of Liberalism, Against Politics as Technology, Cambridge University Press, 1997.

224 Fraenkel, "Zur Soziologie der Klassenjustiz," in Esche and Grube, eds., Reformismus und Pluralismus, 1973, p.117. Scheuerman, "Social Democracy and the Rule of Law," in ,Caldwell and Scheuerman, (eds.), From Liberal Democracy to Fascism, 2000, p.79에서 재인용.

225 Hayek, The Fatal Conceit. The Errors of Socialism. The Collected Works of Friedrich August Hayek, vol. I, edited by W.W.Bartley III, Routledge, p.140.

226 Hobbes, Leviathan, Bobbs-Merrill, p.128.

227 Rousseau, The Social Contract, 1762. Gourevitch (ed.), Rousseau: The discourse and other early political writings, Cambridge University Press, 1997, IV, 3.

228 Jefferson, Notes on the State of Virginia, Question 17, 1781.

229 von Mises, Economic Policy, Regnery Gateway, 1979, p.53.

230 Reig, Introduction in Bohm-Bawerk, Marx's Theory of Exploitation, 1976: Hayek, Fatal Conceit, University of Chicago Press, 1988, p.150에서 재인용.

231 Bohm-Bawerk, Karl Marx and the Close of His System, August Kelly, 1949 (1896).

232 Beard, The Republic, The Vikings Press, 1943, pp.

233 Madison, The Federalist Papers X. Penguin, 1987(1788).

234 Little, A Critique of The Welfare Economics, Oxford University Press, 1950, p.69.

235 May, Democracy in Europe, II, London, 1877, p.334, Hayek, The Constitution of Liberty, University of Chicago Press, 1960, p.431에서 재인용: Ruggiero, The History of European Liberalism, Collingwood, (trans.), Oxford University Press, 1927, p.12, p.71

236 Hayek, The Constitution of Liberty, University of Chicago Press, 1960, p.445.

237 Kelsen, "Foundations of Democracy," Ethics, LXVI(1955), p.3.

238 Maitland, Collected Papers I, Cambridge University Press, 1911, p.84.

239 Schumpeter, Capitalism, Socialism, and Democracy, Harper, 1942, p.242.

240 Lerner, "Minority Rule and the Constitutional Tradition," in Conyers Read, (ed.), The Constitution Reconsidered, Columbia University Press, 1938, p.199.

241 Hayek, The Constitution of Liberty, University of Chicago Press, 1960, pp.116-7.

242 Arrow, "Values and Collective Decision Making," in Laslett and Runciman, (ed.), Philosophy, Politics and Society, Oxford: Basil Blackwell, 1967, pp.215-32.

243 Little, "Social Choice and Individual Values," Journal of Political Economy, 60, 1952, p.430.

244 'Where are the economic eunuchs to be found to operate the system?' Buchanan, "The Public Choice Perspective," Economia delle scelte publiche, 1983, p.13.

245 Hayek, Law, Legislation and Liberty: A new statement of the liberal principles of justice and political economy, vol.1, Rules and Order, Routledge and Keagan Paul, 1973, p.50.

246 Burke, Reflection on the Revolution in France, 1790.

247 Hayek, "The Use of Knowledge in Society," American Economic Review, 1945, p.519.

248 Skach, Borrowing Constitution Design, Princeton University Press, 2006, p.50.

249 Buchanan, The Limits of Liberty, University of Chicago Press, 1975.

250 Hamilton, The Federalist Papers, IICIV, Penguin, 1987(1788).

251 Hamilton, The Federalist Papers, IICIV. Penguin, 1987(1788).

252 Barry, On Classical Liberalism and Libertarianism, St. Martin, 1987.

253 Nozick, Anarchy, State and Utopia, Basic Books, 1974, p.49.

254 Sen, The Impossibility of a Paretian Liberal, Journal of Political Economy, 78, 1970, pp.152-7.

255 Hayek, Collectivist Economic Planning, 1935.

256 Lange, "Marxian Economics and Modern Economic Theory," Review of Economic Studies, 1935, pp.189-201: Lerner, "Economic Theory and Socialist Economy," Review of Economic Studies, 1934, pp.51-61. Lerner, "Statics and Dynamics of Socialist Economy," Economic Journal, 1937, pp.254-270.

257 Sombart, Le socialisme allemand, Paris, 1938, pp.61-2.

258 Hayek, Individualism and Economic Order, Routeledge, 1949, p.203.

259 Bergson, "On the Concept of Social Welfare," Quarterly Journal of Economics, 68, 1954, p.242.

260 Proudon, Systems des contradictions economiques, ou philosophie de la misere, II, 1848, p.285: Rist, Histoire des Doctrines economiques, 5th ed., p.346.

261 Shmelov and Popov, The Turning Point: Revitalizing the Soviet Economy, Doubleday, 1989, pp.130-31.

262 Buchanan, The Limits of Liberty, University of Chicago Press, 1975. p.17.
263 Correspondence, Jefferson → Madison, Dec. 20, 1787.
264 Correspondence, Jefferson → Madison, Mar. 15, 1789.
265 Rawls, Justice as Fairness, Belknap Press of Harvard University Press, 2001, p.145.
266 Jellinek, Die Erklarung der Menschen- und Burgerrechte, Munich, 1919. Hayek, The Constitution of Liberty, The University of Chicago Press, 1960, p.472에서 재인용.
267 Buchanan, The Limits of Liberty, University of Chicago Press, 1975. Ch.6.
268 Humphrey, The Rule of Law and the American Revolution, Law Quarterly Review, 1937, p.90: Hayek, The Constitution of Liberty, University of Chicago Press, 1960, p.471에서 재인용.
269 Hobbes, Leviathan, Bobbs-Merrill, 1958[1651], p.109.
270 Hayek, Law, Legislation and Liberty: A new statement of the liberal principles of justice and political economy, vol.2, The Mirage of Social Justice, Routledge and Keagan Paul, 1976, p.39.
271 Lewis, An Essay on the Government Dependencies, London, 1841, p.24.: Hayek, The Constitution of Liberty, University of Chicaco Press, 1960, p.453에서 재인용.
272 Hayek, Law, Legislation and Liberty: A new statement of the liberal principles of justice and political economy, vol.2, The Mirage of Social Justice, Routledge and Keagan Paul, 1976, p.17.
273 Madison, The Federalist Papers, XLVIII, Penguin, 1987(1788).
274 Hamilton, The Federalist Papers, LXXI, Penguin, 1987(1788).
275 Rawls, Justice As Fairness, Harvard University Press, 2001, p.148n.
276 Mill, Considerations of Representative Government, Prometheus, 1991(1861), Ch. 1.
277 Mill, Considerations of Representative Government, Prometheus, 1991(1861), Ch. 3.

278 Buchanan, Freedom in Constitutional Contract, Texas A&M University Press, 1977, p.295.

279 Buchanan, Freedom in Constitutional Contract, Texas A&M University Press, 1977, p.295.

280 Buchanan, Freedom in Constitutional Contract, Texas A&M University Press, 1977, p.298.

281 Kant, Fundamental Principles of the Metaphysics of Morals, 1785, in Wood, Basic Writings of Kant, Modern Library, 2001, p.207.

282 Kant, Critique of Practical Reason, 1788, in Wood, Basic Writings of Kant, Modern Library, 2001, p.241.

283 Kant, Fundamental Principles of the Metaphysics of Morals, 1785, in Wood, Basic Writings of Kant, Modern Library, 2001, p.207.

참고문헌

Arrow, Social Choice and Individual Values, Wiley, 1951.

Arrow, "Values and Collective Decision Making," in Laslett and Runciman, (eds.), Philosophy, Politics and Society, Oxford: Basil Blackwell, 1967, pp.215-32.

Arrow, "A Difficulty in the Concept of Social Welfare," Journal of Political Economy, 1950, p.342.

Arrow, "Values and Collective Decision Making," in Laslett and Runciman, (ed.), Philosophy, Politics and Society, Oxford: Basil Blackwell, 1967.

Beard, The Republic, The Vikings Press, 1943.

Beckmann, A History of Pi, St. Martin's, 1971.

Bentham, An Introduction to the Principles of Morals and Legislation, Hafner, 1948(1789).

Bergson, "A Reformulation of Certain Aspects of Welfare Economics," Quarterly Journal of Economics, Feb, 1938, pp.310-34.

Bergson, "On the Concept of Social Welfare," Quarterly Journal of

Economics, 68,1954, p.242.

Bohm-Bawerk, Karl Marx and the Close of His System, August Kelly, 1949(1896).

Bonner, Introduction to the Theory of Social Choice, Johns Hopkins University Press, 1986.

Buchanan, The Limits of Liberty, University of Chicago Press, 1975.

Buchanan, Freedom in Constitutional Contract, Texas A&M University Press, 1977.

Buchanan, "The Public Choice Perspective," Economia delle scelte pub-liche, 1983, p.13.

Buchanann and Tullock, Calculus of Consent, University of Michigan Press, 1962.

Burke, Reflection on the Revolution in France, Arlington House, 1965 (1790).

Burlamaqui, The Principles of Natural Right, 1747, in Williams, ed., The Enlightenment, Cambridge University Press, 1999.

Caldwell and Scheuerman, From Liberal Democracy To Fascism, Humanities Press, 2000.

Caplin and Nalebuff, "On the 64% Majority Rule," Econometrica, 1988, pp.787-815.

Cooke, "Adam Smith and Jurisprudence," Law Quarterly Review, LI, 1935, p.328.

van Dülmen, Die Entdeckung des Individuums 1500-1800, Fischer, 1997. 반 뒬멘, 최운영 옮김, 개인의 발견, 현실문화연구, 2006.

Feldman, Welfare Economics and Social Choice Theory, Martinus

Nijhoff Publishing, 1980.

Fraenkel, The Dual State: A Contribution to the Theory of Dictatorship, Shils, Lowenstein and Knorr (trans), Oxford University Press, 1944.

Godwin, Enquiry Concerning Political Justice, University of Toronto Press, 1969[1793].

Goldstein, Incompleteness, Norton, 2005.

Gossen The Development of the Laws of Human Intercourse and the Consequense Rules of Human Action, MIT Press, 1983(1854).

Green and Grose, eds., Hume, Philosophical Works vol. II, Longmans, 1886.

Haakonssen, The Science of Legislator: The Natural Jurisprudence of David Hume and Adam Smith, Cambridge University Press, 1981.

Hamilton, The Federalist Papers, XXCIV, Penguin, 1987(1788).

Hart, "Positivism and the Separation of Law and Morals," Harvard Law Review, vol.71, 1958.

Hayek, The Constitution of Liberty, University of Chicago Press, 1960.

Hayek, Law, Legislation and Liberty: A new statement of the liberal principles of justice and political economy, vol.1, Rules and Order, Routledge and Keagan Paul, 1973.

Hayek, The Fatal Conceit, University of Chicago Press, 1988.

Hayek, "The Use of Knowledge in Society," American Economic Review, 1945, p.519.

Hayek, Collectivist Economic Planning, 1935.

Hayek, Individualism and Economic Order, Routeledge, 1949.

Hegel, Elements of Philosophy of Right, Knox (trans.), Oxford University

Press, 1967(1821).

Herman, How the Scots Invented the Modern World, Crown Publisher, 2001.

Hicks, Value and Capital, Clarendon, 1946(1939).

Hicks, "The Foundations of Welfare Economics," Economic Journal, 1939, p.696.

Hobbes, Leviathan, Liberal Arts Press, 1958[1651].

Holdsworth, A History of English Law, Methuen, 1964(1903).

Hume, A Treatise of Human Nature, Hefner, 1948(1739).

Hume, History of England, Liberty Fund, 1985(1762).

Hume, The Idea of Perfect Common Wealth, in Williams, The Enlightenment, Cambridge University Press, 1999(1752).

Hume, Of the First Principles of Government, in Williams, The Enlightenment, Cambridge University Press, 1999(1741).

Humphrey, "The Rule of Law and the American Revolution," Law Quarterly Review, 1937, p.90.

Hutcheson, A System of Moral Philosophy, in Robinson, The Story of Scottish Philosophy, Exposition Press, 1961(1755).

Jefferson, First Inauguration Address, 1801.

Jefferson, Notes on the State of Virginia, Question 17, 1781.

Jevons, The Theory of Political Economy, Macmillan, 1956(1871).

Kahneman and Tvresky, "Prospect Theory: An Analysis of Decision under Risk," Econometrica, 1979, pp.263-291.

Kaldor, "Welfare Propositions of Economics and Interpersonal Comparisons of Utility," Economic Journal, 1939, p.549.

Kant, Concerning the Common Saying, 1793, in Wood, Basic Writings of Kant, Modern Library, 2001.

Kant, Fundamental Principles of the Metaphysics of Morals, 1785, in Wood, Basic Writings of Kant, Modern Library, 2001.

Kant, Metaphysics of Morals, 1797.

Kant, trans by Meredith, Critique of Judgement, Oxford University Press, 2007(1790).

Kelsen, General Theory of Law and State, Harvard University Press, 1945.

Kelsen, Vom Wesen und Wert der Demokratie, 1920.

Kelsen, Introduction to the Problems of Legal Theory, Paulson and Paulson, (trans.), Clarendon Press, 1992[1934].

Kelsen, "Foundations of Democracy," Ethics, October 1955, p.100.

Knight, "Intellectual Confusion on Morals and Economics," International Journal of Ethics, Jan., 1935.

Kramnick, (ed.) James Madison, Alexander Hamilton, John Jay The Federalist Papers, Penguin Classics, 1987.

Lange, "Marxian Economics and Modern Economic Theory," Review of Economic Studies, 1935, pp.189-201.

Lerner, "Economic Theory and Socialist Economy," Review of Economic Studies, 1934, pp.51-61.

Lerner, "Statics and Dynamics of Socialist Economy," Economic Journal, 1937, pp.254-270.

Lerner, "Minority Rule and the Constitutional Tradition," in Conyers Read, (ed.), The Constitution Reconsidered, Columbia University

Press, 1938.

Lewis, An Essay on the Government Dependencies, London, 1841.

Little, A Critique of Welfare Economics, Oxford, 1950.

Little, "Social Choice and Individual Values," Journal of Political Economy, 60, 1952.

Locke, Second Treatise of Government, 1690, Harkett Publishing Company, 1980.

Madison, The Federalist Papers, XLIX.

Madison, The Federalist Papers. X.

Maitland, Collected Papers, Cambridge University Press, 1911.

Marshall, Principles of Economics, Macmillan, 1890.

Masaryk, The Making of A Nation, George Allen & Unwin, 1927.

May, Democracy in Europe, London, 1877.

McCormick, Carl Schumitt's Critique of Liberalism, Against Politics as Technology, Cambridge University Press, 1997.

Menger, Principles of Economics, Braumuller, 1950(1871).

Mill, On Liberty, in The Basic Writings of John Stuart Mill, Modern Library, 2002(1859).

Mill, Considerations of Representative Government, Prometheus, 1991 (1861).

Mises, Human Action, Yale University Press, 1949.

Montesquieu, The Spirit of the Laws, Cohler, Miller and Stone (trans.), Montesquieu: The Spirit of Laws, Cambridge University Press, 1990 (1748).

Negishi, "Welfare Economics and Existence of Equilibrium for a Competitive

Economy," Metroeconomica, 1960, pp.92-97.
Nozick, Anarchy, State and Utopia, Basic Books, 1974.
Outram, The Enlightenment, Cambridge University Press, 1995.
Pareto, Manual of Political Economy, 1971[1906].
Perlman, The Character of Economic Thought, Economic Characters, and Economic Institutions, University of Michigan Press, 1996.
Pigou, (ed.), Memorials of Alfred Marshall, Macmillan, 1925.
Pigou, Economics of Welfare, 4th ed., Macmillan, 1920, p.11.
Priestley, An Essay on the First Principles of Government, and on the Nature of Political, Civil and Religious Liberty, 1768, in Williams, ed., The Enlightenment, Cambridge University Press, 2000.
Rawls, Lectures on the History of Moral Philosophy, Harvard University Press, 2000.
Rawls, A Theory of Justice, Harvard University Press, 1971.
Rawls, "Constitutional Liberty and the Concept of Justice," Nomos 1V, Justice, New York, 1963, p.102.
Rawls, Justice as Fairness, Belknap Press of Harvard University Press, 2001.
Rawls, "Some Reasons for the Maximum Criterion," American Economic Review, Proceedings, 1974, pp.141-46.
Reig, Introduction in Bohm-Bawerk, Marx's Theory of Exploitation, 1976.
Rist, Histoire des Doctrines economiques, 5th ed..
Robinson, The Story of Scottish Philosophy, Exposition Press, 1961.
Rousseau, The Social Contract, The Great Books of the Western World,

vol.38, 1952.

Rowley, Liberty and the State, Elgar, 1993.

Ruggiero, The History of European Liberalism, Collingwood, (trans.), Oxford University Press, 1927.

Russell, Human Knowledge, Routledge, 2009(1948).

Samuelson, Foundations of Economic Analysis, Harvard University Press, 1947.

Samuelson, An Exact Consumption-Loan Model of Interest With or Without the Social Contrivance of Money, Journal of Political Economy, 1958, pp.467-482.

Scheuerman, "Social Democracy and the Rule of Law," in ,Caldwell and Scheuerman, (eds.), From Liberal Democracy to Fascism, Humanities Press, 2000.

Schmitt, Political Theology Four Chapters on the Concept of Sovereignty, Schwab (trans.), MIT Press, 1985(1934).

Schumpeter, Capitalism, Socialism, and Democracy, Harper, 1942.

Sen, The Impossibility of a Paretian Liberal, Journal of Political Economy, 78, 1970, pp.152-7.

Shmelov and Popov, The Turning Point: Revitalizing the Soviet Economy, Doubleday, 1989.

Singh, The Code Book, Doubleday, 1999.

Skach, Borrowing Constitution Design, Princeton University Press, 2006.

Smith, Lectures on Jurisprudence, Meek et al, (eds.), Oxford University Press, 1976(1763).

Smith, The Theory of Moral Sentiments, London, 1859(1759).

Sombart, Le socialisme allemand, Paris, 1938.

Stigler, "The Theory of Economic Regulation," Bell Journal of Economics and Management Science, Spring 1971, pp.3-21.

Tocqueville, Democracy in America, Harper and Row, 1966(1835).

Trevilcock, The Limits of Freedom of Contract, Harvard University Press, 1977.

Unwin, The Probability of God, Three Rivers Press, 2003.

von Mises, Economic Policy, Regnery Gateway, 1979.

Waldfogel, "The Deadweight Loss of Christmas," American Economic Review, Dec. 1993, pp.1328-1336.

Yourgrau, World Without Time, Basic Books, 2005.

김학은(金學㶚)

서울대학교 농과대학 졸업

미국 University of Pittsburgh 대학원 경제학과 졸업, Ph.D.

미국 Case Western Reserve University 경제학과 조교수

연세대학교 상경대학 경제학부 교수

현재 연세대학교 상경대학 경제학부 명예교수

저서

A Study on Inflation and Unemployment, New York and London: Garland, 1984

화폐와 경제, 법문사, 1984

화폐와 이자, 법문사, 1984

화폐와 시간, 법문사, 1991

돈의 역사, 학민사, 1994

폰지게임과 베짓처방, 전통과 현대, 1998

새 거시경제학(공저), 세경사, 2005

자유주의 경제학 입문(공저), 율곡출판사, 2007

정합경제이론, 박영사, 2006

화폐와 금융-불확실성의 경제학, 박영사, 2007

루이스 헨리 세브란스, 연세대학교 출판부, 2008

이승만과 마사리크, 연세대학교 이승만 연구원 학술총서 6, 북앤피플, 2013

이승만의 정치경제사상 1899-1948, 연세대학교 대학출판문화원, 2014

이상의 시 괴델의 수, 보고사, 2014

한국의 근대경제학 1915-1956, 연세대학교 상경대학 백년사 I권, 연세대학교 대학출판문화원, 2015

이승만과 데벌레라, 연세대학교 대학출판문화원, 2017

자유와 헌법의 원리 I -자유의 원리, 연세대학교 대학출판문화원, 2020